LIÇÕES PARA OS EMPREENDEDORES DE HOJE

LIDERANÇA *segundo* MARGARET THATCHER

NILE GARDINER & STEPHEN THOMPSON

NILE GARDINER &
STEPHEN THOMPSON

LIDERANÇA *segundo* MARGARET THATCHER

LIÇÕES PARA OS EMPREENDEDORES DE HOJE

Tradução de
Fernando Silva

2ª Edição

São Paulo | 2022

LVM EDITORA

Título original: *Margaret Thatcher on Leadership: Lessons for Americans Conservatives Today*
Copyright © 2013 – Nile Gardiner & Stephen Thompson

Os direitos desta edição pertencem à LVM Editora, sediada na
Rua Leopoldo Couto de Magalhães Júnior, 1098, Cj. 46
04.542-001 • São Paulo, SP, Brasil
Telefax: 55 (11) 3704-3782
contato@lvmeditora.com.br

Gerente Editorial | Chiara Ciodarot
Editor-chefe | Pedro Henrique Alves
Tradutor | Fernando Silva
Copidesque | Renan Meirelles Santos
Revisão ortográfica e gramatical | Roberta Sartori & Chiara Di Axox
Produção editorial | Pedro Henrique Alves
Projeto gráfico | Mariangela Ghizellini
Diagramação | Rogério Salgado / Spress

Impresso no Brasil, 2022

Dados Internacionais de Catalogação na Publicação (CIP)
Angélica Ilacqua CRB-8/7057

G213L Gardiner, Nile
Liderança segundo Margaret Thatcher : lições para os empreendedores de hoje / Nile Gardiner, Stephen Thompson ; tradução de Fernando Silva — 2. ed. — São Paulo: LVM Editora, 2022.
248 p.

Bibliografia
ISBN 978-65-86029-96-3

1. Ciências sociais 2. Thatcher, Margaret - 1925-2013 3. Empreendedorismo
I. Título II. Thompson, Stephen III. Silva, Fernando

22-3245 CDD 300

Índices para catálogo sistemático:
1. Ciências sociais 300

Para a Dama de Ferro.
Uma guerreira destemida pela liberdade.

Sumário

LIDERANÇA

segundo

MARGARET THATCHER

LIÇÕES PARA OS EMPREENDEDORES DE HOJE

INTRODUÇÃO

Introdução

Por que a liderança de Margaret Thatcher importa hoje

> "Acreditamos que os indivíduos têm direito à liberdade que nenhum Estado pode tirar. Que o governo é o servo do povo, não seu senhor".
>
> Margaret Thatcher, *discurso à Conferência do Partido Conservador*, 14 de outubro, 1988[1].

A reeleição de Barack Obama deixou conservadores americanos tão próximos do desespero quanto jamais estiveram em décadas. Precisamente nessas circunstâncias a liderança de Margaret Thatcher (1925-2013) é mais instrutiva e inspiradora.

A América de Obama e a Grã-Bretanha dos anos 1970

Os paralelos entre os Estados Unidos sob Barack Obama e a Grã-Bretanha de 1979 são impressionantes. Thatcher assumiu o comando de um país economicamente moribundo, internacionalmente inerte, e totalmente desmoralizado. Quando muito, os desafios enfrentados por ela foram ainda maiores do que os enfrentados hoje pelos conservadores americanos. Décadas de governo socialista criaram uma sociedade onde a dependência do governo era crônica. O estado de bem-estar social, criado pelo governo trabalhista após a Segunda

[1] Margaret Thatcher, "Speech to Conservative Party Conference" [Discurso à Conferência do Partido Conservador], Brighton, Inglaterra, 14 out. 1988, transcrição, Margaret Thatcher Foundation, <http://www.margaretthatcher.org/document/107352>.

Guerra Mundial, consumia tudo e era extremamente caro. Era inimigo da livre iniciativa e fomentava uma cultura anticapitalista, reforçada por poderosos sindicatos do setor público. O governo estava inchado, extremamente burocrático e ineficaz. O conservadorismo de um governo enxuto foi praticamente eliminado, até mesmo por grande parte da liderança do próprio Partido Conservador. As elites governantes da Grã-Bretanha estavam convencidas de que o país estava em declínio irreversível.

Depois de superar enormes obstáculos para se tornar a líder do Partido Conservador em 1975, Margaret Thatcher delineou uma agenda conservadora para retomar o poder, agenda essa que desafiou a ideologia socialista, rejeitou o governo grande e defendeu a liberdade econômica. Thatcher não repudiou a ideia de que os melhores dias da Grã-Bretanha haviam ficado para trás e ofereceu uma visão implacavelmente otimista do futuro. Ela deu esperança a milhões de britânicos, desejosos de aproveitar os frutos de uma economia capitalista e de melhorar sua situação.

Ao se tornar primeira-ministra, Thatcher embarcou no maior enxugamento do governo na história britânica moderna, privatizando grandes indústrias e serviços públicos estatais. Seu governo vendeu um grande número de habitações públicas, permitindo a milhões de britânicos possuírem suas casas próprias pela primeira vez. Além disso, outros milhões compraram ações de empresas privatizadas, o que lhes deu uma participação no renascimento econômico da Grã-Bretanha. Ao mesmo tempo, ela cortou os gastos do governo, freou a dívida nacional, cortou impostos e revitalizou a cidade de Londres, tudo com ênfase na redução do papel do Estado e no incentivo à responsabilidade individual.

A recuperação econômica doméstica foi acompanhada pela robusta liderança britânica no exterior. Thatcher restaurou as capacidades militares britânicas, lutando agressivamente contra o terrorismo. Seu cultivo do reformista Mikhail Gorbachev, enquanto fortalecia a espinha dorsal do Ocidente no confronto ao comunismo, foi vital para a queda do Império Soviético.

Ainda há Esperança para a América

Margaret Thatcher, como Ronald Reagan, demonstrou por que a liderança conservadora baseada em bons princípios funciona. O progressismo reina na Casa Branca, mas os Estados Unidos continuam sendo, em seu coração, uma nação conservadora. As pesquisas consistentemente mostravam o conservadorismo como ideologia líder nos Estados Unidos, com os conservadores superando os liberais por uma margem de quase dois para um[2].

Os Estados Unidos não são somente um país ideologicamente conservador, eles também se beneficiam de um movimento conservador notavelmente forte, desde os grandes *think-tanks* de Washington a milhares de organizações de base, que fazem campanha por um governo limitado. O conservadorismo americano é fortalecido pela *Fox News* e pelos programas de rádio, com apresentadores extremamente populares, como Rush Limbaugh (1951-2021), Sean Hannity, Mark Levin e Laura Ingraham. O jornal nacional mais lido é o *Wall Street Journal*, com uma circulação diária maior do que o *The New York Times*[3]. *Não é por acaso que o maior encontro político nacional do ano*[4] é a Conservative Political Action Conference [Conferência de Ação Política Conservadora] (CPAC). Ela atrai vários milhares de ativistas conservadores à sua reunião anual em Washington, D.C.

Os Conservadores da América Devem Liderar

Margaret Thatcher obteve sucesso porque entendeu as preocupações das bases conservadoras a respeito de questões fundamentais, como economia, gastos do governo e impostos. Ela conquistou milhões para a causa conservadora, não diluindo sua mensagem ou mudando suas posições, mas apresentando

---

[2] "Half of Voters Say Obama or Romney Embodies Their Views" [Metade dos Eleitores Diz que Obama ou Romney Incorpora suas Visões], Pesquisa Gallup, 2 nov. 2012, <http://www.gallup.com/poll/158477/half-voters-say-obama-romney-embodies-views.aspx>.

[3] Tess Stynes, "Circulation up at *Journal, Times*" [Circulação sobe no Journal, Times], Wall Street Journal, 1 mai. 2013, <http://online.wsj.com/article/SB10001424127887324482504578454693739428314.html>.

[4] Por exemplo, a Netroots Nation deste ano, uma convenção anual para progressistas, atraiu três mil participantes, enquanto o CPAC deste ano teve dez mil participantes. Ver Dave Weigel, "Netroots Nation First Impressions" [Primeiras Impressões da Netroots Nation], *Slate*, 21 jun 2013, <https://bityli.com/smVrc>; e "Conservative Activisits Outline Political Future at CPAC Meeting" [Ativistas Conservadores Descrevem Futuro Político na Reunião do CPAC], PBS *Newshour*, 15 mar. 2013, transcrição, <http://www.pbs.org/newshour/bb/politics/jan-june13/cpac_03-15.html>.

uma visão atraente de liberdade econômica. Thatcher conquistou um grande número de eleitores ao vencer a guerra de ideias e ao incentivá-los a aderirem à sua abordagem – ela não procurou se adaptar à imagem deles.

Os conservadores americanos deveriam inspirar-se nessas extraordinárias vitórias políticas e em sua lealdade aos ideais conservadores. Os conservadores americanos devem ser os defensores do pequeno governo, da livre iniciativa e da liberdade individual. Em seu discurso na conferência do Partido Conservador em 1988, Thatcher transmitiu uma mensagem relevante para os Estados Unidos de hoje:

> Acreditamos que os indivíduos têm um direito à liberdade que nenhum Estado pode tirar. Que o governo é o servo do povo, não seu senhor. Que o papel do governo é fortalecer nossa liberdade, não a negar. Que o papel econômico do governo é estabelecer um ambiente em que os empreendimentos possam florescer, e não afastar os empreendimentos do caminho[5].

Margaret Thatcher sempre acreditou na liderança americana. Os americanos também deveriam acreditar nela.

[5] Thatcher, "Speech to Conservative Party Conference" [Discurso à Conferência do Partido Conservador], Brighton, Inglaterra, 14 out. 1988.

CAPÍTULO I

CAPÍTULO I

A Dama de Ferro

> "Não acredito que a história seja clara e incontestável. Ela não simplesmente acontece. A história é feita por pessoas: o seu movimento depende tanto de pequenas correntes como de grandes marés, de ideias, percepções, vontade e coragem, da habilidade de sentir uma tendência, da vontade de agir de acordo com a compreensão e a intuição".
>
> Margaret Thatcher, "The New Renaissance", *discurso para a Zurich Economic Society*, 14 de março, 1977[6].

Adeus a uma Defensora da Liberdade

Na Catedral de St. Paul, em 17 de abril de 2013, a Grã-Bretanha ficou de luto pela sua primeira primeira-ministra mulher, com o funeral mais solene e esplêndido para um político desde o de Winston Churchill (1874-1965) em 1965. Os líderes mundiais presentes incluíam um ex-vice-presidente e três secretários de Estado dos Estados Unidos, Lech Walesa da Polônia e F. W. de Klerk, o presidente sul-africano que pôs fim à era do *apartheid*. Dezenas de milhares de seus conterrâneos alinharam-se nas ruas para seu cortejo fúnebre. Outros milhões assistiram na televisão. Quase um quarto de século após o fim de sua carreira política, Margaret Thatcher ainda conseguia atrair a atenção de um país, cujo declínio ela tinha se recusado a aceitar:

6 Margaret Thatcher, "The New Renaissance" [O Novo Renascimento], discurso à Zurich Economic Society, Suíça, 14 mar. 1977, Margaret Thatcher Foundation, <http://www.margaretthatcher.org/document/103336>.

> Pois acreditávamos apaixonadamente que o declínio e a rendição não eram bons o suficiente para a Grã-Bretanha. Estávamos confiantes de que os valores do povo britânico, sua ética de trabalho, seu amor pela liberdade e senso de justiça natural poderiam, mais uma vez, ser aproveitados para promover a liberdade e tornar a Grã-Bretanha mais próspera e influente[7].

Um Discurso que Moldou a História

A líder que descansou naquele dia no cemitério do l Hospital Real de Chelsea era conhecida por amigos e inimigos como a "Dama de Ferro". Esse título foi concedido a ela em 1976, três anos antes de se tornar primeira-ministra, por um oficial do exército russo e jornalista. A líder conservadora havia feito um discurso intitulado "Grã-Bretanha Desperta", na Câmara Municipal de Kensington, no qual alertava vigorosamente para o perigo que a União Soviética representava para seu país e para o Ocidente. Yury Gavrilov noticiou o discurso para o jornal *Krasnaya Zvezda* ("Estrela Vermelha").

Impressionado pelo seu tom determinado, Gavrilov queria comparar Thatcher a Otto von Bismarck (1815-1898), o "Chanceler de Ferro" que unificou a Alemanha. Então, apelidou-a de "Dama de Ferro".

"Foi ideia minha", disse Gavrilov a um jornal britânico em 2007.

> Não procurei ninguém de alto escalão. Coloquei essas duas palavras em uma manchete em 24 de janeiro de 1976. Na época, todo mundo parecia gostar do rótulo. Seus oponentes pensavam que refletia sua teimosia e inflexibilidade. Entretanto, seus apoiadores interpretaram isso como um sinal de força[8].

---

[7] Margaret Thatcher, "The Principles of Thatcherism" [Os Princípios do Thatcherismo], discurso, Seul, Coréia do Sul, 3 set. 1992, transcrição, Margaret Thatcher Foundation, <http://www.margaretthatcher.org/document/108302>.

[8] Will Stewart, "Revealed: Red Army Colonel Who Dubbed Maggie the Iron Lady [...] and Changed History" [Revelado: Coronel do Exército Vermelho que apelidou Maggie de Dama de Ferro [...] e mudou a história], *Daily Mail* (Londres), 24 fev. 2007, <http://www.dailymail.co.uk/news/article-438281/Revealed-Red-Army-colonel-dubbed-Maggie-Iron-Lady---changed-history.html>.

Antigos líderes soviéticos, educados na política assassina do comunismo, desprezavam aqueles chamados por Lênin (1870-1924) de "idiotas úteis": ocidentais que, crentes de estarem trabalhando pela paz, apenas cumpriam ordens da União Soviética. Imediatamente, Gavrilov percebeu que Thatcher não seria uma idiota útil:

> [...] tive a sensação de que, em breve, a União Soviética enfrentaria um adversário difícil. Ela não seria intimidada para conversas intermináveis sobre paz e amizade, ignoraria o movimento antiguerra na Grã-Bretanha e também seria uma forte aliada dos EUA[9].

Embora Gavrilov tenha ficado impressionado pelo discurso, os líderes russos ficaram chateados e protestaram. Thatcher lembrou disso como uma "torrente de injúrias rudes, fluindo dos diferentes órgãos de propaganda soviética"[10]. A reação, em Moscou, ao discurso da "Dama de Ferro", prenunciou a resposta hostil ao discurso do presidente Ronald Reagan sobre o "Império do Mal" sete anos depois, quando ele previu o colapso da União Soviética. Gavrilov lembrou que, até o discurso da Dama de Ferro, "os cartunistas soviéticos retratavam a Grã-Bretanha como um leão desdentado. Entretanto, depois de minha manchete, e apesar das relações não muito boas entre nossos países, e do confronto ideológico, Thatcher sempre foi respeitada na URSS"[11].

Thatcher fez esse discurso no auge da *détente* dos anos 1970, quando houve um suposto "degelo" na Guerra Fria entre o Ocidente e a União Soviética, após quase três décadas de uma Europa dividida, conflito na Ásia e temores de guerra nuclear. Muitos no Ocidente pensaram, ingenuamente, que o fim da Guerra Fria estava à vista. Alguns estavam inclusive revisando a história, dizendo que a União Soviética não era tão ruim assim. O pensamento por trás da *détente* era a possibilidade de os países comunistas e democráticos coexistirem em paz e respeito mútuo. Grandes orçamentos de defesa, supôs a esquerda, não

[9] *Ibid.*

[10] Margaret Thatcher, *The Path to Power* [O Caminho para o Poder], (Nova York: HarperCollins, 1995), p. 362.

[11] Stewart, "Revealed: Red Army Colonel Who Dubbed Maggie the Iron Lady [...] and Changed History" [Revelado: Coronel do Exército Vermelho que apelidou Maggie de Dama de Ferro [...] e mudou a história].

eram mais necessários. "Os socialistas [na Grã-Bretanha], de fato, parecem considerar a defesa quase infinitamente reduzível", advertiu Thatcher. "Se houver mais cortes, talvez o secretário de Defesa devesse mudar seu cargo, por uma questão de precisão, para secretário da Insegurança"[12].

"Os russos estão empenhados em dominar o mundo", declarou Thatcher, "e estão adquirindo, rapidamente, os meios para se tornarem a nação imperial mais poderosa já vista"[13]. A União Soviética estava aumentando seus gastos militares, advertiu, e aproveitando todas as oportunidades para expandir o comunismo após décadas de contenção. O comunismo estava se espalhando no sudeste da Ásia, após a Guerra do Vietnã, e a descolonização e guerra civil estavam criando oportunidades para os insurgentes comunistas em Moçambique, Angola e em outras partes da África. Na Europa, Portugal e Itália corriam o risco de elegerem os comunistas nas urnas. "Eurocomunismo", imaginava-se, poderia ser democrático, diferente do totalitarismo da União Soviética.

Em 1976, Margaret Thatcher e Ronald Reagan estavam desafiando a *détente*. Alertavam que o Ocidente enfrentaria grave perigo caso não fortalecesse suas defesas e combatesse a disseminação do comunismo. Na melhor das hipóteses, a *détente* ganhou tempo ao Ocidente, antes do ataque final contra a União Soviética sob Reagan e Thatcher, na década de 1980, além de ter alcançado um sucesso modesto nas mãos de líderes perspicazes, como Richard Nixon (1913-1994) e Henry Kissinger, mas a estratégia exigia uma resistência que poucos líderes ocidentais possuíam. Na forma praticada pelo ingênuo e posudo Presidente Jimmy Carter, e outros líderes liberais e socialistas após 1976, a *détente* passou a ser vista por Moscou como um sinal de fraqueza. Os russos estavam convencidos de enfrentarem um adversário sem estômago para a luta. Afinal, Carter estava preocupado com o "medo exagerado do comunismo" dos americanos. Ao abraçar e beijar os chefes do Kremlin, ele assegurou-lhes: "Queremos ser amigos dos soviéticos"[14].

---

[12] Margaret Thatcher, "Britain Awake (The Iron Lady)" [Inglaterra Desperta (A Dama de Ferro)], discurso na Câmara Municipal de Kensington, Chelsea, Inglaterra, 19 jan. 1976, transcrição, Margaret Thatcher Foundation, <http://www.margaretthatcher.org/document/102939>.

[13] *Ibid.*

[14] Paul Kengor, "The Jimmy Carter Chronicles" [As Crônicas de Jimmy Carter], *American Spectator*, 18 fev. 2011, <http://spectator.org/archives/2011/02/18/the-jimmy-carter-chronicles>.

A resposta soviética foi se tornar mais agressiva e brutal ao redor do mundo através da invasão do Afeganistão e do apoio a ditaduras comunistas e a movimentos de guerrilha na América Central, bem como da expansão do seu alcance geopolítico para além de qualquer coisa imaginada nos dias de Stálin (1878-1953). Arquivos russos abertos a partir do colapso da União Soviética revelaram que os comunistas em Moscou, e seus aliados globais, temiam a força ocidental e, clinicamente, tiravam proveito de qualquer fraqueza. Os antigos herdeiros de Stálin pensavam estar em vantagem na década de 1970. Porém, sua confiança foi abalada pela ascensão de Margaret Thatcher e Ronald Reagan.

Em seu discurso da Dama de Ferro, Thatcher fez algumas perguntas devastadoras: "A *détente* induziu os russos a reduzirem seu programa de defesa? Dissuadiu-os de uma intervenção descarada em Angola? Levou a alguma melhoria nas condições dos cidadãos soviéticos ou das populações subjugadas da Europa Oriental? Nós sabemos as respostas". Examinando o registro da agressão soviética em todo o mundo, ela insistiu: "Devemos lembrar que não há regras de Queensberry[15] na disputa que está acontecendo agora. E os russos estão jogando para vencer"[16]. Essas eram palavras de luta, surpreendentemente diferentes da costumeira retórica ingênua à qual os líderes soviéticos se acostumaram a ouvir no auge da *détente*. Eles preferiam ser beijados e abraçados por Jimmy Carter.

O jovem oficial do exército ao falar para o jornal *Krasnaya Zvezda* foi esclarecedor. Entre outras coisas, Gavrilov concluiu que Thatcher não seria "intimidada" pelos soviéticos. Esta era uma líder. Como Reagan, ela reconheceu o fracasso da União Soviética: "Eles sabem ser uma superpotência em apenas um sentido: o militar", disse ela. "Eles são um fracasso em termos humanos e eco-

---

[15] As "regras do marquês de Queensberry" foram as diretrizes que firmaram o regulamento do que hoje é conhecido como Boxe moderno. No século XVIII, as lutas eram consideradas proibidas na Inglaterra devido às regras relativas que aceitavam, por vezes, atos brutais dos lutadores. Então, no final do século XIX, a fim de sanar o problema das proibições e das acirradas críticas públicas, estabeleceram-se as regras de Queensberry, preceitos esses que determinavam os limites da luta, bem como as normas de cavalheirismo que deviam ser seguidos à risca pelos praticantes e entusiastas. Após a elaboração das regras, a luta ganhou *status* de esporte na Inglaterra, espalhando-se rapidamente para os quatro cantos do mundo.

O Marquês de Queensberry, John Sholto Douglas (1844-1900), foi tão somente entusiasta e apoiador da luta, no entanto, gozava de alta estima pública e nos rincões aristocratas; ao emprestar seu nome às regras, esperava popularizar o esporte e amenizar as recorrentes críticas. (N. E.)

[16] Thatcher, "Britain Awake" [Inglaterra Desperta].

nômicos"[17]. Os comunistas em Moscou estavam aprendendo rapidamente que, caso Thatcher se tornasse primeira-ministra, enfrentariam um adversário impressionante. Isso os preocupava, pois sabiam, melhor do que muitas agências de inteligência ao redor do mundo, que seu sistema estava fadado ao fracasso. Entretanto, o fim do domínio comunista ainda estava a quinze anos de distância. Pouquíssimos líderes, além de Margaret Thatcher e de Ronald Reagan, podiam ver para além da *détente*.

Thatcher reagiu à sua nova alcunha de Dama de Ferro, com uma mistura de diversão e orgulho: "Eu rapidamente vi que eles, inadvertidamente, me colocaram em um pedestal, como seu mais forte oponente europeu"[18].

Uma semana após a manchete "Dama de Ferro" do jornal *Krasnaya Zvezda*, em um jantar formal em seu distrito eleitoral de Finchley, em Londres, Thatcher se dirigiu a cerca de duzentos e cinquenta colegas conservadores. Suas observações revelaram sua grande satisfação com o novo apelido. Ele poderia ser usado como uma arma para a liberdade:

> Estou diante de vocês esta noite com meu vestido de noite de chiffon Red Star. [Risos, Aplausos], meu rosto suavemente maquiado, e meu cabelo loiro suavemente ondulado [Risos], a Dama de Ferro do mundo ocidental. Uma guerreira da Guerra Fria, uma amazona filisteia, até mesmo uma conspiradora de Pequim. Bem, eu sou alguma dessas coisas?
>
> ("Não!" ...)
>
> Bem, sim, se é assim que eles [...] [Risos] Sim, eu sou uma dama de ferro, afinal não era algo ruim ser um duque de ferro [como Wellington era conhecido], sim, se é dessa forma que eles desejam interpretar minha defesa dos valores e liberdades fundamentais para o nosso modo de vida[19].

17 *Ibid.*

18 Thatcher, *The Path to Power*, p. 362.

19 Margaret Thatcher, "Speech to Finchley Conservatives" [Discurso para os Conservadores de Finchley], Selborne Hall, Southgate, Inglaterra, 31 jan. 1976, transcrição, Margaret Thatcher Foundation, <http://www.margaretthatcher.org/document/102947>.

A coragem e a convicção de Margaret Thatcher logo a levariam ao número 10 da Downing Street, onde ela ficaria por onze anos. Seus inimigos a temiam. Seus apoiadores a idolatravam. Seu país se entusiasmou com ela. E o mundo começou a notar um novo tipo de líder britânico.

"O Maior Conservador de Todos os Tempos"

Em 19 de abril de 1979, duas semanas antes da eleição que a tornaria Primeira-Ministra, Margaret Thatcher discursou em um comício em Birmingham. Fustigada pela inflação, desemprego, crime e agitação sindical, a Grã-Bretanha estava sendo chamada de "o homem doente da Europa". Thatcher apelou pelo renascimento de uma grande nação, rejeitando o infame escárnio de Dean Acheson (1893-1971), de 1962, de que a Grã-Bretanha "perdeu um império e ainda não encontrou um papel". Em nenhum lugar do mundo, os valores da democracia e da civilização foram "mais valorizados, mais zelosamente guardados, mais sutilmente protegidos do que nesta nossa ilha", lembrou ao público:

> Aqueles que leem nosso destino dessa maneira, acredito, estão total e profundamente errados. Eles não entendem por que adquirimos nosso Império, nem por que nos desligamos de nossas responsabilidades imperiais, com uma habilidade e uma prontidão jamais demonstradas por nenhum Império na história. Continuamos como sempre fomos, uma força pela liberdade, silenciados, até mesmo enfraquecidos nestes últimos anos, mas ainda com o fogo queimando dentro de nós, prontos para sermos acesos, e seguir em frente novamente.
>
> Esta é a diferença entre nós e as outras potências imperiais em nossos livros de história. Nossa vitalidade não vem de nossas posses, mas de nossa crença insaciável na liberdade, e é por isso que, seja o que estiver por vir, estaremos lá. Estaremos sempre na vanguarda da luta para resistir à tirania e manter a liberdade em alta. Essa é nossa herança e nosso destino. Por essa herança e por esse destino, nós, conservadores, sempre nos levantamos. Não abandonemos isso agora[20].

[20] Margaret Thatcher, "Speech to Conservative Rally in Birmingham" [Discurso para o Comício Conservador em Birmingham], Prefeitura, Birmingham, Inglaterra,19 abr. 1979, transcrição, Margaret Thatcher Foundation, <http://www.margaretthatcher.org/document/104026>.

Os rivais dos conservadores em 1979 eram o Partido Trabalhista e o Partido Liberal[21], que comandaram em um governo de coalizão, sob o controle do trabalhista James Callaghan, até o verão anterior. Notável pelos acordos de bastidores que o mantiveram unido, o pacto "Lib-Trab" prolongou o declínio econômico da Grã-Bretanha. "As experiências dos últimos dois ou três anos foram totalmente abomináveis", declarou Thatcher. "Reduziram todo o padrão de vida pública e a democracia parlamentar a uma série de vários acordos"[22]. Conhecido como "Sunny Jim" ["Jim Ensolarado"] por seu jeito descontraído, Callaghan era, na verdade, um político astuto. Ele era pessoalmente popular entre o público britânico. Porém, o humor do país havia mudado, drasticamente em 1979. A Grã-Bretanha estava desesperada por uma liderança forte após cinco anos de fracasso socialista.

Thatcher lembrou seu público em Birmingham: "Os russos disseram que eu era uma Dama de Ferro. Eles estavam certos. A Grã-Bretanha precisa de uma Dama de Ferro"[23]. Os eleitores britânicos concordaram. Em 3 de maio de 1979, o Partido Conservador conquistou a maioria dos assentos na Câmara dos Comuns. No dia seguinte, Margaret Thatcher foi convocada ao Palácio de Buckingham, onde a Rainha convidou-a para formar um governo.

A vitória em 1979 seria a primeira de três para os conservadores com Thatcher no comando, triunfos que definem a história britânica moderna. O motivo dessas vitórias era simples: Margaret Thatcher foi uma das maiores líderes dos tempos modernos. Na conferência do Partido Conservador em 2008, parlamentares conservadores e ativistas do partido elegeram-na como "o maior conservador de todos os tempos", à frente de Winston Churchill, Edmund

[21] Cabe pontuar que, em várias passagens do livro, o termo "liberal" irá se referir não ao liberalismo clássico, ou ao "liberal-conservadorismo" – matriz política na qual Thatcher se faz referência e adepta –, mas sim ao "liberalismo de esquerda", em geral coletivista e identitário, atualmente mais conhecido como "progressismo". Assim sendo, o texto demandará do leitor uma reta interpretação desse contexto a fim de politicamente identificar o que é exposto pelos autores. (N. E.)

[22] Margaret Thatcher, "The Trade Unions" [Os Sindicatos], Conferência de Imprensa da Eleição Geral, Escritório Central Conservador, Smith Square, Westminster, England, 20 abr. 1979, transcrição, Margaret Thatcher Foundation, <http://www.margaretthatcher.org/document/104029>.

[23] Margaret Thatcher, "Speech to Conservative Rally in Birmingham" [Discurso ao Comício Conservador em Birmingham], 19 abr. 1979, transcrição, Margaret Thatcher Foundation, <http://www.margaretthatcher.org/document/104026>.

Burke (1729-1797), Lord Salisbury e Benjamin Disraeli (1804-1881) – o Monte Rushmore dos estadistas conservadores britânicos[24].

Nenhum líder conservador, desde a década de 1820, igualou o recorde de eleições ganhas como Thatcher. Seu tricampeonato de vitórias eleitorais, em 1979, 1983 e 1987, faria dela o primeiro-ministro há mais tempo a servir de maneira contínua desde Lord Liverpool (1812-1827). A quarta vitória conservadora em 1992, depois de Thatcher deixar o cargo, ainda pertencia a ela. John Major, seu sucessor como primeiro-ministro, beneficiou-se de seus onze anos de liderança, da mesma forma que George H. W. Bush (1924-2018) se beneficiou, em 1988, dos oito anos de liderança de Ronald Reagan. Desde sua derrota para os trabalhistas em 1997, o Partido Conservador teve nada menos que quatro líderes. Destes, somente um, David Cameron, tornou-se primeiro-ministro.

Entre os predecessores conservadores de Thatcher do século XX – Arthur Balfour (1848-1930), Bonar Law (1858-1923), Stanley Baldwin (1867-1947), Neville Chamberlain, Winston Churchill, Anthony Eden (1897-1977), Harold Macmillan, Alec Douglas-Home (1903-1995), Edward Heath – apenas Churchill rivaliza com ela em apelo entre os conservadores. Embora algumas pesquisas britânicas classifiquem Churchill acima de Thatcher como o maior líder do país no século XX, a popularidade dele jamais se traduziu em sucesso eleitoral semelhante.

Depois de presidir a vitória durante a Segunda Guerra Mundial, Churchill e o Partido Conservador foram fortemente derrotados por Clement Attlee (1883-1967) e seu Partido Trabalhista em julho de 1945 devido a um cenário de uma Europa em ruínas. Foi uma perda atordoante, o que levou a seis anos de governo trabalhista, lançando lançou as bases para o socialismo e para o moderno estado de bem-estar social na Grã-Bretanha. Foi o início de uma nova era de governo grande para a Grã-Bretanha, um governo que acabaria por levar ao declínio nacional na década de 1970 e ao garrote mortal do socialismo sobre o povo britânico. Foi necessária uma revolução conservadora, liderada pela Dama de Ferro, para quebrar as garras do socialismo, revolução essa que tornaria a Grã-Bretanha, mais uma vez, uma potência mundial e a uma força motriz

[24] Jon Swaine, "Tory Party Conference: Margaret Thatcher Voted 'Greatest Tory'" [Conferência do Partido Conservador; Margaret Thatcher Eleita ´O Maior Conservador´], *Daily Telegraph* (Londres), 30 set. 2008, <http://www.telegraph.co.uk/news/politics/conservative/3107265/Tory-party-conference-Margaret-Thatcher- voted-greatest-Tory.html>.

econômica. Trinta anos após a derrota de Churchill, um novo conjunto de ideias baseadas em valores conservadores tradicionais emergiu, mudando a Grã-Bretanha para sempre. Thatcherismo, não socialismo, seria a ideologia dominante na Grã-Bretanha na década de 1980.

CAPÍTULO II

Capítulo II

Thatcherismo

> "A prosperidade não virá com a invenção de mais e mais programas extravagantes de gastos públicos. Você não fica mais rico pedindo outro talão de cheques ao banco. Nenhuma nação jamais prosperou tributando seus cidadãos para além de sua capacidade de pagar".
>
> Margaret Thatcher, *discurso para a Conferência do Partido Conservador*, 14 de outubro, 1983[25].

Como o Thatcherismo Mudou a Política Britânica

Foi anunciada, pelo *Times* de Londres, como "a noite de lembrança definitiva dos anos 80", uma reunião de mais de 650 pessoas, em 13 de outubro de 2005, dos membros da nata da Grã-Bretanha da década de 1980, para comemorar o octogésimo aniversário de Margaret Thatcher. Os convidados incluíam a Rainha e o Príncipe Philip (1921-2021). Até o primeiro-ministro trabalhista, Tony Blair, estava lá com sua esposa. Uma geração mais jovem de conservadores também estava presente, aqueles que admiravam Thatcher na escola e na universidade e que, mais tarde, tentaram seguir seu exemplo na vida pública. A convidada de honra, porém, chegou atrasada: precisou atender a uma ligação do presidente George W. Bush.

Muitas vezes, os simpatizantes reunidos haviam tido suas diferenças na década de 1980 – e ainda as tinham –, porém, nessa noite, eles se uniram para

[25] Margaret Thatcher, "Speech to Conservative Party Conference" [Discurso à Conferência do Partido Conservador], Blackpool, Inglaterra, 14 out. 1983, transcrição, Margaret Thatcher Foundation, <http://www.margaretthatcher.org/document/105454>.

celebrar a vida de Margaret Thatcher. Um de seus críticos mais ferozes dentro do Partido Conservador, Lord Howe de Aberavon, estava lá. O ex-secretário de Relações Exteriores e ministro das Finanças reconheceu que

> seu verdadeiro triunfo foi ter transformado não apenas um partido, mas dois, de modo que, quando o Trabalhista finalmente retornou, a maior parte do thatcherismo foi aceita como irreversível[26].

A presença de Tony Blair na celebração demonstrou a veracidade dos elogios de Howe. Ele presidiu uma modernização urgente do Partido Trabalhista. Abandonou até o infame compromisso da constituição do partido com o socialismo de estado. Blair também manteve as restrições de Thatcher aos sindicatos e não tentou reverter suas privatizações de grandes indústrias. Quando o Trabalhista voltou ao poder, depois de dezoito anos, não era o partido de James Callaghan (1912-2005).

Em 1994, Margaret Thatcher compareceu a outra festa, a do octogésimo terceiro aniversário de Ronald Reagan (1911-2004). Foi uma das últimas vezes em que esses dois gigantes do século XX apareceram juntos em público. Reagan, naquela noite, dirigindo-se aos convidados daquele grande encontro em Washington, disse que havia assistido recentemente ao discurso do presidente Bill Clinton sobre o estado de união. "Lembro-me do velho ditado, que diz ser a imitação a forma mais sincera de lisonja. Porém, neste caso, não é lisonja, mas uma apropriação indevida – o roubo intelectual de ideias que você e eu reconhecemos como nossas"[27]. Enquanto Thatcher ria com o resto da plateia, deveria saber que o Partido Trabalhista estava cometendo o mesmo "crime" em casa.

---

[26] Andrew Pierce, "The Ultimate Eighties Revival Night" [A Noite Definitiva de Lembrança dos Anos Oitenta] *Times* (Londres), 14 out. 2005, <http://www.margaretthatcher.org/document/110597>.

[27] Ronald Reagan, "Reagan's Speech at the 1994 Gala, on the Occasion of His 83rd Birthday" [Discurso de Reagan na Festa de Gala de 1994, por ocasião de seu 83º aniversário], 3 fev. 1994, transcrição, <http://reagan2020.us/speeches/RNC_Gala.asp>.

Thatcher e Thatcherismo

Vários primeiros-ministros conservadores do século XX receberam títulos de cavaleiros e nobres, mas apenas Margaret Thatcher obteve um "ismo" adicionado a seu nome. Essa distinção é uma das ironias da história, pois ela geralmente desprezava "ismos". Em 1997, Thatcher voltou a Washington para inaugurar um retrato dela e de Ronald Reagan –*Uma Visão Compartilhada*, de Mark Balma –, localizado no pórtico sul da Casa Branca, de frente para o National Mall. Naquela ocasião, falou sobre a luta do século XX entre a liberdade e os terríveis "ismos" que tanto perturbaram a história moderna. Ela acrescentou que o comunismo, o nazismo e "a maioria dos maus ismos vieram da Alemanha[...]. Fascismo do resto do continente europeu"[28].

A crítica aos "ismos" era um tema constante. Ao receber um título honorário da Universidade de Tel Aviv em 1986, Thatcher disse:

> Devo assegurar-lhes que, como recém-nomeada doutora -, não pretendo me aposentar em uma Torre de Marfim. Ou devotar o resto da minha vida a algum tratado erudito sobre o thatcherismo. Ou, na verdade, qualquer outro "ismo". Eles rapidamente se tornam "wasms"[29,30].

Quatorze anos depois, na Hofstra University, de Nova York, Thatcher anunciou que nunca pretendeu ter um "ismo" afixado a seu nome. Na verdade, ela considerava o apego moderno aos "ismos" contrário à sua filosofia política. "Começando com a Revolução Francesa e, em seguida, muito encorajado pela Revolução Bolchevique", disse ela, "os tempos modernos foram atormentados por 'ismos', isto é, por ideologias, na verdade, religiões seculares. A maioria

---

[28] "Lady Thatcher Unveils Portrait of Herself and President Reagan by Mark Balma," [Lady Thatcher revela retrato de si mesma e do presidente Reagan, de Mark Balma], vídeo do *YouTube*, da revelação em Washington, D.C., upload feito em 22 nov. 2010, acessado em 30 abr. 2013, <http://www.youtube.com/watch?v=vw30WnuUlms>.

[29] Trocadilho com o prefixo *is* de "ismo", que em inglês significa ser, no presente, substituído por ela por *was*, significando era, no passado, afirmando que todos os "ismos" acabam sendo extintos. (N.T.)

[30] Margaret Thatcher, "Speech Receiving Honorary Degree from University of Tel Aviv" [Discurso recebendo diploma honorário da Universidade de Tel Aviv], Londres, Inglaterra, 7 jul. 1986, transcrição, Margaret Thatcher Foundation, <http://www.margaretthatcher.org/document/106444>.

deles era terrivelmente ruim". Com foco no socialismo, ela pesquisou os danos causados pelas ideologias coletivistas. "O comunismo foi responsável por quase 100 milhões de mortes. Ele escravizou o Oriente, enquanto seu primo, o socialismo, empobreceu grande parte do Ocidente. O nazismo –aquele outro tipo de socialismo – e seu antecessor mais manso, o fascismo, mataram cerca de 25 milhões. Todos deixaram cicatrizes em nossas sociedades, que talvez nunca sejam totalmente curadas", acrescentou[31]. O thatcherismo, é claro, não é um "ismo" típico – uma ideologia abrangente, como o socialismo ou o comunismo, uma doutrina utópica, que não expande a liberdade, mas a mata. "Sobre uma coisa, porém, eu gostaria de ser clara", ela insistiu. "Não considero o thatcherismo um "ismo" em nenhum desses sentidos. E, se eu, alguma vez, inventei uma ideologia, certamente não foi minha intenção"[32].

Os Princípios do Thatcherismo

Apesar de suas reservas sobre "ismos", o "thatcherismo" rapidamente se tornou um termo familiar. Só depois de deixar o cargo, a própria Thatcher tentou definir formalmente os "princípios do thatcherismo". Fez isso no início de setembro de 1992, em discursos proferidos em Taiwan e na Coreia do Sul.

Thatcher se autodenominou uma "revolucionária conservadora"[33], o que, à primeira vista, parece uma contradição em termos. Porém, às vezes, para "conservar", é preciso restaurar ou reconstruir o que foi destruído. Como ela explicou ao seu público asiático,

> É fato bem conhecido que restaurar valores ou instituições enfraquecidas ou totalmente perdidas requer uma abordagem muito diferente de apenas conservá-los ou fortalecê-los. Em um mundo, ou um país, onde o socialismo ainda não

[31] Margaret Thatcher, "Speech Accepting an Honorary Degree from Hofstra University" [Discurso de Aceitação de um Diploma Honorário da Hofstra University], Nova York, 27 mar. 2000, transcrição, Margaret Thatcher Foundation, <http://www.margaretthatcher.org/document/108387>.

[32] *Ibid.*

[33] Margaret Thatcher, "The Principles of Thatcherism" [Os Princípios do Thatcherismo], discurso, Seul, Coréia do Sul, 3 set. 1992, transcrição, Margaret Thatcher Foundation, <http://www.margaretthatcher.org/document/108302>.

> teve seu momento mais destrutivo, você pode ser capaz de se safar com mero pragmatismo.
>
> Porém, quando a tempestade causou estragos, arrancando estruturas sociais e distorcendo os impulsos econômicos, uma reconstrução mais fundamental é necessária. Isso, por sua vez, requer a formulação, exposição e implementação de princípios.
>
> Como uma revolucionária conservadora, tanto por temperamento quanto por necessidade, eu tinha gosto em fazer isso quando os corações mais fracos não o faziam[34].

Thatcher não estava interessada em derrubar as instituições britânicas tradicionais. Embora certamente fosse republicana caso tivesse nascido nos Estados Unidos; na Grã-Bretanha, não era *republicana*. Ela apoiou os pilares tradicionais da sociedade britânica - a monarquia, o parlamento e a Igreja da Inglaterra. Liderou uma revolta contra o socialismo e o coletivismo, destruidores da vida tradicional britânica, e contra os comunistas na União Soviética, que tentavam espalhar o coletivismo pelo mundo.

A Coroa representa mais de mil anos de continuidade na história britânica; o Parlamento, as antigas liberdades do povo britânico; e a Igreja da Inglaterra, a fé cristã que moldou a civilização britânica.

Quando você adiciona isso às antigas universidades de Oxford e Cambridge, às melhores "escolas públicas" (isto é, internatos privados), como Eton e Harrow, ao serviço público e à imprensa, você tem o tradicional *establishment* britânico. Inerentemente conservador em suas tradições e prerrogativas, mas não necessariamente constituído de membros do Partido Conservador. Thatcher apoiou essas instituições como primeira-ministra (embora nem sempre elas a tenham apoiado). Seu conservadorismo, porém, refletia valores diferentes, por isso é chamado de thatcherismo.

O thatcherismo é, no melhor sentido, "conservador", porque conserva ou busca restaurar as melhores tradições da Grã-Bretanha. Thatcher disse ao seu público asiático que ela não inventou o thatcherismo: "Eu e meus colegas o redescobrimos. Os valores, ideias e crenças que tive o privilégio de poder colocar em prática na Grã-Bretanha, nos onze anos e meio como primeira-ministra,

[34] *Ibid.*

foram enraizados na experiência do passado e reforçados por eventos em minha vida". Ela acrescentou:

> Mas minha visão também foi moldada pelo meu próprio país e sua história – acima de tudo, sua história política. Como não poderia ser? Pois sempre fui fascinada por política. Para mim, o nome da Grã-Bretanha era sinônimo de liberdade, justiça e democracia[35].

Família e Valores Comunitários

Ao longo de sua carreira, Margaret Thatcher considerou que o thatcherismo é uma reafirmação de princípios e valores mais antigos aplicados a um ambiente moderno e que eventos em sua vida levaram à formulação desse conceito. Sempre houve, por exemplo, a influência de sua família no que se tornaria o thatcherismo décadas depois.

> Meus ideais, como os da maioria das pessoas, foram moldados pela primeira vez por minha família – uma família cristã, que acredita na santidade do indivíduo e que cada um de nós é responsável por suas próprias ações[36].

Sem a influência de sua família, o thatcherismo nunca teria existido. Ao se mudar, em 1979, para o número 10 da Downing Street, ela comentou:

> Devo quase tudo ao meu próprio pai. Eu realmente devo. Ele me ensinou a acreditar em todas as coisas nas quais acredito, e são justos os valores pelos quais lutei nas eleições. E é apaixonadamente interessante para mim que as coisas que aprendi em uma pequena cidade, em uma casa muito modesta, são apenas as coisas que, acredito, ganharam as eleições[37].

---

[35] *Ibid.*

[36] *Ibid.*

[37] Margaret Thatcher, "Remarks on Becoming Prime Minister (St Francis's Prayer)" [Observações sobre como se tornar primeiro-ministro (Oração de São Francisco)], Londres, Inglaterra, 4 mai. 1979, transcrição, Margaret Thatcher Foundation, <http:// www.margaretthatcher.org/ document/104078>.

Muito antes de ela ler sobre "as vantagens teóricas do monetarismo, livre comércio e desregulamentação"[38], Thatcher aprendeu sobre economia e sociedade com sua família[39]. Como, certa vez, ela disse em uma entrevista para a televisão:

> Acho que a coisa mais importante de todas, o maior presente de todos, é ter uma família. O lar é duas coisas: é um refúgio e é uma inspiração e atravessa as gerações. Você sempre tem um lar para onde ir, e eu acho que as pessoas que não têm [um lar] realmente perdem a melhor coisa da vida, e eu acho extremamente importante continuar adiante com isso[40].

Na esquina da North Parade com a Broad Street, em Grantham, Lincolnshire, havia uma mercearia e uma agência dos correios, com um apartamento acima deles. O prédio ainda está lá, com uma pequena placa reconhecendo seu significado histórico: "Local de nascimento da Muito Honorável Margaret Thatcher, parlamentar, primeira mulher Primeira-Ministra da Grã-Bretanha e Irlanda do Norte". Até hoje, é o único memorial a Margaret Thatcher em Grantham. Seu pai, Alfred Roberts (1892-1970), era proprietário de uma mercearia especializada. A família morava "em cima da loja", como disse Thatcher. "Aromas maravilhosos de especiarias, café e presunto defumado flutuavam pela casa", ela lembrou[41]. Ela aprendeu "que o comércio internacional trazia chá, café, açúcar e temperos para quem frequentava nossa loja"[42]. Thatcher foi uma defensora do livre-comércio desde o início.

---

[38] Margaret Thatcher, *The Path to Power* [O Caminho para o Poder], (Nova York: HarperCollins, 1995), p. 568.

[39] Margaret Thatcher, "Speech to Scottish Conservative Party Conference" [Discurso para a Conferência do Partido Conservador Escocês], Centro de Conferências e Exposições de Aberdeen, Escócia, 12 mai. 1990, transcrição, Margaret Thatcher Foundation, <http://www.margaretthatcher.org/document/108087>. Ver também Margaret Thatcher, "Speech to the First International Conservative Congress" [Discurso para o Primeiro Congresso Conservador Internacional], Washington, D.C., 28 set. 1997, transcrição, Margaret Thatcher Foundation, <http://www.margaretthatcher.org/document/108374>.

[40] Margaret Thatcher, entrevista por David Frost, TV-AM, 30 dez. 1988, transcrição, Margaret Thatcher Foundation, <http://www.margaretthatcher.org/document/107022>.

[41] Thatcher, *The Path to Power* [O Caminho para o Poder], p. 5

[42] *Ibid.*, p. 566.

A casa dos Roberts fica a cerca de cem metros dos trilhos da ferrovia de Grantham. A cidade está localizada na linha principal da costa leste de Londres a Edimburgo, uma importante artéria ferroviária de passageiros, conectando a capital da Grã-Bretanha ao norte da Inglaterra e Escócia. "Poderíamos acertar nossos relógios pelo 'Flying Scotsman' conforme ele passasse", escreveu Thatcher[43] sobre o trem que tem estado circulando entre Londres e Edimburgo desde 1862.

Grantham fica ao sul de Lincoln e a leste de Nottingham em East Midlands – o equivalente britânico da América Central. Os laços da região com os Estados Unidos remontam ao primeiro assentamento puritano na Colônia da Baía de Massachusetts, que foi nomeada em homenagem à cidade de Boston, em Lincolnshire, a leste de Grantham. "Tínhamos um imenso orgulho de nossa cidade", lembrou Thatcher, "conhecíamos sua história e tradições; nós éramos felizes por fazer parte de sua vida"[44].

Margaret Thatcher pode ser a pessoa mais famosa de Grantham hoje em dia, mas seu aluno mais ilustre foi o físico e matemático Sir Isaac Newton (1642-1727), nascido nas proximidades e que frequentou a King's School em Grantham. Margaret Roberts frequentou outra escola secundária na localidade (uma escola estadual seletiva), a Kesteven and Grantham Girls' School [Escola para Moças Kesteven e Grantham], terminando em primeiro lugar de sua classe, em 1943. Depois de Grantham, Newton foi para Cambridge, mas a srta. Roberts escolheu Oxford, onde entrou no Somerville College. Única primeira-ministra britânica com diploma em ciências (química), ela estudou com Dorothy Hodgkin (1910-1994), pioneira em cristalografia de raios-X, mais tarde ganhadora do Prêmio Nobel. A carreira posterior de Margaret Thatcher na política não conquistou amigos no corpo docente esmagadoramente de esquerda de Oxford, e a universidade negou-lhe o título honorário esperado para a primeira mulher primeira-ministra. Seus documentos estão agora arquivados junto com os de Winston Churchill, no Churchill College, em Cambridge[45].

A vida "em cima da loja" é uma parte importante do thatcherismo, cuja homônima viveu "em cima da loja" duas vezes em sua vida: como uma menina

[43] *Ibid.*, p. 4.

[44] *Ibid.*, p. 19.

[45] Howard Peters, "The Iron Lady" [A Dama de Ferro], *Chemistry World*, 1 mai. 2012, <http://www.rsc.org/chemistryworld/2012/05/iron-lady>.

e como primeira-ministra. No 10 da Downing Street, residência oficial do primeiro-ministro britânico, Thatcher e seu marido, Denis, ocuparam, por onze anos e meio, um pequeno apartamento no topo da residência histórica. "Todas as considerações práticas sugeriam isso, assim como meu próprio gosto por longas horas de trabalho", lembra ela. "Como costumávamos dizer, desde minha infância em Grantham, eu gostava de morar em cima da loja"[46].

Pode parecer estranho para os americanos que o chefe do governo britânico more em um pequeno apartamento. Claro, também há o Chequers, a imponente residência de campo do primeiro-ministro em Buckinghamshire, semelhante ao Camp David do presidente dos Estados Unidos. Porém, o simbolismo da vida e do trabalho dos primeiros-ministros em uma casa em Londres, por mais sofisticada que seja, é importante. Os cargos de chefe de estado e de governo, unidos no caso da presidência americana, estão divididos no Reino Unido. A rainha é a chefe de estado e, portanto, vive em um palácio. Acomodações menos grandiosas são fornecidas a seus primeiros-ministros. Na verdade, nem todo primeiro-ministro viveu no número 10 da Downing Street. Alguns tinham casas melhores e preferiam moradias particulares a públicas, enquanto outros se sentiam desconfortáveis com o acompanhamento de funcionários, com as salas de reunião e escritórios – é tanto um prédio de escritórios quanto uma casa – e eles simplesmente não se adaptam. Quando o trabalhista Ramsay MacDonald (1866-1937) estava no cargo, podia ser visto batendo na porta da frente para entrar.

Thatcher passou sete anos a mais trabalhando na loja da One North Parade, em Grantham, do que no número 10 da Downing Street. "A vida 'em cima da loja' é muito mais do que uma frase", ela registrou, "aqueles que a viveram sabem ser algo bastante distinto"[47]. Ela "vivia" os negócios de sua família e teve que fazer sua parte no trabalho, além de estudar muito na escola. A família trabalhava longas horas para ganhar a vida, e Margaret aprendeu as necessidades e virtudes do trabalho árduo e de se viver com parcimônia.

Ela também experimentou seu primeiro gostinho da vida cívica em Grantham. Alfred Roberts foi um representante local, vereador e prefeito numa

---

[46] Margaret Thatcher, *The Downing Street Years* [Os Anos de Downing Street], (Nova York: HarperCollins, 1993), p. 21.

[47] Thatcher, *The Path to Power* [O Caminho para o Poder], p. 4.

ou outra ocasião, e as pessoas falavam sobre questões locais em sua loja. Ele também era ativo na Igreja Metodista e em organizações cívicas, incluindo o Rotary. Sua filha era uma política nascida para os palanques, contando com um treinamento que começou na loja da esquina, onde a família Roberts sempre estivera de plantão dia e noite. Em Grantham, ela desenvolveu, para toda a vida, uma paixão pela discussão e pelo debate.

Em uma passagem reveladora de suas memórias, Thatcher comparou sua própria formação econômica local em Grantham às influências formativas de John Maynard Keynes (1883-1946) e do grupo de esquerda da alta classe, Grupo Bloomsbury, uma estranha coleção de artistas, escritores, poetas e filósofos da moda, moradores da seção de Bloomsbury, no centro de Londres, nas primeiras décadas do século XX. Ela observou que "os economistas existentes não são menos escravos de influências externas. Isso era verdade para o próprio Keynes, membro do grupo 'Bloomsbury', cuja rejeição das virtudes vitorianas em seu próprio comportamento ecoou sutil, mas seguramente, no abandono das regras liberais clássicas e nas restrições na economia, das quais o 'keynesianismo' se tornou sinônimo"[48]. Ela continuou:

> Da mesma forma, minhas próprias opiniões sobre economia fluíram de minha experiência pessoal, do mundo em que cresci. Minha 'Bloomsbury' era Grantham, o metodismo, a mercearia, o Rotary e todas as virtudes sérias e sóbrias cultivadas e estimadas naquele ambiente[49].

Thatcher concluiu: "Não há melhor curso para entender a economia do livre mercado do que a vida em uma loja de esquina"[50].

Ela fez a mesma observação em Seul, em 1992:

> [O] desejo de fazer melhor para a família é o grande dínamo do progresso. A maioria das pessoas trabalha, economiza, investe, inventa, se adapta e negocia por esse único motivo, que vai até a raiz de seu próprio ser[51].

[48] *Ibid.*, p. 565.
[49] *Ibid.*
[50] *Ibid.*, p. 566.
[51] Thatcher, "The Principles of Thatcherism" [Os Princípios do Thatcherismo].

Uma das grandes lições de Grantham foi que "os frutos da liberdade são tão ricos e variados, porque a liberdade é criativa. E é por isso que a riqueza não é gerada pelo governo. É como observou Adam Smith (1723-1790): a iniciativa de homens e mulheres individuais cria a 'Riqueza das Nações'"[52]. Ela registrou em sua autobiografia: "o tipo de vida que o povo de Grantham vivia antes da [Segunda Guerra Mundial] *era* decente e saudável, e seus valores eram moldados pela comunidade, não pelo governo"[53].

Thatcher e Virtudes Vitorianas

Margaret Thatcher foi frequentemente acusada por seus oponentes políticos e pela mídia progressista de tentar restabelecer os "valores vitorianos" (ou virtudes vitorianas, como ela preferia chamá-los)[54], muito depois de terem sido considerados parte da história. Na verdade, o thatcherismo era considerado sinônimo de valores vitorianos, e frequentemente perguntavam a ela por que acreditava serem importantes. O motivo era simples. Os valores vitorianos, disse ela em 1983, "eram os valores quando nosso país se tornou grande, mas não apenas ele se tornou grande internacionalmente, como também houve um enorme avanço neste país"[55]. Na opinião de Thatcher, as virtudes vitorianas eram "fundamentais"[56].

Na era permissiva iniciada na década de 1960, "vitoriano" era um adjetivo puramente pejorativo, especialmente quando aplicado à moralidade. Significava antiquado e opressor. Ainda assim, em uma entrevista ao *Financial Times* em 1987, Thatcher fez um apelo vigoroso e sem remorso pela restauração das virtudes vitorianas[57].

---

52 *Ibid.*

53 Thatcher, *The Path to Power*, p. 31.

54 Robin Harris, *Not For Turning: The Life of Margaret Thatcher* [Não dá Volta: A Vida de Margaret Thatcher], Londres: Bantam Press, 2013, p. 445.

55 Margaret Thatcher, entrevista por Brian Walden, *Weekend World*, 16 jan. 1983, transcrição, Margaret Thatcher Foundation, <http://www.margaretthatcher.org/document/105087>.

56 Margaret Thatcher, "Speech to Finchley Young Conservatives" [Discurso aos Jovens Conservadores de Finchley], 7 dez. 1985, originalmente publicada no *Finchley Times*, 12 dez. 1985, declaração pública, Margaret Thatcher Foundation, <http://www.margaretthatcher.org/document/106194>.

57 Margaret Thatcher, entrevista por Peter Riddell, *Financial Times*, 23 nov. 1987, Margaret Thatcher Foundation, <http://www.margaretthatcher.org/document/106969>.

Como ela costumava dizer, a era vitoriana foi de tremendo progresso para a Grã-Bretanha. No momento do Jubileu de Diamante da Rainha Vitória (1819-1901), em 1897, a Grã-Bretanha era a maior potência do mundo, com um padrão de vida invejado em grande parte do globo. Pela primeira vez na história, a maioria da população britânica desfrutou de um progresso econômico e social significativo. As misérias de duas guerras mundiais e da Grande Depressão estavam por vir. Porém, para a maioria das famílias britânicas, os últimos anos do reinado de Vitória, e o posterior período eduardiano, seriam os melhores que eles veriam até a segunda metade do século XX.

No século XIX, a economia britânica percebeu todos os benefícios da Revolução Industrial. O país se tornou a "oficina do mundo", produzindo bens em uma escala inimaginável para uma ou duas gerações antes. A era vitoriana também viu a ascensão do Império Britânico como uma grande força para o bem no cenário mundial. "O fato permanece", insiste o historiador Niall Ferguson,

> que nenhuma organização na história fez mais para promover a livre circulação de mercadorias, capital e trabalho do que o Império Britânico nos séculos XIX e XX. E nenhuma organização fez mais para impor as normas ocidentais de lei, ordem e governança em todo o mundo [...]. Sem a expansão do domínio britânico em todo o mundo, é difícil acreditar que as estruturas do capitalismo liberal teriam sido estabelecidas com tanto sucesso em tantas economias diferentes ao redor do mundo[58].

"Liberalismo" Costumava Significar Liberdade

Na era vitoriana, "liberalismo" significava liberdade, não um governo grande como hoje. Margaret Thatcher descreveu seu pai como um "liberal antiquado", salientando que a "responsabilidade individual era sua palavra de ordem; e finanças sólidas, sua paixão. Ele era um admirador de *On Liberty*[59], de John Stuart

---

[58] Niall Ferguson, *Empire: The Rise and Demise of the British World Order and the Lessons for Global Power*, (Nova York: Basic Books, 2002), xxi, p. 303.

[59] Encontramos a seguinte edição brasileira: MILL, John Stuart. *Sobre a liberdade*. Vide Editorial: São Paulo. 2019.

Mill (1806-1873)"[60]. Esse tipo de liberalismo faz parte do caráter britânico, como Thatcher costumava atestar. Sua própria filosofia política, disse ela, "seria melhor descrita como 'liberal', no sentido antiquado. E eu me refiro ao liberalismo do Sr. Gladstone (1809-1898) [o grande líder vitoriano do Partido Liberal], não dos coletivistas dos últimos tempos"[61].

Os vitorianos odiavam gastos desnecessários, acreditavam no livre comércio e, na verdade, diminuíram o tamanho de seu governo. Milton e Rose Friedman (1910-2009) apontaram que

> os gastos do governo caíram como uma fração da renda nacional – de quase um quarto da renda nacional no início do século XIX para cerca de um décimo da renda nacional na época do jubileu da Rainha Vitória, em 1897, quando a Grã-Bretanha estava no ápice de seu poder e glória[62].

Os vitorianos também presidiram um século relativamente pacífico no que dizia respeito à Grã-Bretanha. Desde a derrota de Napoleão (1769-1821) em Waterloo, em 1815, até a eclosão da Primeira Guerra Mundial, no verão de 1914, o domínio britânico dos mares garantiu o livre comércio e um equilíbrio de poder na Europa manteve a paz. Se dúvida, houve várias guerras em todo o Império Britânico (incluindo as Guerras Anglo-Boer) e distúrbios na Irlanda, porém, nenhuma delas ameaçou a própria Grã-Bretanha. Os conflitos eram limitados em escopo e principalmente fora da Europa, com a notável exceção da Guerra da Crimeia de 1853-1856.

A liberdade política cresceu com a liberdade econômica, e o direito a voto foi dramaticamente estendido ao longo do século XIX. Havia também mais liberdade religiosa do que nunca, levando a uma maior devoção religiosa. Os não conformistas, incluindo os metodistas da família Roberts, puderam praticar sua fé livremente, fora da igreja instituída. Até mesmo a vida dos cató-

---

[60] Thatcher, *The Path To Power* [O Caminho para o Poder], p. 21.

[61] Margaret Thatcher, "Liberty and Limited Government" [Liberdade e Governo Limitado], Palestra no Keith Joseph Memorial, SBC Warburg, Swiss Bank House, Londres, Inglaterra, 11 jan. 1996, transcrição, Margaret Thatcher Foundation, <http://www.margaretthatcher.org/document/108353>.

[62] Milton e Rose Friedman, *Free to Choose: A Personal Statement* [Livre para Escolher: Um Depoimento Pessoal] (Nova York: Harcourt Brace and Company, 1980), p. 35.

licos romanos melhorou dramaticamente, à medida que a maioria das sanções foi suspensa e uma série de convertidos proeminentes trouxeram uma medida de respeitabilidade a uma minoria antes desprezada. O resultado dessa liberdade foi um dos maiores despertares religiosos da história cristã, que levou, sob a liderança de William Wilberforce (1759-1833), à abolição da escravidão no Império Britânico.

Os valores vitorianos eram baseados no cristianismo, e a Bíblia era o guia oficial. A própria Thatcher descreveu a importância da Bíblia na vida britânica:

> Quando emergimos do crepúsculo dos tempos medievais, quando para muitos a vida era caracterizada pela tirania, injustiça e crueldade, nós nos tornamos o que um historiador descreveu como "o povo de um livro, e aquele livro era a Bíblia". (J. R. Green). O que ele quis dizer, eu acho, foi que esta nação adotou, embora gradualmente, um sistema de governo e uma forma de convivência que refletia os valores implícitos naquele Livro. Reconhecemos, como nação, que Deus é a fonte de nossa força e que os ensinamentos de Cristo se aplicam tanto à nossa vida nacional quanto pessoal[63].

Apesar das extraordinárias conquistas da era vitoriana, a esquerda deseja falar apenas sobre seus problemas, muitos dos quais foram resolvidos por meio dos valores cristãos e da caridade. Os socialistas descrevem o período, injustamente, como sendo um de capitalismo implacável, imperialismo brutal, desigualdade, condições de trabalho chocantes em fábricas para homens, mulheres e crianças e miséria urbana – tudo parte de seu ataque coordenado ao capitalismo e à liberdade.

"A era vitoriana foi muito maltratada pela propaganda socialista", lembrou Thatcher a uma plateia de jovens conservadores[64]. Posteriormente, ela

[63] Margaret Thatcher, "Speech at St Lawrence Jewry" [Discurso em St. Lawrence Jewry], Londres, Inglaterra, 4 mar. 1981, transcrição, Margaret Thatcher Foundation, <http://www.margaretthatcher.org/document/104587>.

[64] Margaret Thatcher, "Dimensions of Conservatism" [Dimensões do Conservadorismo], Palestra no Iain Macleod Memorial, discurso para Greater London Young Conservatives, Caxton Hall, Londres, Inglaterra, 4 jul. 1977, transcrição, Margaret Thatcher Foundation, <http://www.margaretthatcher.org/document/103411>. Ela continuou: "Foi uma época de esforço constante e construtivo, em que o desejo de melhorar a vida das pessoas comuns foi

disse "desejar que aqueles que criticavam nossos predecessores vitorianos por seus indiscutíveis fracassos pudessem ou estivessem dispostos a emular algumas de suas realizações"[65].

Thatcherismo e Fé Cristã

Na infância de Margaret Thatcher, ela lembrou, "nossas vidas giravam em torno do metodismo"[66]: serviços religiosos duas vezes aos domingos, escola dominical, serviços de oração durante a semana, prática de hinos ao piano. A família Roberts guardava o sábado de uma forma que qualquer vitoriano teria reconhecido. Thatcher se lembra de ter ouvido sermões excepcionais na Grantham provinciana: "Os sermões que ouvíamos todos os domingos tiveram um grande impacto em mim"[67]. Ela disse ao jornalista David Frost (1939-2013) que

> a religião é um fator fundamentalmente importante na vida de todos neste país [...]. Os ideais da democracia são fundamentados nos direitos humanos, e a dignidade do indivíduo não vem da política, mas é algo realmente vindo de fundamentos bíblicos[68].

É fácil esquecer que uma pregação excelente foi importante no desenvolvimento das igrejas protestantes na Grã-Bretanha e na América, e as linhas separando leigos e clero eram frequentemente confusas. Além de seu trabalho nos negócios e na vida cívica, Alfred Roberts era um pregador metodista leigo. Ele deixou a escola quando tinha treze anos, como era a prática das famílias trabalhadoras na época, e era, praticamente, autodidata. A falta de educação teológica dos pregadores leigos foi mais do que compensada pela devoção natural e

---

um fator poderoso. Nós, que vivemos em grande parte do capital moral e físico dos vitorianos, dificilmente podemos nos dar ao luxo de denegri-los".

[65] Margaret Thatcher, "Speech at Dinner to Lord Jakobivits (Retirement)" [Discurso no jantar para Lord Jakobivits (aposentadoria)], Hotel Grosvenor House, Londres, Inglaterra, 21 fev. 1991, transcrição, Margaret Thatcher Foundation, <http://www.margaretthatcher.org/document/108261>.

[66] Thatcher, *The Path to Power* [O Caminho para o Poder], p. 5.

[67] *Ibid.*, p. 11.

[68] Margaret Thatcher, entrevista por David Frost, TV-AM, 30 dez. 1988.

por uma compreensão incomparável das Escrituras à época ou agora. Na verdade, um dos maiores pregadores da Inglaterra anglicana do século XIX, C. H. Spurgeon (1834-1892), era na verdade um batista que não tinha treinamento teológico formal, nem diploma universitário (seu pai e avô também haviam sido pregadores). Ele começou sua carreira ensinando na escola dominical, na Igreja Batista da rua St. Andrew, em Cambridge, e foi pastor em Londres aos vinte anos de idade.

Sediado na Igreja Metodista da Finkin Street, Roberts era um pregador popular em Grantham. "Ele era um pregador poderoso, cujos sermões incluíam uma boa dose de substância intelectual", lembrou sua filha[69]. Ela também se lembrou de sua "voz de sermão" e certa vez perguntou a ele por que a usava. Roberts ficou "surpreso" com a pergunta, mas Thatcher sempre a considerou uma "homenagem inconsciente à mensagem bíblica"[70]. Depois de ouvi-la discursar em sua congregação em Finchley, em 1971, o reverendo Leonard Barnett (1919-2001) disse que a própria Thatcher teria sido "uma esplêndida pregadora metodista"[71].

Mesmo entre os admiradores mais fervorosos de Thatcher na América, poucos sabem muito sobre suas crenças pessoais. Dois discursos que ela proferiu na igreja anglicana de St. Lawrence Jewry são de especial interesse. Localizada no pátio do Guildhall, onde ficava o gueto judeu medieval, a St. Lawrence Jewry é a igreja oficial do Senhor Prefeito e da City of London Corporation. Lá, ela falou pela primeira vez em 30 de março de 1978, enquanto ainda era líder da oposição no Parlamento. Soando mais como uma evangélica vitoriana do que como uma política do final do século XX, Thatcher falou sobre sua educação religiosa e sobre como a vida nesta terra era uma preparação para a vida eterna. "Fui criada, deixe-me lembrar a vocês, em um ambiente religioso que, pelos padrões de hoje, pareceria muito rígido", disse ela. "O que importava, fundamentalmente, era o relacionamento do Homem com Deus e, em última instância, isso dependia da resposta da alma individual à graça de Deus"[72]. A velha

[69] Thatcher, *The Path to Power* [O Caminho para o Poder], p. 5.

[70] *Ibid.*

[71] Margaret Thatcher, "Speech to Finchley Methodists (Education Sunday)" [Discurso aos Metodistas de Finchley (Domingo da Educação)], Igreja Metodista de Finchley, Finchley, Inglaterra, 10 out. 1971, transcrição, Margaret Thatcher Foundation, <http://www.margaretthatcher.org/document/102140>.

[72] Margaret Thatcher, "I BELIEVE—A Speech on Christianity and Politics" [EU ACREDITO – Um Discurso sobre Cristandade e Política], discurso em St. Lawrence Jewry,

preocupação vitoriana com o Dia do Julgamento deveria guiar qualquer filosofia política, observou ela. Política era "sobre estabelecer as condições nas quais homens e mulheres possam melhor usar suas vidas fugazes neste mundo a fim de se prepararem para o próximo"[73]. Ela concluiu:

> Fui também educada para acreditar que, somente por meio da devoção de todo o coração a essa preparação, a verdadeira felicidade terrena poderia ser alcançada. A experiência não me dá razão para reconsiderar esta visão[74].

Thatcher voltou a St. Lawrence Jewry três anos depois, em março de 1981, desta vez como primeira-ministra.[75] Interrompida por provocadores da Liga dos Jovens Comunistas, ela, no entanto, fez um discurso poderoso, do fundo do coração. Enfatizou a grande importância dos valores cristãos na sociedade, lembrando a seu público que "a grandeza da virtude de uma nação é do tamanho da virtude dos indivíduos que a compõem". Ela enfatizou a importância da "responsabilidade moral pessoal", um elemento central do thatcherismo:

> Devemos sempre ter cuidado para não supor que, de alguma forma, podemos nos livrar de nossos próprios deveres morais, entregando-os à comunidade; que, de alguma forma, podemos nos livrar de nossa própria culpa, falando sobre culpa 'nacional' ou 'social'. Somos chamados a nos arrepender de nossos próprios pecados, não dos pecados uns dos outros.

No segundo discurso de St. Lawrence Jewry, Thatcher elogiou a visão de dois grandes filantropos vitorianos que lutaram contra os males da escravidão e das condições desumanas de trabalho. William Wilberforce e Lord Shaftesbury foram, nas palavras de Thatcher, líderes "motivados principalmente por suas crenças cristãs". Ela ressaltou ser "também significativo o fato de que a maioria dos grandes filantropos, criadores de escolas e hospitais, o fizeram porque viram isso como parte de seu serviço cristão para o povo da nação". Ela defendeu a era

Londres, Inglaterra, 30 mar. 1978, transcrição, Margaret Thatcher Foundation, <http://www.margaretthatcher.org/document/103522>.

[73] *Ibid.*

[74] *Ibid.*

[75] Thatcher, "Speech at St Lawrence Jewry" [Discurso em St. Lawrence Jewry], 4 mar. 1981.

vitoriana, com seu *ethos* cristão e com ênfase na filantropia privada, para argumentar que o papel do governo deve ser estritamente limitado e baseado em valores cristãos:

> Quanto ao papel do Estado (o que a Bíblia chama de coisas que são de César), nunca escondi minha própria filosofia. Acredito ser uma filosofia baseada em suposições cristãs, embora reconheça plenamente que alguns cristãos teriam uma visão diferente. Para mim, a sabedoria da política consiste em conhecer os limites dentro dos quais o governo pode, e deve, agir para o bem dos indivíduos que constituem a sociedade; respeitar esses limites; garantir que as leis às quais o povo está sujeito sejam justas, e consistentes com a consciência pública; certificar-se de que essas leis sejam aplicadas, de forma firme e justa; tornar a nação forte para a defesa de seu modo de vida contra possíveis agressões; e manter uma moeda honesta. Somente os governos podem realizar essas funções, e nessas esferas o governo deve ser forte.

Thatcher clamava por "um propósito nacional", o qual "deve incluir a defesa dos valores que acreditamos serem de vital importância". Ela fez um apelo enfático pela renovação do "espírito da nação", deixando claro: "Eu acredito que o espírito desta nação é cristão. Os valores que sustentam nosso modo de vida não desapareceram de forma alguma, mas correm o risco de serem minados".

Ela reiterou esses temas em um importante discurso na Assembleia Geral da Igreja da Escócia, em maio de 1988, durante seu terceiro e último mandato como primeira-ministra, pedindo a defesa da tradição judaico-cristã na Grã-Bretanha. "[A] religião cristã", observou Thatcher,

> que, é claro, incorpora muitas das grandes verdades espirituais e morais do judaísmo, é uma parte fundamental de nossa herança nacional. E acredito ser o desejo da esmagadora maioria das pessoas que esse patrimônio seja preservado e promovido. Por séculos, tem sido nosso sangue vital. E, de fato, somos uma nação cujos ideais são fundamentados na Bíblia[76].

[76] Margaret Thatcher, "Speech to General Assembly of the Church of Scotland" [Discurso à Assembléia Geral da Igreja da Escócia], Assembly Hall, Edimburgo, Escócia, 21 mai.

Esses discursos mostram que os valores religiosos profundamente enraizados em Thatcher foram uma grande influência em seu pensamento político. Sua cristandade a colocava em oposição aos princípios socialistas de governo grande, que estavam devastando a Grã-Bretanha nos anos 1970.

Revertendo o Socialismo

Em um discurso na Universidade Hofstra em 2000, Margaret Thatcher observou não ser por acaso que a União Soviética estendeu seus músculos sobre todo o mundo na década de 1970, quando o socialismo estava em seu ápice na Grã-Bretanha:

> Se hoje essa declaração parece alarmista, lembre-se de que esse também foi o ponto alto do expansionismo soviético e que os mesmos políticos socialistas mais ansiosos para impor um projeto de esquerda à Grã-Bretanha foram muitas vezes profundamente simpáticos ao avanço do poder soviético no exterior. O que ocorreu na Grã-Bretanha neste período não foi, portanto, apenas um choque entre duas partes, foi uma luta entre dois sistemas, oferecendo dois destinos totalmente diferentes[77].

A coexistência pacífica entre a União Soviética e o Ocidente tornou-se um caminho para o coletivismo em todos os lugares. A Dama de Ferro viu o coletivismo, tanto na Grã-Bretanha quanto na União Soviética, como uma ameaça à liberdade. Ela leu *O Caminho da Servidão*, de Friedrich Hayek (1899-1992), pela primeira vez, quando era estudante em Oxford. O livro causou uma impressão duradoura nela, especialmente sua dedicatória, "Aos Socialistas de Todas as Partes". Hayek afirmou que, em última análise, não havia diferença nos objetivos do socialismo, comunismo e fascismo:

1988, transcrição, Margaret Thatcher Foundation, <http://www.margaretthatcher.org/document/107246>.

[77] Thatcher, "Speech Accepting an Honorary Degree from Hofstra University" [Discurso de Aceitação de um Diploma Honorário da Hofstra University].

> Os vários tipos de coletivismo, comunismo, fascismo, etc., diferem entre si na natureza da meta para a qual desejam direcionar os esforços da sociedade. Porém, todos eles diferem do liberalismo e do individualismo por quererem organizar toda a sociedade [...][78].

Ele acrescentou que o socialismo não era apenas a variedade mais importante do coletivismo, mas que também "persuadiu as pessoas de mente liberal a se submeterem, mais uma vez, à arregimentação da vida econômica que eles haviam derrubado [...]"[79].

Como Thatcher relata em suas memórias, seu pai não deixou o Partido Liberal; o Partido Liberal o deixou. "Como muitos outros empresários, ele foi, por assim dizer, deixado para trás, pela aceitação do coletivismo pelo Partido Liberal"[80]. Refletindo a influência de Hayek, Thatcher declarou: "Os proponentes dessas ideologias [coletivistas] engajaram-se em polêmicas e, na verdade, na violência uns contra os outros. Contudo, eles tinham mais em comum do que admitiam. Pois a essência deles era que o estado tinha o direito, na verdade o dever, de agir como Deus. E os resultados foram diabólicos"[81].

Thatcher admitiu não ter, enquanto estudante, "compreendido totalmente as implicações da pequena obra-prima de Hayek". Foi apenas na década de 1970, quando a Grã-Bretanha estava em uma turbulência econômica e financeira, causada pelo socialismo, que *O Caminho da Servidão* subiu para "o topo da lista de leitura [dela]"[82]. Não apenas a crítica fulminante de Hayek ao coletivismo a atraiu (suas "críticas irrespondíveis ao socialismo")[83], mas também sua visão de que o melhor governo operava de acordo com as linhas do liberalismo clássico: "O tipo de estado considerado natural pelos conservadores", nas palavras dela, "[era] um governo limitado sob um estado de direito"[84]. Como Walter Bagehot (1826-1877) escreveu sobre os ingleses em 1867: "Vemos a ação do

[78] F. A. Hayek, *The Road to Serfdom* [O Caminho da Servidão], Chicago: The University of Chicago Press, 1994, p. 63.
[79] *Ibid.*, p. 39.
[80] Thatcher, *The Path to Power* [O Caminho para o Poder], p. 21.
[81] Thatcher, "Speech Accepting an Honorary Degree from Hofstra University" [Discurso de Aceitação de um Diploma Honorário da Hofstra University].
[82] Thatcher, *The Path to Power* [O Caminho para o Poder], p. 50.
[83] *Ibid.*, p. 51.
[84] *Ibid.*, p. 50.

Estado não como sendo nossa, mas como uma ação alheia; como uma tirania imposta de fora, e não como o resultado consumado de nossos próprios desejos organizados"[85]. A redescoberta dessa tradição foi uma das grandes contribuições legadas por Thatcher à Grã-Bretanha e ao mundo. Como ela escreveu em *The Downing Street Years* [Os Anos de Downing Street], durante seu tempo como primeira-ministra, a Grã-Bretanha "foi o primeiro país a reverter a marcha do socialismo"[86]. Essa reversão do socialismo na Grã-Bretanha "restabeleceu nossa reputação como uma nação de inovadores e empreendedores"[87].

Enquanto o pensamento socialista na Grã-Bretanha remonta ao século XIX, com muitos nomes famosos associados ao seu desenvolvimento, não foi até depois de 1945 que o socialismo foi realmente implementado lá. A Segunda Guerra Mundial levou a um controle governamental sem precedentes de aspectos-chave da economia britânica. O objetivo era claro: vencer a guerra a todo custo. A sobrevivência depois de 1939 exigiu enorme sacrifício de todos. Isso incluiu um governo de coalizão entre conservadores, liberais e trabalhistas de 1940, com Winston Churchill no comando. Embora Churchill sempre tenha sido um oponente do socialismo, ele teve de se concentrar em ganhar a guerra e delegou a política interna, especialmente o planejamento do pós-guerra, aos membros de centro-esquerda do governo de coalizão. Como lembra Thatcher,

> A Segunda Guerra Mundial, ainda mais do que outras guerras, deu um enorme impulso ao controle governamental. Na verdade, por estranho que pareça, quando você considera ter sido travada contra estados totalitários, a guerra forneceu à mente de muitas pessoas prova convincente de que uma sociedade planejada e uma economia planejada, funcionavam melhor[88].

O famoso Relatório Beveridge de 1942 lançou as bases para o moderno estado de bem-estar social britânico. Denominado oficialmente de Relatório do Comitê Interdepartamental sobre Seguro Social e Serviços Aliados, foi escrito

---

[85] Walter Bagehot, *The English Constitution* [A Constituição Inglesa], ed. Paul Smith, Cambridge: Cambridge University Press, 2001, p. 180.

[86] Thatcher, *The Downing Street Years* [Os Anos de Downing Street], p. 687.

[87] *Ibid.*

[88] Thatcher, "Speech Accepting an Honorary Degree from Hofstra University" [Discurso de Aceitação de um Diploma Honorário da Hofstra University].

por Sir William Beveridge (1879-1963), um reformador social e diretor da então esquerdista London School of Economics. Os objetivos de Beveridge eram a "abolição do querer" e a segurança "do berço ao túmulo". Para alcançá-los, Beveridge propôs um Serviço Nacional de Saúde, seguro social, assistência à família e pleno emprego. Quando combinado às teorias econômicas de John Maynard Keynes, que acreditava na possibilidade de administrar a economia por meio da política fiscal, o cenário estava armado para uma expansão sem precedentes do Estado.

As reformas propostas pelo governo de coalizão foram populares com o povo britânico, o qual lembrava da pobreza e do desemprego dos anos 1930 e ansiava por um novo começo após a guerra. Para muitos no governo, a expansão do estado de bem-estar social foi a recompensa merecida pelo povo britânico por seus sacrifícios durante a guerra. O Partido Trabalhista se beneficiou da popularidade das reformas sociais e da promessa de uma vida melhor. Enquanto Churchill permaneceu um herói do povo britânico, seu Partido Conservador foi associado ao desemprego, pobreza e conciliação da década de 1930. Na eleição de julho de 1945, realizada dois meses após a vitória na Europa, os eleitores britânicos recorreram ao Partido Trabalhista para reconstruir sua economia dilacerada pela guerra.

Quando Thatcher foi questionada sobre o Relatório Beveridge, depois de se tornar líder do Partido Conservador, ela não expressou objeções. O planejamento do pós-guerra ocorreu, disse ela, porque os britânicos "tinham fé no futuro, em nossa capacidade de nos erguermos novamente". Ela encontrou a falha não no próprio planejamento do pós-guerra, mas nos socialistas, que haviam tirado conclusões erradas sobre o estado de bem-estar social. "O conceito de Churchill de estado de bem-estar social era que a sociedade precisava de uma escada e de uma rede de segurança", argumentou Thatcher,

> uma escada através da qual as pessoas pudessem melhorar seu destino pela via do esforço e uma rede de segurança abaixo da qual ninguém poderia cair. Os governos trabalhistas do pós-guerra produziram a rede de segurança, mas cortaram a escada[89].

[89] Kenneth Harris, *Thatcher* (Boston: Little, Brown and Company, 1988), p. 49.

Entretanto, ela sempre fez uma distinção entre o estado de bem-estar social e a compaixão, porque muitos na esquerda igualaram os dois:

> O Estado não pode gerar compaixão; pode e deve fornecer uma "rede de segurança" para aqueles que, não por culpa própria, são incapazes de lidar eles mesmos com sua situação. Há necessidade de muito mais generosidade em nossa vida nacional, mas a generosidade nasce nos corações de homens e mulheres; não pode ser fabricada por políticos e, com certeza, não florescerá se os políticos alimentarem a ilusão de que o exercício da compaixão pode ser deixado para funcionários públicos[90].

Um grande problema do estado de bem-estar, como observou Hayek, era que ele produzia inflação[91]. A tentação de desvalorizar a moeda, reduzindo a obrigação financeira de fornecer todos os benefícios associados ao estado de bem-estar social, afetou as políticas fiscais e monetárias, britânicas e americanas, após 1945. Na visão de Thatcher, a inflação não era apenas um problema econômico, mas moral. Como ela disse em 1981:

> Em termos de ética e economia nacional, gostaria também de me referir ao que considero um mal, nomeadamente, a inflação sustentada. Por mais de trinta anos, o valor de nossa moeda está se deteriorando. É um mal insidioso, porque seus efeitos são lentos para serem vistos e relativamente indolores a curto prazo. Ainda assim, tem uma influência moralmente debilitante em todos os aspectos de nossa vida nacional. Reduz o valor da poupança e, portanto, das economias, mina acordos financeiros, estimula a hostilidade entre trabalhadores e empregadores em matéria de remuneração, incentiva o endividamento e diminui as perspectivas de emprego[92].

O governo trabalhista de Clement Attlee via o estado de bem-estar social como apenas parte de um plano socialista mais amplo para a Grã-Bretanha e

---

[90] Thatcher, "Speech at St Lawrence Jewry" [Discurso em St. Lawrence Jewry], 4 mar. 1981.

[91] F. A. Hayek, *The Constitution of Liberty: The Definitive Edition* [A Constituição da Liberdade: A Edição Definitiva], ed. Ronald Hamowy (Chicago: The University of Chicago Press, 2011), p. 455.

[92] Thatcher, "Speech at St Lawrence Jewry" [Discurso em St. Lawrence Jewry], 4 mar. 1981.

que também estava comprometido com o objetivo socialista tradicional de nacionalizar os meios de produção, distribuição e troca. Com sua grande maioria, de 1945 a 1951, o governo trabalhista nacionalizou minas, ferrovias, aviação civil, transporte rodoviário, empresas de gás e eletricidade, bem como o Banco da Inglaterra, e criou o Serviço Nacional de Saúde. Isso resultou em um grande acréscimo à folha de pagamento do governo, devido à grande parte da força de trabalho empregada pelas indústrias nacionalizadas. O Serviço Nacional de Saúde permanece, até hoje, um dos maiores empregadores do mundo[93].

O período de 1945 a 1979 foi a grande era do planejamento central de governo e do coletivismo, e o Partido Conservador, em grande parte, consentiu. Alguns conservadores queriam parecer modernos. Outros, temendo a derrota eleitoral, adotaram a postura de serem melhores gestores do coletivismo. Governos conservadores sucessivos, de 1951 a 1974, com poucas exceções, recusaram-se a ou falharam em derrubar o programa socialista trabalhista do pós-guerra. Um "consenso" emergiu entre as linhas partidárias em uma ampla gama de políticas que preservaram o *status quo*. Houve tentativas de romper o consenso. Entretanto, quando alguma oposição aparecia, e na década de 1970 a oposição se tornou violenta, os conservadores sempre levantavam a bandeira branca.

A política de consenso foi uma das principais causas do declínio econômico da Grã-Bretanha no pós-guerra. Os dois partidos continuaram a subsidiar grandes indústrias nacionalizadas, aumentar os gastos com o estado de bem-estar e seguir as políticas econômicas keynesianas. Durante um tempo, tudo pareceu correr bem. A Grã-Bretanha desfrutou de um período de relativa prosperidade na década de 1950 com a recuperação da economia global após a guerra, uma mudança das indústrias nacionalizadas para a produção de tempos de paz e a suspensão contínua dos racionamentos e do controle do período da guerra pelo governo conservador sob Churchill após 1951. Para muitos, parecia que as políticas keynesianas de pleno emprego, combinadas com indústrias nacionalizadas, estavam funcionando.

Thatcher se lembrou da década de 1950, em particular, como um período relativamente feliz, pois a vida finalmente havia voltado ao normal depois da

---

[93] Ruth Alexander, "Which Is the World's Biggest Employer?" [Qual É o Maior Empregador do Mundo?], *BBC News Magazine*, 19 mar. 2012, <http://www.bbc.co.uk/news/magazine-17429786>.

guerra. O racionamento acabou em meados da década de 1950, e novos (e velhos) bens de consumo voltaram às prateleiras das lojas. Em 1957, o primeiro-ministro conservador Harold Macmillan vangloriou-se de que "a maioria de nosso povo nunca teve uma vida tão boa"[94]. Os conservadores conquistaram três vitórias eleitorais consecutivas, entre 1951 e 1959, a última das quais trouxe a jovem Margaret Thatcher ao Parlamento.

Macmillan estava certo ao dizer que o povo britânico nunca teve uma vida tão boa. Entretanto, ele temia que fosse boa demais para durar: "Pois, em meio a toda essa prosperidade, há um problema que nos preocupa, de uma forma ou de outra, desde a guerra. É o problema do aumento dos preços. Nossa preocupação constante hoje é: os preços podem ser estabilizados enquanto, simultaneamente, mantemos o pleno emprego, em uma economia em expansão? Podemos controlar a inflação? Esse é o problema do nosso tempo"[95].

A resposta foi não – o governo britânico não podia controlar a inflação mais do que podia controlar o clima britânico. E Macmillan foi um dos motivos para tanto. A inflação era indicativo de problemas maiores com o socialismo, pois o governo fixava salários, preços e empregos para grandes segmentos da economia que haviam sido nacionalizados. "[...] a liderança de Macmillan conduziu o Partido [Conservador] na direção da intervenção estatal", observou Thatcher, "tendência essa que se tornaria muito mais marcada após 1959"[96]. Em 1961, em uma tentativa vã de obter melhor controle da economia britânica, Macmillan estabeleceu o National Economic Development Council [Conselho Nacional de Desenvolvimento Econômico], ou "Neddy", um conselho tripartido composto por representantes do governo, administração e sindicatos a fim de para recomendar políticas econômicas pró-crescimento. Neddy foi um passo importante no caminho do planejamento econômico para toda a economia. Macmillan também estabeleceu a National Incomes Commission [Comissão Nacional de Rendimentos], ou "Nicky", para controlar as receitas, porém enfrentou a oposição dos sindicatos, prenunciando problemas no futuro. Como Thatcher lembrou:

[94] Alistair Horne, *Harold Macmillan*, vol. 2, 1957–1986 (Nova York: Viking Books, 1989), p. 64.
[95] *Ibid.*
[96] Thatcher, *The Path to Power* [O Caminho para o Poder], p. 92.

Foi, afinal, ninguém menos que Harold Macmillan quem, em 1938, propôs em seu influente livro *The Middle Way* [O Caminho do Meio] estender o controle e o planejamento do estado, a uma ampla gama de produção e serviços[97].

Macmillan, cuja família havia publicado o trabalho de Keynes, era em si um keynesiano. Nesse sentido, ele representava o consenso do pós-guerra.

Os conservadores foram derrotados em 1964, e novamente em 1966, por Harold Wilson (1916-1995) e pelo Partido Trabalhista. As eleições mostraram que, quando há uma escolha entre conservadores agindo como socialistas e os reais, os eleitores geralmente optam pelo verdadeiro. Na década de 1960, ficou claro que a chave para a vitória conservadora não estava em apoiar o socialismo, escreveu Thatcher, mas em um "choque ideológico de partidos políticos opostos como essencial para o funcionamento efetivo da democracia. A busca de 'consenso', portanto, subvertia fundamentalmente a escolha popular"[98]. Esse era um tema ao qual ela voltava com frequência. Menos de um mês antes da eleição de 1979, Thatcher declarou a uma plateia no País de Gales:

> Os profetas do Velho Testamento não saíam para as estradas dizendo: 'Irmãos, quero consenso'. Eles diziam: "Essa é a minha fé e a minha visão! É nisso que eu acredito apaixonadamente"! E eles pregavam isso. Temos uma mensagem. Saia, pregue, pratique, lute por isso – e o dia será nosso![99].

A década de 1970 viu o consenso do pós-guerra finalmente entrar em colapso. Esse período foi "o ponto alto (se essa é a palavra) do socialismo", observou Thatcher em seu discurso em Hofstra, uma década depois de deixar o cargo[100]. "A Grã-Bretanha estava no fio da navalha", e os conservadores precisaram "reverter a catraca", acrescentou ela. "A noção da catraca", disse ela,

---

97 *Ibid.*, p. 50.

98 *Ibid.*, p. 149.

99 Margaret Thatcher, "Speech to Conservative Rally in Cardiff" [Discurso para o Comício Conservador em Cardiff], Prefeitura, Cardiff, Inglaterra, 16 abr. 1979, transcrição, Margaret Thatcher Foundation, <http://www.margaretthatcher.org/document/104011>.

100 Thatcher, "Speech Accepting an Honorary Degree from Hofstra University" [Discurso de Aceitação de um Diploma Honorário da Hofstra University].

> [...] refletia o fato da história do pós-guerra da Grã-Bretanha consistir em guinadas bruscas para a esquerda, seguidas por períodos nos quais a guinada para a esquerda foi detida, mas nunca revertida. O resultado foi uma parte cada vez maior de uma economia virtualmente estagnada ficar sob o controle do estado[101].

Ela lembrou seu público americano de como a situação na Grã-Bretanha era séria na década de 1970: "Mais um puxão na catraca e criaríamos uma mudança, provavelmente irreversível, na direção do poder do Estado e para longe da Liberdade"[102].

Liberdade

Margaret Thatcher tinha uma solução para as ideologias coletivistas: a liberdade. O coletivismo, em todas as suas formas, é a antítese da tradição política britânica e americana de liberdade. "Liberdade – ou livre-arbítrio se você preferir – é um conceito perfeitamente simples, ao que parece, compreensível para todos, exceto para os muito obtusos ou muito inteligentes"[103]. Thatchera definiu para seu público como

> a condição em que um homem (ou mulher) é livre para expressar sua identidade, exercer seus talentos dados por Deus, adquirir e transmitir propriedades, criar uma família, ter sucesso ou fracassar, viver e morrer em paz. E a exigência mais importante para essa sociedade livre é um estado de direito, influenciado pela equidade e apoiado por juízes imparciais[104].

A melhor maneira de garantir a liberdade é por meio de políticas governamentais que sejam ancoradas na natureza humana. "Dada a correta estrutura de leis, impostos e regulamentos, a maioria dos indivíduos aplicará seus talentos e energias de forma produtiva", disse Thatcher. E a chave para essas políticas é sempre clara: governo limitado. Ela concluiu que os indivíduos "certamente

[101] *Ibid.*
[102] *Ibid.*
[103] *Ibid.*
[104] *Ibid.*

farão muito mais esforços em nome de si próprios e de suas famílias do que jamais fariam por uma entidade impessoal chamada 'governo'"[105].

A liberdade nunca foi um conceito abstrato para Thatcher, mas que estava baseado na história e no caráter do povo britânico. A liberdade e a história britânica, ela acreditava, eram inseparáveis. "Às vezes você ouve as pessoas dizerem: 'o que tenho para conservar?'", disse ela em 1983.

> Instintivamente, sabemos que a resposta é "muita coisa". Um país tolerante e justo. Liberdade pessoal, protegida pelo Estado de Direito. Instituições democráticas, defendidas pelas forças armadas, que servem ao invés de governar[106].

O Partido Conservador, de uma forma ou de outra, "conservou" a Coroa, a Igreja e o Parlamento e defendeu a Constituição britânica. Os colonos na América podem ter se rebelado contra o governo britânico em 1776, entretanto, não se rebelaram contra as liberdades, que eram seu direito de nascença como súditos britânicos. Ao invés disso, exigiram a devolução dessas liberdades a eles. Antes da Lei do Selo, afirma Benjamin Franklin (1706-1790), os americanos "consideravam o Parlamento como o grande baluarte e a segurança, de suas liberdades"[107].

Em 1989, os franceses celebraram o bicentenário de sua revolução. Com o lema *Liberté, Égalité, Fraternité*, a era moderna de igualdade e de direitos humanos foi supostamente lançada, pelo menos nas mentes dos "historiadores progressistas". Foi mais um ensaio geral dos horrores que o mundo enfrentaria após a Revolução Russa. Orgulhosos de sua sangrenta revolução, os franceses realizaram uma grande cerimônia em Paris, coincidindo com uma reunião de cúpula do G7. Entretanto, para a atenciosa Thatcher, não era ocasião para celebrar uma revolução, mas para refletir sobre como a liberdade britânica tradicional divergia da mudança constante que levou à guilhotina.

---

[105] *Ibid.*

[106] Margaret Thatcher, "Speech to Conservative Central Council" [Discurso para o Conselho Central Conservador], Prefeitura de Kensington, Oeste de Londres, Inglaterra, 26 mar. 1983, transcrição, Margaret Thatcher Foundation, <http://www.margaretthatcher.org/document/105285>.

[107] Walter Isaacson, *Benjamin Franklin, An American Life* [Benjamin Franklin, Uma Vida Americana], (Nova York: Simon and Schuster, 2003), p. 230.

"Para mim, como uma conservadora britânica", escreveu Thatcher em suas memórias, "com Edmund Burke, o pai do conservadorismo e primeiro crítico perspicaz da Revolução, como meu mentor ideológico, os eventos de 1789 representam uma ilusão perene na política"[108]. Em vez de promover a liberdade como britânicos e americanos entendem o termo, os franceses promoveram "expurgos, assassinatos em massa e guerra", tudo "em nome de ideias abstratas, formuladas por intelectuais vaidosos"[109]. Ela observou, com evidente desdém, que as festividades do bicentenário incluíam uma ópera "com o lugar de destaque no cenário dado a uma enorme guilhotina"[110].

A Revolução Francesa é um símbolo de um dos grandes mal-entendidos da era moderna:

> O maior erro intelectual durante a minha vida política foi a confusão entre liberdade e igualdade. Na verdade, a igualdade, sendo uma condição antinatural que só pode ser imposta pelo Estado, geralmente é inimiga da liberdade. Fiz essa observação na França, durante a celebração do bicentenário da Revolução Francesa que, deliberada e perigosamente, confundiu os dois. Meus anfitriões franceses ficaram um tanto perplexos. Contudo, o argumento permanece[111].

Ela comparou a liberdade britânica com o *liberté* da Revolução Francesa, cujos líderes pensavam poder decretar a liberdade com um golpe de caneta.

> Entretanto, a tradição inglesa de liberdade cresceu ao longo dos séculos: suas características mais marcantes são a continuidade, o respeito pela lei e o senso de equilíbrio, como demonstrado pela Revolução Gloriosa de 1688[112].

Tradicionalmente, tem-se argumentado que a Revolução Gloriosa foi um dos principais eventos na preservação das antigas liberdades britânicas, quando o Parlamento afirmou seu controle sobre a Coroa e uma Declaração de

---

[108] Thatcher, *The Downing Street Years* [Os Anos de Downing Street], p. 753.
[109] *Ibid.*
[110] *Ibid.*, p. 754.
[111] Thatcher, "Speech Accepting an Honorary Degree from Hofstra University" [Discurso de Aceitação de um Diploma Honorário da Hofstra University].
[112] Thatcher, *The Downing Street Years* [Os Anos de Downing Street], p. 753.

Direitos foi promulgada em 1689. Posteriormente, a soberania do Parlamento foi firmemente estabelecida e seu papel de fiador das liberdades britânicas afirmado. Walter Bagehot expressou a genialidade da Constituição britânica: "nossa liberdade é o resultado de séculos de resistência, mais ou menos legal, ou mais ou menos ilegal, mais ou menos audaciosa, ou mais ou menos tímida, ao governo executivo". Ele concluiu: "O impulso natural do povo inglês é resistir à autoridade"[113]. Essa resistência à autoridade irrompeu em 1688 e 1776 e reapareceu em 1975, quando o Partido Conservador escolheu Margaret Thatcher para ser sua líder.

Como Thatcher disse a um entrevistador francês em 1989, liberdade e direitos humanos não começaram com a Revolução Francesa. A ideia de liberdade é anterior à Revolução Francesa em séculos e tem suas origens na tradição judaico-cristã e na história anglo-americana.

A Revolução Francesa nada acrescentou a essa história. "Perguntaram-me [em Paris] sobre os direitos humanos, e se eu pensava que os direitos humanos tinham começado há duzentos anos", disse Thatcher.

> Certamente não começaram, e eu dei as razões pelas quais eles remetem ao judaísmo, ao cristianismo, à Magna Carta, à nossa Declaração de Direitos de 1689, depois que tivemos nosso 1688. A Declaração de Independência Americana de 1776 foi uma das peças mais brilhantes da literatura inglesa ao proclamar as liberdades do homem, e o governo existe para servir às liberdades do homem[114].

O thatcherismo vai perdurar. O historiador britânico Andrew Roberts observou:

> Raramente o surgimento de um único indivíduo muda inegavelmente o curso da história [...]. Os princípios estabelecidos por ela, que juntos formam o programa político coerente chamado thatcherismo, talvez tenham mais relevância agora do que em qualquer momento desde os anos 1980. Descrevê-la como uma

[113] Bagehot, *The English Constitution* [A Constituição Inglesa], p. 180.

[114] Margaret Thatcher, entrevista de rádio por Peter Spencer, IRN, 16 jul. 1989, transcrição, Margaret Thatcher Foundation, <http://www.margaretthatcher.org/document/107734>.

figura histórica é descartar a atemporalidade e, portanto, o aspecto mais importante de seu pensamento político[115].

Lições-Chave de Liderança

- Thatcher mostrou como a fé e a família são motores extremamente importantes para uma liderança bem-sucedida. Ela demonstrou como valores de liderança eficazes podem ser forjados por famílias e igrejas fortes.
- Não tenha medo de falar sobre o papel das virtudes cristãs no avanço de uma sociedade livre e próspera, incluindo: autossuficiência, economia e ajuda ao próximo sem depender da intervenção do Estado.
- Defenda os valores tradicionais que têm sido a espinha dorsal do sucesso do Ocidente nos últimos duzentos anos, mesmo que a esquerda possa considerá-los desatualizados ou fora de moda.
- Grandes líderes estão dispostos a rejeitar a política de consenso e a traçar seu próprio caminho. O thatcherismo foi baseado na determinação de enfrentar o *status quo* e o *Establishment*.
- Os americanos devem se orgulhar de sua história, assim como Thatcher se orgulhava da história britânica. Os conservadores não devem deixar os liberais denegrirem sua grandeza ou reescrevê-la para promover sua agenda.
- O governo não tem o monopólio da compaixão. Pessoas livres não podem transferir a responsabilidade moral para políticos e burocratas. A pedra angular de toda liberdade é a liberdade individual e o Estado de Direito, não o poder e controle do governo.

[115] Andrew Roberts, "The Genius of Thatcherism Will Endure," [A Genialidade do Thatcherismo Irá Perdurar], *Wall Street Journal*, 8 abr. 2013, <http://online.wsj.com/article/SB10001424127887324050304578410692913779414.html>.

CAPÍTULO III

Capítulo III

O Crepúsculo da Grã-Bretanha Socialista

"Alguns socialistas parecem acreditar que as pessoas deveriam ser números em um computador estatal. Acreditamos que eles deveriam ser indivíduos".

Margaret Thatcher, *discurso para a Conferência do Partido Conservador*, 10 de outubro, 1975[116].

Os anos 1970: Liberdade Econômica sob Cerco

Quatro décadas depois, é fácil esquecer o quão terrível era a situação econômica na Grã-Bretanha na década de 1970. O país estava assolado pela chamada "doença britânica": uma combinação destrutiva de altos impostos, alta inflação, alto desemprego, greves crônicas, déficits e dívidas incapacitantes, baixa produtividade do trabalhador, indústrias nacionalizadas não lucrativas e fraqueza internacional. A "doença britânica" foi o legado de três décadas de socialismo e política econômica keynesiana. A história da Grã-Bretanha na década de 1970 também é uma lição para os americanos, pois o governo Obama está conduzindo os Estados Unidos em uma direção assustadoramente semelhante à da Grã-Bretanha.

Qualquer seleção de estatísticas econômicas da década de 1970 mostra que a Grã-Bretanha, berço da Revolução Industrial, estava com problemas sérios. De 1968 a 1973, a produção média anual cresceu 3,2%. Contudo, o emprego subiu apenas 0,2%, e a inflação aumentou 7,9%. Os "*Swinging Sixties*" tinham

[116] Margaret Thatcher, "Speech to Conservative Party Conference" [Discurso à Conferência do Partido Conservador], Blackpool, Inglaterra, 10 out. 1975, transcrição, Margaret Thatcher Foundation, <http://www.margaretthatcher.org/document/102777>.

acabado, e o problema apontado por Harold Macmillan, cerca de uma década antes, havia chegado. De 1973 a 1979, apenas os socialistas mais fervorosos mantinham alguma confiança no futuro. O crescimento médio anual da produção caiu para 1,4%, e o crescimento do emprego permaneceu constante em 0,2% (com o desemprego aumentando), enquanto a inflação dobrou para 16%[117].

Os preocupantes sinais de declínio econômico também ficaram evidentes nos números da produção por trabalhador, que despencou de 1973 a 1979[118]. De 1970 a 1980, a Grã-Bretanha ficou atrás de todos os seus parceiros econômicos nessa medida, incluindo Estados Unidos, Canadá, França, Alemanha Ocidental e Itália[119]. O declínio da produção por trabalhador também sinalizou o declínio da produtividade. A produtividade do trabalhador britânico começou a cair depois de 1973[120], rapidamente ficando muito atrás da França e da Alemanha Ocidental[121].

O desemprego crescente e a inflação aumentaram a miséria. De 1948 a 1970, a taxa de desemprego britânica nunca atingiu 3%. Porém, de 1970 a 1979, ficou abaixo de 3% por apenas três anos[122]. O desemprego durante a década subiu para cinco vezes as taxas baixas do pós-guerra[123]. O compromisso do pós-guerra com o pleno emprego, uma característica central do keynesianismo e do estado de bem-estar, estava caindo aos pedaços. Entretanto, enquanto o desemprego aumentava rapidamente, a inflação aumentava ainda mais rápido, confundindo muitos economistas. De 1972 a 1977, quando a inflação era um problema para a maioria dos países da Organização para Cooperação e Desenvolvimento Econômico, a inflação britânica foi duas vezes pior que a média da OCDE[124]. De acordo com o Banco da Inglaterra, "a inflação no Reino Unido

---

117 Peter Riddell, *The Thatcher Era and Its Legacy* [A Era Thatcher e Seu Legado], (Oxford, Inglaterra: Blackwell, 1991), p. 37.

118 *Ibid.*, p. 39.

119 *Ibid.*, p. 41.

120 *Ibid.*, p. 40.

121 *Ibid.*

122 James Denman e Paul McDonald, "Unemployment Statistics from 1881 to the Present Day" [Estatísticas de Desemprego de 1881 ao Presente], Serviço Estatístico do Governo (Reino Unido), Escritório de Estatísticas Nacionais (Reino Unido), <http://www.ons.gov.uk/ons/rel/lms/labour-market-trends—discontinued-/january-1996/unemployment-since-1881.pdf>.

123 *Ibid.*

124 Sir Rhodes Boyson e Antonio Martino, "What We Can Learn from Margaret Thatcher" [O Que Podemos Aprender com Margaret Thatcher], palestra no. 650, Heritage Foundation

saiu do controle na década de 1970. A média era de 13% ao ano e atingiu o pico de 25% em 1975"[125]. A Grã-Bretanha estava à beira da hiperinflação, raridade nos países desenvolvidos. Depois de 1973, a taxa de inflação anual permaneceu bem acima de 10%, exceto em 1978[126].

O declínio britânico foi explicado de maneira dramática em um famoso despacho de 31 de março de 1979 de Sir Nicholas Henderson (1919-2009), embaixador que se estava se aposentando na França (quem Thatcher logo enviaria aos Estados Unidos). A Grã-Bretanha havia ficado tão atrás de seus concorrentes europeus, particularmente da Alemanha e da França, em produtividade do trabalho e crescimento do PIB, escreveu ele, que o outrora grande país agora era "pobre e desprovido de orgulho"[127]. Henderson lamentou:

> É nosso declínio desde [metade da década de 1950] em relação aos nossos parceiros europeus que foi tão marcante, de tal forma que hoje não só não somos mais uma potência mundial, mas também não estamos na primeira posição, mesmo como um europeu. A renda *per capita* na Grã-Bretanha está agora, pela primeira vez em mais de 300 anos, abaixo da França[128].

O despacho de Henderson continua sendo uma das melhores análises, vindas de dentro do governo, de quão baixo a Grã-Bretanha havia caído na véspera da eleição de Margaret Thatcher como primeira-ministra.

Windsor Society, Sea Island, GA, 3-6 out. 1999, transcrição, <http://www.heritage.org/research/lecture/what-we-can-learn-from-margaret-thatcher>.

125 "UK Inflation 1790-2005" [Inflação do Reino Unido 1790-2005], Banco da Inglaterra, <http://www.bankofengland.co.uk/education/Pages/inflation/timeline/chart.aspx>.

126 Robert Twigger, "Inflation: The Value of the Pound 1750–1998" [Inflação: O Valor da Libra 1750-1998], Artigo de Pesquisa, 99/20, Biblioteca da Casa dos Comuns, 23 fev. 1999, <http://www.parliament.uk/documents/commons/lib/research/rp99/rp99-020.pdf>.

127 "The Henderson Despatch (British Decline, Causes & Consequences) [O Despacho Henderson (Declínio Britânico, Causas e Consequências)] [vazado em 1979; desclassificado em 2006]", Sir Nicholas Henderson para David Owen, 31 mar. 1979, 5, <http://www.margaretthatcher.org/archive/displaydocument.asp?docid=110961>. O despacho foi liberado para a Margaret Thatcher Foundation em setembro de 2006 após um pedido da FOIA. Foi originalmente impresso (quase completo) na *Economist* em 2 de junho, 1979.

128 *Ibid.*, p. 3.

A Ascensão do Keynesianismo

Os Estados Unidos tiveram problemas econômicos na década de 1970, semelhantes aos da Grã-Bretanha. Contudo, foram menos graves, principalmente, porque os Estados Unidos não seguiram o caminho socialista seguido pelo Reino Unido após a Segunda Guerra Mundial. Os republicanos, que conquistaram o controle da Câmara e do Senado em 1946, foram capazes de desmantelar muitos controles da economia durante a guerra – o tipo de controle que deu ao socialismo sua base na Grã-Bretanha[129].

A ameaça socialista à América foi bastante real. O analista político Michael Barone nos lembra: "Franklin Roosevelt (1882-1945), em seu discurso sobre o Estado da União de janeiro de 1944, ecoou o Relatório Beveridge"[130]. O presidente pediu

> impostos altamente graduados, controles governamentais sobre os preços das safras e dos alimentos [e] controles contínuos sobre os salários [...]. O governo deve garantir a todos emprego, educação, vestuário, moradia, assistência médica e segurança financeira contra os riscos da velhice e doença[131].

Na opinião de Roosevelt, "a verdadeira liberdade individual não pode existir sem segurança econômica e independência"[132].

Se a morte de Roosevelt em abril de 1945 e a tomada republicana do Congresso salvaram os Estados Unidos do socialismo de estilo britânico, elas não impediram a invasão da economia keynesiana. John Maynard Keynes revelou sua desconfiança da liberdade econômica individual em seu famoso *Teoria Geral do Emprego, Juro e Moeda* (1936):

> Certamente o mundo não tolerará por muito mais tempo o desemprego que, exceto por breves intervalos de entusiasmo, está associado e, em mi-

---

[129] Michael Barone, "What 1946 Can Tell Us About 2010," [O Que 1946 Pode Nos Dizer Sobre 2010], *American: The Online Magazine of the American Enterprise Institute*, 6 abr. 2010, <http://www.american.com/archive/2010/april/what-1946-can-tell-us-about-2010>.

[130] *Ibid.*

[131] *Ibid.*

[132] *Ibid.*

nha opinião, inevitavelmente associado ao individualismo capitalista atual[133].

Os socialistas sempre acreditaram ser o planejamento econômico por políticos e burocratas o caminho mais seguro para o crescimento e o desenvolvimento. Os keynesianos não são socialistas, mas também acreditam no planejamento central. Um princípio básico do keynesianismo é um compromisso ilimitado de buscar o pleno emprego com déficits orçamentários e dívidas. Os keynesianos que dominaram a política econômica após a guerra acreditavam, escreveu Thatcher, "que o Estado, caso seus enormes poderes fossem dirigidos de maneira sensata, poderia se libertar das restrições e limites aplicados à vida de indivíduos, famílias ou empresas"[134].

A contribuição desta doutrina para a "doença britânica" não pode ser subestimada. "Principalmente sob a influência de Keynes", escreveu Thatcher, "mas também do socialismo, a ênfase durante aqueles anos foi na capacidade do governo de aprimorar as condições econômicas por meio de intervenção direta e constante"[135]. A economia keynesiana não era "o caminho para a prosperidade e o pleno emprego", como anunciado, mas a "estrada para a ruína", observou ela[136]. "Teóricos do Socialismo [...], motivados por um desejo genuíno de justiça social, elevaram o Estado a instrumento de regeneração social", disse Thatcher em 1979.

> Simultaneamente, Keynes, e mais tarde várias escolas de economistas neokeynesianos, exaltaram o papel do governo e diminuíram o papel do indivíduo em sua busca pela estabilidade econômica e prosperidade[137].

Keynes era conhecido por ser hostil ao liberalismo clássico. Ele insistiu em um ensaio de 1926, "O Fim do *Laissez-Faire*", "*Não* é verdade que os indiví-

[133] John Maynard Keynes, *The General Theory of Employment, Interest and Money* [Teoria Geral do Emprego, do Juro e da Moeda] (Nova York: Harcourt, Brace and Company, 1936), 381.

[134] Margaret Thatcher, *The Path to Power* [O Caminho para o Poder] (Nova York: HarperCollins, 1995), p. 566.

[135] *Ibid.*

[136] *Ibid.*

[137] Margaret Thatcher, "The Renewal of Britain" [A Renovação da Grã-Bretanha], discurso à Escola de Verão do Centro Político Conservador, 6 jul. 1979, transcrição, Margaret Thatcher Foundation, http://www.margaretthatcher.org/document/104107.

duos possuem uma 'liberdade natural', prescritiva em suas atividades econômicas"[138]. Com um pé firmemente plantado nos valores vitorianos não conformistas (seu avô era um pastor não conformista), ele era um liberal apoiador do coletivismo. Ele era, de fato, o tipo de liberal que expulsou Alfred Roberts do Partido Liberal. "Eu critico o socialismo de Estado doutrinário", escreveu Keynes,

> não porque visa empenhar os impulsos altruístas dos homens no serviço da sociedade, ou porque se afasta do *laissez-faire*, ou porque tira a liberdade natural do homem de ganhar um milhão ou porque tem coragem para experimentos ousados. Todas essas coisas eu aplaudo[139].

As opiniões de Keynes se espalharam de Cambridge, Inglaterra, a Cambridge, Massachusetts, em 1936, com a publicação de *Teoria Geral do Emprego, Juro e Moeda*. Os economistas de Harvard que compilaram as teorias de Keynes trouxeram-nas para Washington e para o governo Roosevelt. Muitos membros do Congresso se apegaram às ideias de Keynes, especialmente após a guerra, por mais improvável que muitos deles terem realmente lido a hermética e confusa *Teoria Geral*. Encantado com a promessa keynesiana de onipotência econômica do governo, o Congresso aprovou uma legislação comprometendo o governo federal a promover o crescimento e o pleno emprego. Nenhum político quer aparecer diante dos eleitores com desemprego em ascensão, então, as tentativas de administrar a economia segundo as linhas keynesianas tornaram-se bipartidárias na Grã-Bretanha e na América. No início da década de 1970, poderia ser dito: "Somos todos keynesianos agora".

Um dos economistas mais populares das décadas de 1950 e 1960, John Kenneth Galbraith (1908-2006), expressou a confiança complacente dos keynesianos da era da Grande Sociedade em seu ensaio, "Como Keynes veio para a América": "É uma medida de quão longe a Revolução Keynesiana avançou, a ponto da tese central da *Teoria Geral* agora soar bastante comum"[140]. Os libe-

---

[138] John Maynard Keynes, *Essays in Persuasion* [Ensaios sobre Persuasão] (Londres: Rupert Hart-Davis, 1951), p. 312.

[139] Keynes, *Essays in Persuasion* [Ensaios sobre Persuasão], p. 316.

[140] John Kenneth Galbraith, "How Keynes Came to America," [Como Keynes Veio para a América], em *Essays on John Maynard Keynes*, [Ensaios sobre John Maynard Keynes], ed. Milo Keynes (Cambridge: Cambridge University Press, 1975), p. 133.

rais, observou Galbraith, estruturaram o debatede tal forma que "[n]inguém poderia dizer preferir o desemprego em massa a Keynes"[141]. Em ambos os lados do Atlântico, agora cabia ao governo produzir pleno emprego e crescimento econômico.

O problema era que, conforme os anos 1970 saltavam de uma crise econômica para outra, fustigadas pela inflação, desemprego e queda da produção, as políticas econômicas keynesianas tradicionais não funcionavam nem na Grã-Bretanha, nem nos Estados Unidos. Um governo conservador ou trabalhista, republicano ou democrata poderia gastar, gerar déficits orçamentários, imprimir dinheiro, manipular impostos, construir pontes e rodovias, aumentar o bem-estar social e assim por diante – exatamente como os keynesianos da Ivy League e de Oxbridge recomendavam –, porém o desemprego continuou a aumentar e o crescimento econômico vacilou, ficando apenas a inflação.

Um novo fenômeno econômico estava lentamente encontrando seu caminho nos livros didáticos na década de 1970 – altas simultâneas da inflação e do desemprego. Essa combinação, que a maioria dos economistas keynesianos pensava não ser possível acontecer, deu origem a um novo termo, "estagflação", isto é, crescimento econômico estagnado, acompanhado de inflação. A velha teoria sustentava que a inflação ocorria apenas com o pleno emprego, não antes de todos estarem trabalhando, e da economia funcionando a todo vapor. Antes da estagflação, acreditava-se que havia pouco custo a ser pago para que o governo garantisse o pleno emprego,e que qualquer inflação seria um efeito colateral bem-vindo da intervenção governamental na economia. O termo "estagflação" foi realmente cunhado em 1965 por Iain Macleod, um membro conservador do Parlamento e futuro ministro das Finanças[142]. O presciente Macleod testemunhou pela primeira vez, uma década antes na Grã-Bretanha, o fenômeno da renda aumentando *mais rápido* do que a produção nacional, o que sinalizou um crescimento mais lento, aumento do desemprego e inflação à frente.

A inflação, em particular, parecia incontrolável na década de 1970. A partir de meados da década de 1960, até o final da década de 1970, os planeja-

---

141 *Ibid.*, p. 138.

142 Edward Nelson e Kalin Nikolov, "Monetary Policy and Stagflation in the UK" [Política Monetária e Stagflação no Reino Unido] paper de trabalho no. 155 (2002) do Banco da Inglaterra, 8, <http://www.bankofengland.co.uk/publications/Documents/workingpapers/wp155.pdf>.

dores econômicos britânicos e americanos foram guiados pela curva de Phillips, concebida em 1958 pelo professor da London School of Economics A. W. Phillips. Sua tese simples baseava-se na observação empírica da existência um compensação histórica entre inflação e desemprego. À medida que uma economia alcançava o pleno emprego, o aumento dos salários pressionava os preços por meio de custos adicionais para as empresas. O aumento dos salários, por sua vez, ampliava a demanda por bens e serviços, pressionando os preços ao consumidor. Os keynesianos chamam essas pressões inflacionárias de "inflação de custos" e "inflação de demanda" respectivamente. O efeito instável ao longo da curva de Phillips (1914-1975) fez políticos e burocratas, embriagados por uma teoria de que déficits orçamentários e dívida eram bons para um país, ficarem de olho no desemprego, tentando ajustar a economia por meio de políticas fiscais e de gastos.

Na década de 1970, nem a curva de Phillips nem a teoria keynesiana funcionavam como esperado: a alta inflação e o desemprego viviam confortavelmente lado a lado. Não havia como os governos criarem empregos por meio de políticas keynesianas sem atrair ainda mais inflação, o que estava prejudicando a todos. Essas políticas não estavam mais associadas à prosperidade e ao pleno emprego, mas à estagflação.

Houve uma corrida por novas teorias e políticas. Considere, por exemplo, o livro de economia americano mais influente de todos os tempos, revisado a partir da década de 1940: *Economia*, de Paul Samuelson (1915-2009). Gerações de estudantes americanos foram criadas com esse clássico keynesiano. Samuelson escreveu: "O que diferencia a inflação moderna daquela do passado é o seguinte: os preços e salários começam a subir *antes* de qualquer ponto identificável de pleno emprego; *antes* que os mercados de trabalho competitivos, e a utilização da capacidade total sejam alcançados"[143]. Em outras palavras: estagflação. Nem a política monetária nem a fiscal, concluiu Samuelson, foram adequadas para evitar a estagflação.

Na Grã-Bretanha, a "condução anda-e-para" – desacelerando a economia para controlar a inflação, ou estimulando-a para reduzir o desemprego, com base na curva de Phillips – "comprovou-se ineficaz no controle da infla-

[143] Paul A. Samuelson, *Economics* [Economia] 9th ed. (Nova York: McGraw-Hill Book Company, 1973), p. 827.

ção", escreveu Samuelson, "e [...] cobrou um preço cruel em termos de produtividade e padrões de vida"[144]. Ele não mencionou o socialismo ou que a teoria keynesiana pudesse, desde o início, estar errada.

Em última análise, Samuelson, como Beveridge, desconfiava da liberdade. Pleno emprego, estabilidade de preços e mercados livres eram simplesmente incompatíveis, pensava ele. Samuelson e os economistas mais jovens treinados com seu livro nunca consideraram a teoria econômica liberal clássica ou as lições do século XIX como alternativas às confusas ideias keynesianas. Eles, na verdade, zombavam delas.

Os keynesianos se recusavam a confiar no sistema de mercado, onde a demanda e a oferta de bens e serviços determinam salários e preços para evitar que pessoas gananciosas quisessem mais dinheiro, bens ou serviços. Só o governo detinha o poder de controlar a avareza (ou monopolizá-la), acreditavam os políticos e burocratas na época. E por que não deveriam ter acreditado nessa restrição à liberdade já que lhes conferia um poder maior? Ninguém considerou os efeitos microeconômicos da intervenção governamental em todos os mercados ou a óbvia impraticabilidade de tentar controlar salários e preços no nível da indústria sem uma perda substancial de liberdade, ou teorias mais antigas, como o efeito da oferta de moeda sobre a inflação. Para a Grã-Bretanha em particular, esses problemas tiveram que esperar até Margaret Thatcher se tornar primeira-ministra.

Nos Estados Unidos, o governo Nixon impôs controles salariais e de preços em agosto de 1971, uma extensão sem precedentes dos poderes coercitivos do governo durante tempos de paz[145]. O governo de Heath, na Grã-Bretanha, fez o mesmo em novembro de 1972, congelando preços, salários, aluguéis e dividendos. Políticos e burocratas agora administravam a economia, com um nível de detalhamento sem precedentes, mesmo durante a guerra. "Políticos reunidos no ministério das Finanças decidiram os níveis de taxas de encanadores, tarifas de táxi e aluguéis de apartamentos mobiliados e não

144 *Ibid.*, p. 833.

145 Gene Healy, "Remembering Nixon's Wage and Price Controls" [Lembrando os Controles de Preço e Salários de Nixon], *Washington Examiner*, 16 ago. 2011. Acessado em <Cato.org>, 16 mar. 2012, <http://www.cato.org/publications/commentary/remembering-nixons-wage-price-controls>.

mobiliados", escreve Andrew Roberts[146]. Espiar os concidadãos também era incentivado: "Cada cliente foi convidado a ser um delator, denunciado comerciantes que aumentavam mesmo que fosse um centavo em uma lata de feijão"[147].

O planejamento econômico central é frustrado, não apenas pela atividade do mercado além de seu controle, mas também por eventos imprevistos. A guerra árabe-israelense de 1973 foi uma dessas surpresas. O embargo do petróleo árabe, posterior à vitória israelense, elevou os preços da energia às alturas, agravando o problema da estagflação.

A imposição de controles de salários e preços para tratar a inflação foi tão eficaz quanto sangrar um paciente para tratar pneumonia. Era hora de reescrever os livros didáticos. Como Thatcher explicou em suas memórias:

> Depois de décadas durante as quais os governos ajustaram a economia com base no pressuposto de haver um compromisso entre inflação e desemprego (a chamada Curva de Phillips), agora é amplamente aceito que, no longo prazo, são as mudanças microeconômicas, afetando a estrutura da economia (por exemplo, a desregulamentação), ao invés da manipulação macroeconômica, que determinam o número de empregos. E quase ninguém agora professa acreditar que "alguma" inflação é economicamente desejável[148].

Controlar a Inflação não Significa Menos Liberdade

Os críticos da esquerda costumam usar os termos "thatcherismo' e "monetarismo" no mesmo fôlego, e Margaret Thatcher admirava profundamente o principal defensor do monetarismo, Milton Friedman (1912-2006). Ela creditou ao ganhador do Prêmio Nobel ter "revivido a economia da Liberdade quando ela havia sido quase esquecida"[149].

---

146 Andrew Roberts, *A History of the English-Speaking Peoples Since 1900* [Uma História dos Povos de Língua Inglesa desde 1900] (Nova York: HarperCollins, 2007), p. 490.

147 *Ibid.*

148 Thatcher, *The Path to Power*, [O Caminho para o Poder] p. 567-568.

149 Margaret Thatcher, "Statement on the Death of Milton Friedman" [Declaração Sobre a Morte de Milton Friedman], 17 nov. 2006, Margaret Thatcher Foundation, <http://www.margaretthatcher.org/commentary/displaydocument.asp?docid=110883>.

O monetarismo rejeita a noção keynesiana de que o governo pode administrar o crescimento econômico de curto prazo e a estabilidade de preços de longo prazo por meio da política fiscal (gastos e tributação). Para monetaristas, "o dinheiro é importante". Uma política monetária previsível é fundamental para o crescimento econômico de longo prazo e preços estáveis.

Quando a inflação disparou na década de 1970, os monetaristas e outros apontaram a política monetária como culpada. Os keynesianos, em contraste, apontavam para as rendas e para a necessidade de controles de salários e preços. Eles se preocupavam com o suprimento de dinheiro apenas quando as pessoas tinham demais no bolso. Todas as estradas keynesianas estavam levando a políticas de renda na década de 1970.

Enquanto o debate teórico entre monetaristas e keynesianos enche volumes; em seu nível mais básico, é um debate sobre liberdade. Os monetaristas veem que políticas fiscais pesadas, como altos impostos ou controles de salários e preços aplicados por políticos e burocratas, não são uma forma eficaz de "administrar" a economia, enquanto os keynesianos ignoram os efeitos destrutivos de uma política monetária irresponsável. Na pressa de manter o pleno emprego, eles se esquecem das virtudes dos preços estáveis. Como Thatcher lembrou às Câmaras de Comércio Britânicas, em janeiro de 1979, a inflação não é um conceito difícil de entender, e controlá-la não requer ataques draconianos à liberdade:

> Um dos problemas com os economistas hoje em dia é que eles realmente revestem proposições simples com um jargão bastante extravagante para fazê-los parecerem muito mais inteligentes do que realmente são. Significa, simplesmente, que, se você pagar mais dinheiro, ou cunhar mais dinheiro do que o garantido pela produção de bens e serviços, a moeda será desvalorizada. E, se assim posso dizer, não há nada de novo nisso, governantes têm feito isso há anos, Diocleciano começou em 300 d.C., e começou substituindo na cunhagem a prata pelo cobre. Ele então teve dificuldades. Naquele momento, ele foi a primeira pessoa a tentar impor uma política de salários e preços, tinha milhares de regulamentações sobre isso, e então disse: terei uma mão amarrada nas costas a menos que haja sanções. Bem, não há nada de novo nisso, mas ele tinha sanções realmente duras, disse ele, morte ou deportação. Você ficará feliz em saber que a política, mesmo com essas sanções, mostrou-se totalmente inexe-

quível. Oh, ele controlou bem os preços, o problema é que ele os controlou a um nível tal que ninguém produziu as mercadorias[150].

A Falência da Inglaterra

Na década de 1970, a combinação de socialismo e economia keynesiana estava destruindo a economia britânica. Os problemas da Grã-Bretanha eram mais sérios que os da América, porque o socialismo estava muito mais arraigado lá. Enquanto a Grã-Bretanha caminhava para a falência, a oposição às políticas que estavam colocando o país de joelhos ainda estava confinada a um pequeno grupo de indivíduos, incluindo Thatcher.

Iain Macleod (1913-1970) previu a calamidade econômica da Grã-Bretanha em novembro de 1965. "Agora temos o pior dos dois mundos, não apenas inflação de um lado ou estagnação do outro, mas os dois juntos", lamentou[151]. "Temos uma espécie de situação de 'estagflação', e a história, em termos modernos, está de fato sendo feita"[152]. Ele continuou:

> Há outro ponto por trás dos números. Como eu disse, a produção caiu 1%, ou 0,5%, enquanto a renda aumentou, talvez, 8%. Isso pode resultar apenas em duas coisas acontecendo nos próximos meses: um aumento considerável em nossa conta de importação para atender ao aumento das despesas do consumidor, ou um aumento muito real em nossos preços. Porém, o que o primeiro secretário está tentando fazer é ocultar os aumentos, que provavelmente ocorrerão.
>
> As tarifas de ônibus e trem em Londres deveriam aumentar, então o governo forneceu um subsídio de 51,5 milhões de libras, terminando no final do ano, mas e depois? Os preços do carvão iriam subir, então o governo deu um subsídio de 15 milhões de libras, terminando em abril, mas e depois? Eu pergun-

---

[150] Margaret Thatcher, "Speech to the British Chambers of Commerce" [Discurso para as Câmaras de Comércio Britânicas] Hotel Savoy, Londres, Inglaterra, 10 jan. 1979, transcrição, Margaret Thatcher Foundation, <http://www.margaretthatcher.org/document/103922>.

[151] 720 Parl. Deb., H.C. (5th ser.) (1965) 1165. Também disponível online na *Hansard*, <http://hansard.millbanksystems.com/commons/1965/nov/17/economic-affairs#S5CV0720P0_19651117_HOC_286%7Cpublisher=hansard%7Ctitle=%7Cdate=17>.

[152] *Ibid.*

> to, porque tudo o que está acontecendo é a construção de uma barragem fadada a estourar, em uma economia onde a renda está aumentando rapidamente enquanto a produção está completamente estagnada[153].

Uma década depois, o governo britânico enfrentou uma grave crise financeira. Nenhum país, advertiu Macleod, pode continuar subsidiando para sempre indústrias com produção e produtividade em declínio, enquanto mantém o estado de bem-estar social por meio de gastos deficitários. Em 1965, os impostos pagaram quatro quintos dos gastos do governo britânico, uma década depois, esse número caiu para três quartos. O restante foi emprestado[154]. Como os Estados Unidos hoje, o governo britânico estava gastando mais do que arrecadava. Durante a década de 1970, os gastos do governo atingiram a marca de 50% do PIB[155].

Em 1976, a Grã-Bretanha estava em sua pior situação financeira, desde logo após a Segunda Guerra Mundial. Desta vez, não houve Hitler (1889-1945) forçando o país a gastar toda sua riqueza em uma luta heroica pela sobrevivência. O dano foi autoinfligido. O desespero se instalou. James Callaghan, um dos arquitetos da Grã-Bretanha socialista, supostamente disse a seus colegas do Partido Trabalhista, pouco antes de se tornar primeiro-ministro, "Se eu fosse um jovem, deveria emigrar"[156].

Incapaz de controlar os gastos, Harold Wilson renunciou e foi substituído, como primeiro-ministro, por Callaghan, em março de 1976. Em setembro, o governo recorreu ao Fundo Monetário Internacional para evitar uma corrida à libra esterlina[157]. Os burocratas do FMI desceram sobre Londres ordenando grandes cortes de gastos e exigindo o controle da oferta de dinheiro pelo governo como condição para um empréstimo. O *The Sun* publicou a manchete: "A ver-

---

153 *Ibid.*

154 Peter Jenkins, *Mrs. Thatcher's Revolution: The Ending of the Socialist Era* [A Revolução da Sra. Tatcher: o Fim da Era Socialista] (Cambridge, Massachusetts: Harvard, 1988), p. 9.

155 *Ibid.* Veja também Riddell, *The Thatcher Era and Its Legacy*, p. 34.

156 "Why Does the 1970s Get Painted as Such a Bad Decade?", [Por Que os Anos 1970 São Retratados como uma Década Tão Ruim?], *BBC News Magazine*, 15 abr. 2012, <http://www.bbc.co.uk/news/magazine-17703483>.

157 Kit Dawnay, "A History of Sterling," [Uma História da Libra Esterlina], *Daily Telegraph* (Londres), 8 out. 2001, <http://www.telegraph.co.uk/news/1399693/A-history-of-sterling.html>.

gonha da Grã-Bretanha"[158]. Em um golpe para a soberania britânica, o FMI dirigia a economia do país. A humilhação nacional deu a Thatcher sua oportunidade. "O [s]ocialismo como doutrina econômica", argumentou ela, "estava totalmente desacreditado"[159].

Keynesianismo, Socialismo, Insurreição e Violência da Turba

Da segurança dos clubes de professores e dos cargos efetivos, economistas como Paul Samuelson propuseram políticas de renda para aperfeiçoar a curva de Phillips, contudo, conseguir a cooperação dos trabalhadores poderia ser desastroso e violento. É "uma verdade simples", escreveu Samuelson, "que nenhum júri de economistas competentes pode chegar a um amplo acordo sobre como recomendar uma política de receitas viável e ideal"[160]. Entretanto, não era necessário um júri de economistas na Grã-Bretanha, os sindicatos já se consideravam juiz, júri e carrasco. A agitação trabalhista atingiu o auge no final de 1978 e início de 1979, uma temporada de frio terrível e greves sindicais, agora lembradas como o "Inverno do Descontentamento" da Grã-Bretanha.

O primeiro friozinho do Inverno do Descontentamento veio em setembro, com uma greve sobre os salários na fábrica da Ford, em Dagenham, Essex. A empresa automobilística capitulou, violando a política do governo trabalhista de manter os aumentos salariais em 5%. O sindicato da Ford obteve 17%[161]. A greve da Ford abriu as comportas, e outras greves se seguiram nos setores público e privado. Com a inflação média de 13% ao ano[162], manter os aumentos salariais em 5% era politicamente impossível.

As piores greves foram do sindicato dos transportes, cujos motoristas de caminhão e de caminhão-tanque privaram o país de combustível e de outros bens vitais. Durante 1979, a Grã-Bretanha perdeu quase 30 milhões de dias de

158 Joe Moran, "Defining Moment: Denis Healey Agrees to the Demands of the IMF" [Momento Definidor: Denis Healey Aceita as Exigências do FMI], *Financial Times*, 4 set. 2010, <http://www.ft.com/cms/s/2/11484844-b565-11df-9af8-00144feabdc0.html#axzz2OEjiZmpp>.

159 Thatcher, *The Path to Power* [O Caminho Para o Poder], p. 320.

160 Samuelson, *Economics* [Economia], p. 825.

161 Dominic Sandbrook, *Seasons in the Sun: The Battle for Britain* [Estações ao Sol: A Batalha pela Grã-Bretanha], 1974–1979 (Londres: Allen Lane, 2012), p. 715-719.

162 "UK Inflation 1790–2005" [Inflação no Reino Unido 1790-2005].

trabalho em greves[163]. Funcionários públicos, cujos salários cronicamente ficaram atrás dos do setor privado, viram as enormes concessões de empresas como a Ford e direcionaram serviços essenciais para greves. Funcionários de hospitais, funcionários de água e saneamento e catadores de lixo entraram em greve. Muitos hospitais do Serviço Nacional de Saúde estavam tratando apenas de pacientes de emergência, isso se uma pessoa tivesse a sorte de chegar a um hospital, porque os motoristas de ambulância também estavam em greve.

Não acostumados à resistência política, os sindicatos não conseguiram avaliar o sentimento público e, rapidamente, exageraram. Câmeras de televisão capturaram um brutamontes grevista em um hospital dizendo: "[S]e pessoas morrerem, que assim seja"[164]. Coveiros se recusaram a enterrar os mortos em Liverpool e Manchester, deixando corpos em decomposição em enfermarias de hospitais[165]. Os burocratas foram encarregados de investigar se as famílias poderiam cavar sepulturas elas mesmas. No final, concluiu-se: "Pouquíssimas pessoas poderiam cavar uma cova pessoalmente, porque não teriam nem a habilidade, nem a força". O plano foi abandonado[166]. Quando os coletores de lixo da capital entraram em greve, montanhas de lixo infestado de ratos se acumularam na Leicester Square. Os londrinos sitiados começaram a chamá-la de "Fester Square" [Praça Podre].

O primeiro-ministro Callaghan considerou declarar estado de emergência e trazer tropas para entregar bens e serviços essenciais e restaurar a ordem, mas estava indeciso[167]. Provocar um confronto entre militares e sindicatos, principal fonte de apoio político e financeiro do Partido Trabalhista, teria sido uma catástrofe para o partido. Callaghan, que lutou contra as reformas para tornar os sindicatos mais responsáveis na década de 1960, parecia desconectado da realidade[168]. Quando voltou a Londres em janeiro de

163 Riddell, *The Thatcher Era and Its Legacy* [A Era Thatcher e Seu Legado], p. 50.

164 Kenneth Harris, *Thatcher* (Boston: Little, Brown, 1988), p. 73.

165 "Winter of Discontent Led Callaghan to Brink of Calling in the Army, 30-Year Papers Reveal" [Inverno do Descontentamento Levou Callaghan à Beira de Chamar o Exército, Revelam Artigos de 30 anos Atrás], *Daily Mail* (Reino Unido), 29 dez. 2009, <http://www.dailymail.co.uk/news/article-1239283/Winter-Discontent-led-Callaghan-brink-calling-Army.html#axzz2KBViV9oS>.

166 *Ibid.*

167 *Ibid.*

168 Thatcher, *The Path to Power* [O Caminho Para o Poder], p. 425.

1979, bronzeado e relaxado depois de uma conferência no Caribe, foi recebido com manchetes zombeteiras: "Crise? Que crise?"[169].

A filiação sindical na Grã-Bretanha atingiu o pico em 1979, com 13,2 milhões[170]. A nacionalização e o crescimento do governo incharam as fileiras dos sindicatos de funcionários públicos depois de 1945. O Sindicato Nacional dos Funcionários Públicos (NUPE), que estava por trás de grande parte da turbulência durante o Inverno do Descontentamento, aumentou de 265 mil membros, em 1968, para 712 mil, em 1978[171]. Com o aumento da força sindical, também aumentou a influência da esquerda radical. A liderança da União Nacional de Mineiros e do Sindicato dos Trabalhadores em Transporte e em Geral, por exemplo, era descaradamente comunista durante as décadas de 1970 e 1980, inspirada na União Soviética.

A década de 1970 foi o ponto alto do poder sindical. Eles poderiam desafiar a democracia parlamentar, e até mesmo forçar uma eleição. Em 1974, derrubaram um governo conservador que tentou domesticá-los. No final da década, estavam dispostos a se voltar contra o Partido Trabalhista.

O prelúdio do Inverno do Descontentamento veio depois que os conservadores, liderados por Edward Heath (1916-2005), obtiveram uma vitória surpresa sobre o governo trabalhista de Harold Wilson, em 18 de junho de 1970. Ao contrário de Thatcher, Heath nunca foi pessoalmente popular entre os eleitores, e erroneamente, acreditou poder acalmar os sindicatos inquietos que Wilson não conseguiu domar. A agitação começou com os estivadores em julho de 1970 e se espalhou rapidamente. Heath declarou emergência nacional, operando em estado de pânico.

Heath tentou negociar, bajular, intimidar e subornar chefes e membros do sindicato, sem sucesso. Alguns líderes sindicais importantes gostavam de Heath[172], porém, sabiam que o Partido Trabalhista era o *seu* partido e não viam

---

[169] "'Crisis? What Crisis?'," [Crise? Que Crise?], BBC News Online, 12 set. 2000, <http://news.bbc.co.uk/2/hi/uk_news/politics/921524.stm>.

[170] Nikki Brownlie, *Trade Union Membership 2011* [Filiação Sindical 2011], Departamento de Inovação e Competências Empresariais (BIS) (Reino Unido), abr. 2012, <https://www.gov.uk/government/uploads/system/uploads/attachment_data/file/16381/12-p77-trade-union-membership-2011.pdf>.

[171] Jenkins, *Mrs. Thatcher's Revolution* [A Revolução da Sra. Thatcher], p. 15.

[172] "Obituary: Jack Jones," [Obituário: Jack Jones], *Daily Telegraph* (Reino Unido), 22 abr. 2009, <http://www.telegraph.co.uk/news/obituaries/politics-obituaries/5200632/Jack-Jones.htm>.

razão para ceder. Quando Heath propôs medidas duras, os sindicatos foram às ruas e aos piquetes, acreditando poder vencer. Eles sentiram fraqueza em seus oponentes e estavam certos.

Em 1972, os mineiros de carvão entraram em greve pela primeira vez em quase cinquenta anos, forçando cortes de energia em todo o país. Outros sindicatos aderiram em apoio. Quando o embargo do petróleo árabe foi atingido em 1973, a vida se tornou miserável para milhões. O governo respondeu com a marreta keynesiana de controle de preços e salários. Seu único efeito foi irritar os sindicatos. Muitos britânicos enfrentaram o Natal de 1973 na escuridão e no frio, e o caos persistiu no ano novo.

Os mineiros não cederam, insistindo em um aumento salarial de mais de 30% em 1974, e Heath convocou uma eleição em fevereiro daquele ano. Ele enquadrou a eleição como uma escolha entre o governo pelos sindicatos, especialmente o sindicato dos mineiros de carvão, ou pelo Parlamento. A nação retornou uma pequena maioria trabalhista ao Parlamento, o que foi reconfirmado em outra eleição em outubro.

Os conservadores começaram a caminhar na direção certa em 1970, pedindo impostos e gastos mais baixos, afastando-se da nacionalização, endurecendo com os sindicatos e promovendo a livre iniciativa – contrariando o consenso da Grã-Bretanha no pós-guerra. Entretanto, Heath não teve coragem ou determinação para ir até o fim. Ele não tinha estômago para o tipo de luta que Tatcher adoraria.

A única contribuição duradoura de Heath para a política econômica foi ingressar no Mercado Comum (o precursor da União Europeia), a grande causa de sua carreira política desde o governo Macmillan. Ele esperava que as economias de melhor desempenho na Europa, particularmente a Alemanha Ocidental, forçariam a Grã-Bretanha, por meio de uma maior integração europeia, a ser mais competitiva. Em muitos aspectos, era como se o FMI forçasse os britânicos a melhorarem suas finanças e a praticarem a contenção monetária e fiscal. Políticos e burocratas pareciam incapazes de reverter o declínio econômico e precisavam de ajuda do exterior. Ninguém, ao que parecia, estava comprometido com mudanças fundamentais na política econômica[173]. Margaret Thatcher, no entanto, estava esperando nos bastidores.

---

[173] Thatcher, "Speech to British American Chamber of Commerce" [Discurso para a Câmara Anglo Americana de Comércio].

Lições-Chave de Liderança

- Não tenha medo de desafiar a sabedoria convencional e formas profundamente arraigadas de pensar. Thatcher ofereceu uma alternativa convincente, e de bom senso, ao dogma socialista e keynesiano.
- O caminho para a ruína econômica britânica na década de 1970 foi pavimentado com soluções de governos grandes. Os conservadores devem garantir que a América siga um caminho diferente.
- Nunca presuma que o governo sabe o que é melhor quando se trata de sucesso econômico. Thatcher confiava nos instintos de empreendedores e de proprietários de pequenas empresas, e tinha cuidado ao seguir os conselhos de burocratas e chefes de indústrias de propriedade do governo.
- Esteja preparado para enfrentar o poder dos trabalhadores organizados, que muitas vezes atuam como uma barreira à liberdade econômica e ao crescimento. Nunca ceda às tentativas dos sindicatos de intimidar os trabalhadores, ou de minar o estado de direito ou o processo democrático.

CAPÍTULO IV

Capítulo IV

A Revolução Thatcher

> "Decidi destruir o socialismo, porque sentia que ele estava em desacordo com o caráter do povo. Fomos o primeiro país do mundo a retroceder as fronteiras do socialismo e, em seguida, avançar as fronteiras da liberdade".
>
> Margaret Thatcher, *"don't undo my work" [não desfaçam meu trabalho]*, Newsweek, 27 de abril, 1992[174].

A Ascensão a Líder do Partido Conservador

Edward Heath precisou deixar a liderança do Partido Conservador. Ele estava no Parlamento desde 1950 e escalou o poste gorduroso para se tornar líder de bancada do Partido Conservador e, finalmente, primeiro-ministro. Entretanto, ele não era um ímã de votos ou mesmo um político particularmente atraente, como demonstraram suas três derrotas em quatro eleições gerais.

Em 25 de novembro de 1974, Margaret Thatcher entrou no escritório de Heath. Ela havia tomado uma das maiores decisões de sua vida: desafiá-lo para a liderança do Partido Conservador. A conversa foi breve. Ela disse: "Devo dizer que decidi me candidatar à liderança". Heath deu as costas para ela e respondeu: "Se você quiser"[175]. Com essa conversa mínima, começou a era Thatcher.

[174] Margaret Thatcher, "Don't Undo My Work", [Não Desfaçam Meu Trabalho] *Newsweek*, 27 abr. 1992, Margaret Thatcher Foundation, <http://www.margaretthatcher.org/document/111359>.

[175] Margaret Thatcher, *The Path to Power* [O Caminho Para o Poder], (Nova York: HarperCollins, 1995), p. 267.

O trabalho ministerial de Thatcher havia começado sob Harold Macmillan (1894-1986), como subsecretária para pensões e previdência social. Uma década depois, ela serviu lealmente como secretária de estado para educação e ciência no gabinete de Heath, travando batalhas ingratas de relações públicas a favor dele. A tentativa do governo em aplicar verificações de renda para a distribuição de leite gratuito nas escolas levou a insultos de "Sra. Thatcher, ladra de leite"[176].

As pensões e os postos de educação ensinaram a Thatcher como funcionava o estado de bem-estar social. Ela acreditava que os políticos e outros funcionários públicos deviam conhecer a fundo suas pastas e cumprir com suas responsabilidades administrativas. Para ela, a excelência no serviço público era tão importante quanto a vitória política. A desatenção aos detalhes, a negligência com seu trabalho e uma administração ineficaz eram inconcebíveis para Margaret Thatcher. Como demonstrou sua rápida ascensão no governo (apenas dois anos após ganhar sua cadeira no Parlamento), sua inteligência, determinação e competência atraíram a atenção desde o início de sua carreira.

A derrocada do governo Heath forçou muitos no Partido Conservador a repensarem seu propósito. O que eles representavam? Tentar governar como keynesianos e socialistas foi um desastre político. De acordo com Thatcher, o governo Heath "propôs e quase implementou a forma mais radical de socialismo já contemplada por um governo britânico eleito"[177]. Por outro lado, os conservadores não tinham nada para mostrar.

A única pergunta em 1974 era se alguém teria a coragem de desafiar Heath pela liderança e mudar a direção do partido. Uma coisa era o *establishment* conservador reclamar de seu líder durante o conhaque e os charutos no Carlton Club. Outra bem diferente era dar um passo à frente e lançar um desafio, sabendo que o fracasso significaria o fim da carreira política. O desafio, quando chegou, veio de fora do *establishment*.

Após a derrota dos conservadores em fevereiro de 1974, Thatcher e seu mentor, o brilhante Sir Keith Joseph, foram os primeiros conservadores proeminentes a desafiar as políticas econômicas do Partido desde Macmillan e sua

---

176 *Ibid.*, p. 181.

177 Margaret Thatcher, *The Downing Street Years* [Os Anos Downing Street], (Nova York: HarperCollins, 1993), p. 7.

adesão à política de consenso em 1945. Como Thatcher escreveu em suas memórias, os conservadores, na melhor das hipóteses, "afrouxaram o espartilho do socialismo; eles nunca o removeram"[178]. O nome escolhido pela própria Thatcher para desafiar Heath após as eleições gerais de outubro de 1974 foi o de Joseph, o qual, em última instância, tornou-se o Moisés conservador para o Josué de Thatcher. O primeiro tirou seu povo da escravidão do *establishment*, mas foi deixado para o último conquistar, e estabelecer, a terra prometida.

Joseph tinha grande coragem intelectual, porém, podia tropeçar em controvérsias desnecessárias. Os instintos políticos de Thatcher, em contraste, raramente falhavam. Quando, em um discurso em Birmingham, Joseph abordou certas patologias sociais autodestrutivas entre as classes mais baixas. Ele o fez, entretanto, de uma forma que acabou sendo facilmente mal interpretado, o que o levou a rapidamente decidir não se candidatar à liderança do Partido Conservador. Então, o bastão foi passado para Margaret Thatcher.

O *establishment* conservador se reuniu em torno de Heath, assim como os republicanos se reuniram em torno de Gerald Ford (1913-2006) no ano seguinte, quando ele enfrentou um desafio de Ronald Reagan. Como um dos primeiros apoiadores de Thatcher, Jock Bruce-Gardyne (1930-1990), observou que o *establishment* "tolerava" Heath, que vinha de uma família sem distinção, "da mesma forma seus antepassados toleraram Disraeli: não era um deles, é claro, mas estava preparado para aprender e era o melhor defensor da causa por acaso disponível no momento"[179]. Eles viam Thatcher com desconfiança aberta, porque ela era uma política convicta e não estava disposta a se curvar diante deles. Ela se tornou alvo de boatos maliciosos e absurdos. Esses ataques, ela escreveu mais tarde, "mostraram a muitas pessoas de origens modestas, como a minha, quão perto da superfície dos nobres conservadores havia um feio traço de desprezo por aqueles que eles consideravam meros votantes"[180].

Desafiar Heath exigia considerável coragem política. Inicialmente, ela não imaginava que poderia vencer. Porém, acreditava que era imperativo desafiar Heath, principalmente depois da desistência de Joseph. Seu marido disse a

---

[178] *Ibid.*

[179] Jock Bruce-Gardyne, *Mrs. Thatcher's First Administration: The Prophets Confounded* [Primeira Administração da Sra. Thatcher: os Profetas Confundidos], (Londres: Macmillan, 1984), p. 4.

[180] Thatcher, *The Path to Power* [O Caminho Para o Poder], p. 269.

ela: "Você deve estar louca. Não há esperança para você"[181]. Ela sabia que, se Heath ganhasse a reeleição como líder, "eu estaria politicamente acabada"[182]. Entretanto, a inquietação dos conservadores comuns provou-se muito mais generalizada do que muitos líderes conservadores no Parlamento pensavam. As reviravoltas de Heath e sua gestão desastrosa da economia foram humilhantes para muitos deles, incluindo Thatcher.

Em uma coluna publicada no *Daily Telegraph*, pouco antes da eleição para a liderança, Thatcher reconheceu sua parcela de responsabilidade como membro do gabinete pelos fracassos do governo Heath, algo que Heath e seus aliados foram incapazes de fazer. Esse reconhecimento, disse ela, exigia uma nova visão para o Partido Conservador. "Meu tipo de partido conservador", escreveu Thatcher,

> não faria segredo de sua crença na liberdade individual e na prosperidade individual, na manutenção da lei e da ordem, na ampla distribuição de propriedade privada, em recompensas por dinamismo, habilidade e moderação, na diversificação de escolhas, na preservação dos direitos locais nas comunidades locais[183].

As razões para as derrotas conservadoras em 1974, acrescentou ela, não eram difíceis de ver.

> De fato, uma das razões do nosso fracasso eleitoral é que as pessoas acreditam que muitos conservadores *já* se tornaram socialistas. O progresso da Grã-Bretanha em direção ao socialismo tem sido uma alternância de dois passos à frente, com meio passo atrás [...]. E por que alguém deveria apoiar um partido que parece ter a coragem de nenhuma convicção?[184].

Thatcher venceu todas as probabilidades, derrotando Heath pela liderança em fevereiro de 1975. Muitos parlamentares conservadores estavam fartos

---

[181] *Ibid.*, p. 266.
[182] *Ibid.*, p. 267.
[183] Margaret Thatcher, "My Kind of Tory Party" [Meu Tipo de Partido Conservador] *Daily Telegraph*, 30 jan. 1975, Margaret Thatcher Foundation, <http://www.margaretthatcher.org/document/102600>.
[184] *Ibid.*

de Heath, e a coragem, convicção e organização de Thatcher eram claras para todos. Seu desafio a Heath foi honesto e direto – não havia nada de traiçoeiro nele. Heath pode ter ficado emburrado por anos, mas jamais haveria qualquer dúvida sobre ele ter sido vencido de forma justa.

A Batalha por Downing Street

Em um país que enfrentava uma inflação incontrolável, aumento do desemprego e caos sindical, liderar um grande partido político era inimaginavelmente desafiador. Não parecia importar se era Edward Heath, Harold Wilson ou James Callaghan no comando; o país não conseguia deixar de ser o homem doente da Europa. Em 1979, um tipo diferente de líder foi necessário, para quebrar o molde do pós-guerra.

O socialismo e o keynesianismo estavam tão profundamente arraigados que o declínio econômico contínuo parecia inevitável. Entretanto, pessoas livres têm o poder de mudar seu caminho – *se* tiverem líderes de convicção. Começando no Inverno do Descontentamento, Margaret Thatcher mudou o modelo de liderança britânica. Ela não apenas sabia o que precisava ser feito: ela também entendia o povo britânico. Ao contrário de muitos no *establishment* conservador, ela acreditava que as grandes conquistas do passado eram baseadas no caráter do povo e eram uma indicação das possibilidades para o futuro. Quantos líderes na história não foram capazes de aproveitar o momento, porque não conseguiam inspirar o povo ou porque faltava-lhes coragem? Podemos apenas especular o que teria acontecido à Grã-Bretanha sem Winston Churchill ou Margaret Thatcher.

As mudanças na política britânica hoje tidas como certas não eram, de forma alguma, inevitáveis em 1975. Thatcher tinha aliados, porém era também o forasteiro definitivo que deu um passo à frente quando outros hesitavam ou julgavam mal. Ela, portanto, tinha rivais e inimigos. A oposição virulenta (e violenta) de socialistas e sindicatos era, obviamente, esperada. Contudo, havia também outros conservadores ambiciosos que teriam gostado de substituir Heath. Eles vigiavam cuidadosamente por quaisquer passos em falso da nova líder do partido. Thatcher acabou conquistando o apoio confiável dos fiéis do partido em todo o país, entretanto, o apoio do *establishment* conservador sempre permaneceu instável. Eles consideravam Thatcher "pouco melhor do que uma aberração", escreveu Bruce-Gardyne. Se ela não tivesse conseguido liderar em 1979, teria sido levada à porta de saída rapidamente, pois a fila para substituí-la não era curta[185].

Thatcher percebeu no início do Inverno do Descontentamento que precisava ser ousada. Os chefes sindicais nunca aceitariam medidas para torná-los mais responsáveis ou apoiar políticas anti-inflacionárias, não importa quantas cervejas e sanduíches fossem servidos a eles no 10 da Downing Street –tática malsucedida, usada por Harold Wilson e Edward Heath para conquistar os líderes sindicais. (Certa vez, um mineiro reclamou: "A cerveja não estava muito fria, e os sanduíches estavam tão secos que ficavam dobrados nas bordas")[186]. Um acordo não era mais uma opção, embora muitos, em todo o espectro político, esperassem por isso – uma esperança facilmente explorada pelos chefes sindicais. Como ministra do governo Heath, Thatcher testemunhou, em primeira mão, o que os sindicatos estavam preparados para fazer a fim de derrubar um governo conservador. Agora, eles estavam enfrentando *seu próprio* partido político de maneira semelhante. Um acordo com esses grupos implacáveis teria sido visto como uma bandeira branca.

Outros veteranos do governo de Heath relutaram em desafiar os sindicatos ou as políticas econômicas estabelecidas. Norman St. John-Stevas, parlamentar conservador, declarou em 1976: "Nenhum governo na Grã-Bretanha pode esperar ter sucesso hoje sem a boa vontade dos sindicatos"[187]. Essa visão não foi compartilhada por Thatcher, que jurou em uma entrevista em 1979: "Por Deus, vou confrontá-los"[188]. Os conservadores, traumatizados pelo poder sindical de 1970 a 1974, incentivaram-na a adotar uma abordagem menos conflituosa e a ficar do lado do governo em sua política de renda[189]. Mesmo durante o Inverno do Descontentamento e depois, eles exortaram sua líder a

---

185 Bruce-Gardyne, *Mrs. Thatcher's First Administration* [A Primeira Administração da Sra. Thatcher], p. 4.

186 "Obituary: Jack Jones" [Obituário: Jack Jones], *Daily Telegraph* (Reino Unido), 22 abr. 2009, <http://www.telegraph.co.uk/news/obituaries/politics-obituaries/5200632/Jack-Jones.html>.

187 Peter Jenkins, *Mrs. Thatcher's Revolution* [A Revolução da Sra. Thatcher], (Cambridge, MA: Harvard University Press, 1988), p. 158.

188 *Ibid.*, p. 23.

189 Thatcher, *The Path to Power* [O Caminho Para o Poder], p. 424.

não ser "muito insensível ou controversa", insistindo que "deveria haver uma terceira via", pois, se ela "dissesse a verdade sobre os sindicatos, certamente perderíamos a eleição"[190]. Entretanto, Thatcher sabia estar com o povo britânico em 1979. "Pessoalmente, eu estava consciente de estar, de alguma forma estranha, instintivamente falando e me sentindo em harmonia com a grande maioria da população", escreveu ela. "Esses momentos são tão inesquecíveis quanto raros. Eles devem ser aproveitados para mudar a história"[191].

Os grandes líderes entendem a apreensão entre apoiadores e aliados, bem como a fraqueza dos inimigos. Eles sabem que precisam inspirar, ganhar apoio e, quando necessário, reprimir a inquietação em suas próprias fileiras. Em 1979, quando os mortos não eram enterrados e os bandidos sindicais impediam os doentes de entrarem nos hospitais, Thatcher percebeu que não havia como voltar atrás. O patriotismo por si só deveria ter despertado a raiva conservadora. Os sindicatos atormentavam o povo britânico, muitos dos quais haviam lutado nas duas Guerras Mundiais, sofrido tremendas dificuldades econômicas e apoiado o socialismo na esperança de um futuro melhor, que nunca veio. Thatcher expressou a indignação de todos os patriotas britânicos. Jim Prior (1927-2016), seu ministro sombra[192] para o emprego, pedia moderação em 1979, mas percebeu que Thatcher estava "muito mais em sintonia com o povo"[193]. do que ele e os outros conservadores tímidos.

O Inverno do Descontentamento demonstrou que o Partido Trabalhista estava fraco e não atuava mais no interesse do país. Nesse momento, Thatcher se tornou a porta-voz da "maioria silenciosa" da Grã-Bretanha, os homens e mulheres comuns que sustentavam suas famílias, educavam seus filhos, davam vida a igrejas e comunidades e amavam seu país.

Thatcher tinha três objetivos. Primeiro, ela precisou desafiar o governo sobre a política econômica e a conciliação dos sindicatos. Segundo, ela teve que trazer o público para seu lado a fim de agir de maneira forte contra os sindicatos e acabar com as políticas econômicas ruinosas da Grã-Bretanha. Terceiro, ela

[190] *Ibid.*, p. 421.

[191] *Ibid.*, p. 430.

[192] "Shadow Ministry" é uma característica do governo britânico pouco ou nada conhecida aqui no Brasil. Para cada cargo executivo do governo, há um político da oposição, de forma a fazer críticas ao governo atuante e a oferecer alternativas viáveis se gundo suas posições ideológicas. (N. E.)

[193] Kenneth Harris, *Thatcher* (Boston: Little, Brown, 1988), p. 74.

precisava ganhar um voto de desconfiança contra o governo trabalhista, forçar uma eleição geral e vencer. Nada disso seria fácil de alcançar, e conseguir todos os três parecia quase impossível.

Thatcher começou reunindo o país, para confrontar os sindicatos e reverter o declínio econômico. Na televisão, na Câmara dos Comuns e nos palanques, suas atuações eram lendárias. Ela enfatizou que os sindicatos – sob o controle da esquerda radical e inabaláveis – deveriam ser submetidos ao Estado de Direito. A base, ela insistiu, tinha direito a voto secreto em votos de greve. Os piquetes devem ser restritos, pacíficos e legais. A loja fechada deve ser reformada, e os serviços essenciais nunca devem ser interrompidos por greves. Ela argumentou que o Partido Trabalhista, controlado como era pelos patrões sindicais, era incapaz de fazer essas reformas. Os trabalhistas tradicionalmente faziam campanha por sua capacidade de administrar os sindicatos, porém, na década de 1970, essa ostentação se tornou uma piada de mau gosto.

Em uma entrevista para o amplamente assistido programa de televisão *Weekend World*, alguns meses antes das eleições gerais de 1979, Thatcher argumentou que o debate diante do país era sobre o poder sindical em uma democracia e lançou um ataque às políticas de renda keynesianas, responsáveis por levarem a economia para a beira do colapso[194].

Poucos dias depois, no plenário da Câmara dos Comuns, Thatcher atacou um governo Callaghan na corda bamba. O Partido Trabalhista foi incapaz de resolver disputas industriais, disse ela, porque tinha um histórico de encorajar greves em conjunto com os chefes sindicais, como uma tática de oposição contra os governos conservadores. Sua irresponsabilidade havia voltado para assombrá-los, especialmente agora que os sindicatos estavam no auge de seu poder e cada vez mais dominados por esquerdistas radicais. Não apenas o governo havia perdido o controle dos sindicatos, mas muitos dirigentes sindicais também estavam perdendo o controle sobre seus membros. Ela disse: "a época de aumento do poder dos sindicatos também foi um período no qual vimos o aumento da militância de esquerda no controle dos sindicatos"[195]. Em particular, citou a

[194] Margaret Thatcher, entrevista por Brian Walden, *Weekend World*, 7 jan. 1979, transcrição, Margaret Thatcher Foundation, <http://www.margaretthatcher.org/document/103807>.

[195] Margaret Thatcher, "House of Commons Speech [Industrial Situation]" [Discurso na Câmara dos Comuns (Situação Industrial)], 16 jan. 1979, transcrição, Margaret Thatcher Foundation, <http://www.margaretthatcher.org/document/103924>.

greve dos transportes, liderada pelo Sindicato dos Trabalhadores em Transporte e em Geral, uma das mais severas dificuldades do Inverno do Descontentamento. "[U]ma das razões pelas quais esta greve foi oficializada", disse ela, "foi porque já estava fora de controle. Ela saiu do controle devido à crescente natureza esquerdista desse sindicato"[196].

Um anúncio político conservador, televisionado no dia seguinte, deu a ela a oportunidade de apresentar seu caso ao público britânico durante o horário nobre. Vestida com simplicidade e sentada em uma cadeira em sua sala no Parlamento, Thatcher superou a turbulência política e lembrou à nação sua grandeza. Ela pode não ter sido a líder mais amada da história britânica naquele momento, entretanto, seus compatriotas sabiam poder confiar no que ela dizia, uma qualidade rara em qualquer político.

Thatcher deixou claro não desejar marcar pontos políticos. "A crise que nosso país enfrenta é séria demais para isso", disse. "E é o nosso país, toda a nação, que enfrenta essa crise, não apenas um partido ou mesmo um governo. Não é hora de colocar o partido antes do país. Eu começo a partir daí"[197]. Grandes líderes, em meio a uma crise, sempre apelam aos melhores anjos de seus compatriotas. Thatcher lembrou à sua audiência o privilégio de viver na Grã-Bretanha. O país sobreviveria à agitação sindical e ao socialismo, mas sua crença em um futuro melhor precisava ser restaurada. Este pronunciamento é o testemunho de um grande patriota:

> Apesar dos nossos problemas e fracassos, esta ainda é uma boa terra para viver e criar uma família. É uma terra de grandes riquezas naturais, o carvão sob nossos pés, o petróleo e o gás no mar ao redor de nossas costas, os hectares férteis de nossas fazendas. É também uma terra de grandes recursos humanos. Ainda temos, sempre tivemos, iniciativa e habilidades, empresas e setores cujos trabalhadores podem ter um desempenho tão bom quanto qualquer outro no mundo.
>
> O que não temos são as condições certas, o incentivo para o sucesso. É esse incentivo que devemos e podemos criar. Porém, para fazer isso, devemos primeiro parar de nos despedaçar.

---

196 *Ibid.*

197 Margaret Thatcher, "Conservative Party Political Broadcast" [Transmissão Política do Partido Conservador], transmissão de TV da Câmara dos Comuns, 17 jan. 1979, transcrição, Margaret Thatcher Foundation, <http://www.margaretthatcher.org/document/103926>.

> Se a crise atual nos ensinou alguma coisa, certamente foi que devemos pensar nos outros tanto quanto em nós mesmos; que ninguém, por mais forte que seja o seu caso, tem o direito de prosseguir ferindo os outros.
>
> Existem destruidores entre nós que não acreditam nisso. Mas a grande maioria de nós, e isso inclui a grande maioria dos sindicalistas, acredita nisso, quer nos chamemos trabalhistas, conservadores, liberais – ou, simplesmente, britânicos.
>
> É a essa maioria que falo esta noite. Precisamos aprender novamente a ser uma nação, ou um dia não seremos nenhuma nação. Se aprendemos essa lição nesses primeiros dias sombrios de 1979, então teremos aprendido algo de valor[198].

É fácil falar sobre cooperação em um discurso de campanha, mas Thatcher deu um passo além. Na Câmara dos Comuns e naquele discurso televisionado ela se ofereceu para trabalhar com o governo Callaghan, para apresentar uma legislação reformadora dos sindicatos. "Acreditamos que essa é uma questão de grande significado para a democracia e para uma sociedade livre", disse ela na Câmara, "e o apoiaremos, se ele tomar medidas para lidar com esses problemas"[199].

Essa foi uma oferta arriscada. Se aceita, ela prolongaria a vida de um governo falido, prometendo mais socialismo e agitação sindical. Embora sempre fosse improvável que Callaghan aceitasse a oferta, isso deu a ele a oportunidade de eliminar uma questão que estava ganhando força para os conservadores. Callaghan saudou sua liderança na Câmara dos Comuns:

> Parabenizo a ilustre senhora por um desempenho parlamentar muito eficaz. Foi na melhor maneira dos nossos debates e o estilo em que foi proferido foi um [desempenho] do qual a ilustre senhora pode se orgulhar[200].

À medida que janeiro dava lugar a fevereiro, ninguém acreditava que a militância dos sindicatos ou os outros problemas econômicos do país estavam

---

198 *Ibid.*
199 Thatcher, "House of Commons Speech [Industrial Situation]" [Discurso à Câmara dos Comuns (Situação Industrial)].
200 *Ibid.*

acabando. O Inverno do Descontentamento seria apenas uma amostra do porvir caso os sindicatos não fossem controlados e as políticas econômicas não mudassem drasticamente. Era hora de o governo trabalhista ser relegado à história. Thatcher começou a preparar uma moção de desconfiança em março para forçar uma eleição. Acabou se tornando, de fato, um grande drama.

O governo trabalhista, a quem faltava maioria desde 1977, havia compilado um registro de má gestão econômica (construído, deve-se dizer, sobre as fundações de Heath) sem igual na história britânica. Ele avançou com dificuldade em uma coalizão com o Partido Liberal e cooperou com partidos regionais na Escócia, País de Gales e Irlanda do Norte, as quais foi prometida maior autonomia (nunca recebida) em troca de seu apoio. O próprio governo, mantido unido com fita adesiva, barbante e promessas quebradas, parecia refletir a desintegração da Grã-Bretanha na década de 1970. Thatcher conseguiu atrair simpatizantes do governo o suficiente para forçar um voto de confiança. Se a votação fosse a favor do governo, Callaghan teria uma vitória muito necessária, e os inimigos conservadores de Thatcher seriam encorajados: "Uma vitória do governo o fortaleceria em um momento ruim"[201].

A votação foi realizada em 28 de março de 1979. Pela mais estreita das margens, 311 a 310, a Câmara dos Comuns forçou uma eleição. Como Thatcher relembrou: "Então, finalmente, tive minha chance, minha única chance. Devo agarrá-la com as duas mãos"[202].

A temporada de campanha britânica é felizmente curta. A eleição geral foi realizada em 3 de maio de 1979, dando aos conservadores uma maioria saudável de quarenta e três assentos. Como Thatcher proclamou durante o calor da campanha, "A mudança está chegando. A derrapagem, e o escorregão para o estado socialista, será suspensa neste Reino Unido da Grã-Bretanha e Irlanda do Norte, suspensa, interrompida e retrocedida [aplausos]. Isso pode ser feito, será feito, e pretendemos começar no dia 4 de maio"[203].

---

[201] Thatcher, *The Path to Power* [O Caminho Para O Poder], p. 431.

[202] *Ibid.*, p. 433.

[203] Margaret Thatcher, "Speech to Conservative Rally in Cardiff" [Discurso para o Comício Conservador em Cardiff], Prefeitura, Cardiff, England, 16 abr. 1979, transcrição, Margaret Thatcher Foundation, <http://www.margaretthatcher.org/document/104011>. Ela também repetiu a frase dele em seu discurso a um comício Conservador em Bolton em 1 de maio, 1979, em <http://www.margaretthatcher. org/document/104065>; assim como em uma versão resumida de seu discurso em Finchley em 2 de maio, 1979, em <http://www.margaretthatcher.org/document/104072>.

Ela apelou para a história.

> Mas as mudanças que propomos estão firmemente enraizadas nos valores antigos e confiáveis que mantiveram uma grande nação unida no passado e a serviram bem. Tennyson (1809-1892) disse: "O homem que corta fora o galho mofado é o verdadeiro conservador". Para nós, o socialismo dos últimos anos na Grã-Bretanha, com sua terrível ênfase no poder do Estado, com seu preconceito de classe, com seus rótulos marxistas simplistas, sem conexão com nosso mundo real, para todos nós, tudo isso é o ramo mofado, que deveria ser cortado[204].

Uma das principais convicções de Thatcher, a qual sempre lhe deu confiança para buscar mudanças, era que o socialismo nunca havia tido realmente um lar nos corações britânicos. Em sua última transmissão ao país antes das eleições, ela disse:

> Nunca acreditei que este país seja um país naturalmente socialista. Somos um povo independente; não aceitamos facilmente ter cada vez mais partes de nossas vidas decididas pelo Estado. Não gostamos de ser dominados[205].

Porém, o socialismo havia prejudicado o espírito britânico. "Muitos de nossos problemas derivam do fato de que, nos últimos anos, não temos sido fiéis a nós mesmos; fiéis à nossa tradição de independência, principalmente porque fomos encorajados a não ser"[206].

As implicações da vitória de Thatcher em maio não passaram em branco aos conservadores americanos na época. Isso aumentou as perspectivas de Ronald Reagan, pois os Estados Unidos e a Grã-Bretanha enfrentaram muitos

[204] Margaret Thatcher, "Speech to Conservative Rally in Bolton" [Discurso para o Comício Conservador em Bolton], Prefeitura de Bolton, Lancashire, Inglaterra, 1 mai. 1979, transcrição, Margaret Thatcher Foundation, <http://www.margaretthatcher.org/document/104065>. A citação de Tennyson é de "Hands All Round" [Mãos ao Redor]: "That man's the true Conservative / Who lops the moulder'd branch away" [Aquele Homem É o Verdadeiro Conservador / Que corta fora o galho mofado].

[205] Margaret Thatcher, "Party Election Broadcast" [Transmissão da Eleição do Partido], Rua Charlotte, Centro de Londres, 30 de Abril, 1979, transcrição, Margaret Thatcher Foundation, <http://www.margaretthatcher.org/document/104055>.

[206] *Ibid.*

dos mesmos problemas. William F. Buckley Jr. (1925-2008) enfatizou a natureza histórica da vitória de Thatcher em sua coluna no jornal: "esta *foi* verdadeiramente vital, e todos que votaram em Thatcher deveriam estar tão orgulhosos como se tivessem lutado no Dia de São Crispim"[207]. A eleição provou que o socialismo não era inevitável e poderia ser interrompido. "Os britânicos chegaram ao ponto onde todas as panaceias convencionais do socialismo foram exploradas" e fracassaram[208]. "Evelyn Waugh (1903-1966) reclamou que o problema do nosso século é nunca conseguirmos atrasar o relógio um único segundo", escreveu Buckley. "Os eleitores agora podem ter provado que ele estava errado"[209]. Um dia antes da eleição, Buckley telegrafou a Thatcher: "Eu e o que sobrou do mundo livre [estamos] torcendo por você, com amor"[210].

Colocando o Grã de volta no Grã-Bretanha

Em novembro de 1988, mais de vinte mil poloneses aplaudiram Thatcher ruidosamente, quando ela conheceu Lech Walesa, líder do Solidariedade, o sindicato que ajudou a derrubar o comunismo na Polônia, no famoso Estaleiro Lênin. Nenhum líder britânico recebera tantos aplausos desde Winston Churchill. Os poloneses sabiam o que a Dama de Ferro havia feito para fazer retroceder o socialismo na Grã-Bretanha e como isso deu esperança a milhões de vítimas do socialismo na Europa Oriental. O thatcherismo havia triunfado, enquanto o socialismo estava desmoronando em todos os lugares.

A partir do momento em que Margaret Thatcher entrou no escritório de Edward Heath, em 25 de novembro de 1974, o curso da história mudou. Após sua morte, Mikhail Gorbachev escreveu:

> Lembro-me vividamente de sua primeira visita à URSS, na primavera de 1987. Ela me surpreendeu, com seu conhecimento de nossos desenvolvimentos domés-

---

207 William F. Buckley, "Margaret Is My Darling," *Athwart History: Half a Century of Polemics, Animadversions, and Illuminations* [Através da História: Meio Século de Polêmicas, Repreensões e Iluminações] (Nova York: Encounter Books, 2010), p. 348.

208 *Ibid.*, p. 349.

209 *Ibid.*, p. 350.

210 *Ibid.*, p. 348.

ticos, sua compreensão da natureza das mudanças em andamento, sua capacidade de avaliá-las de forma realista e sua disponibilidade *para compartilhar conosco a experiência* do que ela chamou de "minha própria perestroika"[211].

A "própria perestroika" de Thatcher estava revertendo o socialismo na Grã-Bretanha, o que fornecia um modelo para a União Soviética e para a Europa Oriental. "Eu me propus a destruir o socialismo, porque senti que ele estava em desacordo com o caráter do povo", escreveu ela em 1992. "Fomos o primeiro país do mundo a retroceder as fronteiras do socialismo e, em seguida, avançar as fronteiras da liberdade"[212].

A ousadia de Thatcher era evidente em seus dias na oposição parlamentar, quando propôs medidas consideradas impossíveis de alcançar por seus detratores e que certamente lhe custariam a eleição. O socialismo, pensavam eles, estava muito entrincheirado para o tipo de renovação proposto por ela. O elogio às virtudes da era vitoriana, por exemplo, era considerado muito distante do presente para ter qualquer efeito sobre os eleitores britânicos. Os oponentes de Thatcher só podiam esperar que os eleitores rejeitassem sua mensagem, personalidade e políticas, pois não tinham alternativas para sua agenda, além do *status quo*. Os eleitores, porém, não a rejeitaram, não em 1979, 1983 ou 1987. Nem a rejeitaram em 1992, quando seu partido, sob seu sucessor, John Major, conquistou um histórico quarto mandato.

Em 1979, os oponentes de Thatcher ofereceram apenas dois planos econômicos. Trabalhistas moderados, liberais e conservadores de centro-esquerda propuseram controle de preços e salários, inflação, gerenciamento keynesiano da demanda e aprofundamento do compromisso com a Comunidade Econômica Europeia. A corrente principal dos trabalhistas estava comprometida com o socialismo e com um controle governamental ainda maior do que existia na década de 1940. Nenhuma das alternativas repercutiu na maioria do povo britânico.

Os críticos olharam para as vitórias de Thatcher tentando denegrir suas conquistas políticas. Ela enfrentou uma oposição fraca, dizem eles, do Partido

[211] Mikhail Gorbachev, "The Margaret Thatcher I Knew," [A Margaret Thatcher Que Eu Conheci] *Guardian* (Reino Unido), 8 abr. 2013, <http://www.guardian.co.uk/politics/2013/apr/08/mikhail-gorbachev-margaret-thatcher-death>. Itálico adicionado.

[212] Thatcher, "Don't Undo My Work" [Não Desfaçam Meu Trabalho].

Trabalhista, o qual estava envolvido em disputas internas e, portanto, incapaz de montar uma oposição efetiva contra ela. O partido cindiu-se ideologicamente com a formação do Partido Social-Democrata (SDP). Mais tarde, os líderes trabalhistas estavam preocupados em expurgar ou marginalizar a esquerda radical do partido.

Entretanto, a turbulência entre os socialistas não foi a causa da vitória de Thatcher embora tenha sido um fator em seu sucesso inicial. "Quanto mais o público em geral aprendia sobre as políticas e os membros do Trabalhista, menos gostava deles", escreveu ela em suas memórias[213]. Independentemente do declínio do apelo do socialismo nas décadas de 1980 e 1990, Thatcher advertiu, ele "representa uma tentação duradoura: ninguém deve subestimar o apelo potencial do Partido Trabalhista"[214].

Os críticos argumentaram ainda que o governo Callaghan já havia adotado uma política monetária anti-inflacionária e de reduções de gastos sob a orientação do FMI. Eles localizam as origens do thatcherismo nas reformas políticas iniciadas por Heath antes das eleições de 1970. Em outras palavras, não havia nada de único em Thatcher, e a linhagem do thatcherismo inclui Edward Heath e James Callaghan! Isso é absurdo, pois nem Callaghan nem Heath acreditavam nos princípios do thatcherismo. Eles pensavam que o FMI e a CEE fariam o trabalho pesado por eles. Thatcherismo é sobre políticos britânicos,fazendo o trabalho pesado eles mesmos.

Margaret Thatcher certamente fez o trabalho pesado, enquanto seus três predecessores não fizeram ou não puderam. Quando se tornou primeira-ministra, enfrentou os mesmos problemas que eles. Entretanto, esses problemas não a consumiram nem a forçaram a deixar o cargo. Ela acreditava na política de convicção, de saber o que funciona e o que não funciona e de não confundir as duas em nome da ideologia ou da conveniência. Thatcher teve sucesso porque, como ela lembrava às pessoas, suas convicções se baseavam na redescoberta dos princípios que tornaram a Grã-Bretanha grande e que contribuíram para a liberdade e a prosperidade em todos os lugares. Em 1979, o socialismo e o keynesianismo trouxeram miséria ao povo britânico. Era hora de um novo curso.

213 Thatcher, *The Downing Street Years* [Os Anos Downing Street], p. 265.
214 *Ibid.*

Margaret Thatcher e Ronald Reagan lideraram uma revolução conservadora, ou neoliberal, que varreu o mundo na década de 1980. Eles defenderam o liberalismo clássico de Gladstone, que havia ressurgido depois de 1945 e agora estava adaptado ao mundo moderno nas obras de Friedrich Hayek, Milton Friedman e outros bravos pensadores do livre mercado. Essa revolução levou a uma prosperidade econômica sem precedentes, ao retrocesso do socialismo – uma ideologia que antes parecia destinada a dominar o mundo – e ao prêmio final da liberdade: o fim do comunismo soviético. Em 1990, o mundo era um lugar melhor para a maior parte da humanidade do que em qualquer época anterior da história.

O ressurgimento das ideias liberais clássicas foi certamente vital no combate a livros didáticos como o de Samuelson, cujas recomendações políticas estavam se tornando um guia para o desastre econômico. A criação, na década de 1970, da The Heritage Foundation, em Washington, D.C., por exemplo, anunciou a ascensão de Ronald Reagan no partido Republicano da mesma forma que a criação, em Londres, do Center for Policy Studies, por Sir Keith Joseph (1918-1994), anunciou a ascensão de Margaret Thatcher no Partido Conservador[215].

Foi o compromisso apaixonado com essas ideias de liberdade que distinguiu Thatcher e Reagan de seus predecessores da década de 1970. Edward Heath e James Callaghan, na Grã-Bretanha, e Richard Nixon e Jimmy Carter, nos Estados Unidos, foram ocasionalmente conduzidos por eventos e políticas para reformas neoliberais. Entretanto, nenhum deles se preocupou em expandir a liberdade econômica e limitar o governo, como Thatcher e Reagan. Como resultado, a década de 1980 foi muito mais bem-sucedida do que a de 1970.

Sob o presidente Reagan, a economia dos EUA desfrutou da mais longa expansão já registrada em tempos de paz, noventa e dois meses. Isso foi seguido por outra longa expansão, com uma curta recessão no meio, um recorde econômico incomparável[216]. A desregulamentação e a redução de impostos produ-

215 "Margaret Thatcher & the Centre for Policy Studies, 1974–79" [Margaret Thatcher & o Centro de Estudos de Políticas, 1974-79], Margaret Thatcher Foundation, <http://www.margaretthatcher.org/archive/CPS2.asp>.

216 Peter B. Sperry, "The Real Reagan Economic Record: Responsible and Successful Fiscal Policy," [O registro econômico real de Reagan: política fiscal responsável e bem-sucedida] Backgrounder, no. 1414, Heritage Foundation, 1 de Março, 2001, http://www.heritage.org/research/reports/2001/03/the-real-reagan-economic-record.

ziram baixa inflação, baixo desemprego e forte crescimento econômico, uma feliz combinação, considerada impossível pelos keynesianos. A estagflação seguiu o caminho da discoteca.

O sucesso de Thatcher foi ainda mais dramático, considerando as profundezas do socialismo e da militância sindical, de onde ela precisou resgatar a economia britânica. A inflação foi controlada pela política monetária. A desastrosa política de renda de seus predecessores foi "deixada de lado"[217]. Ela desregulamentou os negócios britânicos, especialmente o setor de serviços financeiros, e Londres tornou-se novamente um dos principais centros financeiros do mundo. "Finanças públicas sólidas e taxas de impostos marginais baixas eram as metas na década de 1980", lembrou Thatcher, "e foram alcançadas"[218].

A inflação violenta herdada por Thatcher atingiu o pico de 21,9% em maio de 1980. No verão de 1986, era de 2,4%, uma notável reviravolta em relação à década anterior[219]. O dinheiro "importava" novamente no controle de preços, não na negociação com os patrões sindicais. Depois de 1992, com a inflação controlada, a estabilidade de preços governou a política monetária do Banco da Inglaterra. O resultado final da vitória de Thatcher sobre a inflação galopante foi que, em 1997, o governo foi capaz de conceder ao Banco da Inglaterra independência em sua política monetária.

Entretanto, o maior triunfo doméstico de Thatcher foi o retrocesso do socialismo. Em 1990, o setor estatal foi reduzido em 60%. Depois de colocar as velhas empresas nacionalizadas em uma situação financeira sólida, Thatcher vendeu suas ações ao público. Por causa da privatização e de outras políticas governamentais cerca de 25% da população britânica era acionista em 1990[220].

A reforma dos sindicatos foi o outro passo para desmantelar o socialismo e reavivar a economia britânica. Sabia-se que, desde o governo trabalhista de Harold Wilson, as ações sindicais estavam prejudicando a produtividade do trabalhador e a competitividade da economia britânica. Na década de 1980, mudanças sérias já deveriam ter sido feitas. Thatcher prometeu a reforma sindical durante o Inverno do Descontentamento e, ao longo dos oito anos seguin-

---

217 Thatcher, *The Path to Power* [O Caminho para o Poder], p. 575.

218 *Ibid.*, p. 573.

219 Peter Riddell, *The Thatcher Era and Its Legacy* [A Era Thatcher e seu Legado] (Oxford: Blackwell, 1991), p. 27.

220 Thatcher, *The Path to Power* [O Caminho Para o Poder], p. 574.

tes, ela freou substancialmente o poder sindical. A Lei de Emprego de 1982, como descreve seu conselheiro Robin Harris,

> introduziu duas mudanças importantes. Dava aos empregadores o direito de processar por danos, onde não houvesse disputa com seus próprios empregados ou quando não fosse total ou principalmente sobre questões empregatícias. Mais importante, pela primeira vez, expôs os fundos sindicais a multas e apreensão, em caso de ação sindical ilegal[221].

Isso foi seguido pela Lei do Sindicato de 1984, pela Lei do Trabalho de 1988 e pela Lei do Emprego de 1990, que acabou com a prática sindical do "sociedade fechada". As medidas reduziram drasticamente a militância sindical, e a filiação sindical perdeu muito de seu apelo. Em 1990, o número de paralisações trabalhistas caiu para níveis que não eram vistos desde 1935, e o número de dias de trabalho perdidos em greves caiu para as médias dos anos 1950[222]. A porcentagem da força de trabalho nos sindicatos caiu de 50% para 35%[223].

Houve uma última tentativa do Sindicato Nacional dos Mineiros (SNM), liderado por um stalinista não regenerado, Arthur Scargill[224], de desafiar o governo Thatcher em 1984 e 1985. Entretanto, ao contrário de seus infelizes predecessores da década de 1970, Thatcher se certificou de que o país estivesse preparado, com estoques de carvão suficientes para enfrentar a greve e polícia suficiente para garantir a ordem em torno dos poços. Scargill e o SNM foram derrotados. Minas lucrativas foram privatizadas. Minas não lucrativas foram fechadas, e uma compensação foi dada aos mineiros. A lei e a ordem foram mantidas depois que Scargill e seus capangas recorreram à violência. Scargill não conseguiu obter apoio sindical mais amplo da ferrovia ou dos estivadores,

221 Robin Harris, *Not For Turning: The Life of Margaret Thatcher* [Não vira: A Vida de Margaret Thatcher] (Londres: Bantam Press, 2013), p. 225.

222 Riddell, *The Thatcher Era and Its Legacy* [A Era Thatcher e Seu Legado], 50. Ver também Thatcher, *The Path to Power* [O Caminho Para o Poder], p. 575.

223 Thatcher, *The Path to Power* [O Caminho Para o Poder], 575.

224 Ver Roger Scruton, "The Meaning of Margaret Thatcher" [O Significado de Margaret Thatcher], *Times* (Reino Unido), 18 abr. 2013, <http://www.thetimes.co.uk/tto/news/uk/article3742279.ece>.

chave para qualquer greve geral. Foi um teste importante para saber se um parlamento eleito ou chefes sindicais governariam o país.

A greve dos mineiros de 1984-85 foi a última grande greve, em um período que se estendeu desde antes da Primeira Guerra Mundial. Embora 27 milhões de dias de trabalho tenham sido perdidos com a greve em 1984, seu impacto foi sentido menos pelo país e mais pelos sindicatos, os quais perceberam que a força de Thatcher repousava no sucesso de suas políticas econômicas[225]. Suas políticas reverteram quase todos os problemas econômicos da década de 1970, explorados pelos chefes sindicais por meio de contendas e violência. Scargill até perdeu o apoio do Partido Trabalhista. O recuo da estagflação e do socialismo privou os sindicatos de sua plataforma, e a era da militância sindical chegou ao fim em 1985. A doença primária do homem doente da Europa estava em remissão.

Em qualquer medida, a revolução Thatcher do final dos anos 1970 e 1980 foi uma conquista impressionante. O povo britânico pôde, mais uma vez, orgulhar-se de seu país, mantendo suas cabeças erguidas na Europa e no cenário mundial. Como Lady Thatcher comentou, logo após deixar o cargo,

> O thatcherismo viverá. Viverá muito depois da morte de Thatcher, porque tivemos a coragem de restaurar os grandes princípios e de colocá-los em prática de acordo com o caráter do povo e com o lugar deste país no mundo[226].

Lições-Chave de Liderança

- Não se deixe intimidar por derrotas eleitorais iniciais. Thatcher perdeu duas vezes antes de ganhar uma cadeira no Parlamento. Um líder forte deve estar preparado para enfrentar e superar contratempos e se preparar para a próxima batalha.
- A vitória sempre vai para os bravos. Coragem e disposição para assumir riscos são marcas de uma liderança de sucesso. Em 1979, e ao longo da década de

[225] Riddell, *The Thatcher Era and Its Legacy* [A Era Thatcher e Seu Legado], p. 50.
[226] Thatcher, "Don't Undo My Work" [Não Desfaçam Meu Trabalho].

1980, Thatcher assumiu grandes riscos em nome do povo britânico e foi premiada nas urnas.

• A coragem deve ser acompanhada pela convicção e pela força para defender as crenças e princípios fundamentais.

• Sempre assuma a responsabilidade por suas ações e pelas ações de seu partido, mesmo que sejam impopulares. Os conservadores não devem tentar emular a esquerda, seja na oposição ou no governo, se desejam ser verdadeiramente bem-sucedidos.

• Nunca tenha medo de tornar o apelo ao patriotismo o coração de sua mensagem. Thatcher colocava o amor ao país consistentemente no centro de sua liderança.

• Promover a liberdade econômica envolve escolhas difíceis e impopularidade potencial. Ser o primeiro líder do mundo na década de 1980 a reverter o socialismo exigiu coragem incomparável e a crença de que as pessoas sempre escolherão a liberdade ao invés do governo grande se a escolha for oferecida a eles pelos conservadores.

CAPÍTULO V

Capítulo V

A América Precisa Evitar o Declínio ao Estilo Europeu

> "Durante a minha vida, a maioria dos problemas que o mundo enfrentou vieram, de uma forma ou de outra, da Europa continental, e as soluções, de fora dela".
>
> Margaret Thatcher, *Statecraft: Strategies For a Changing World*[227].

A Reversão do Declínio Britânico

Margaret Thatcher declarou em uma entrevista para a televisão em 1976: "Os governos socialistas, tradicionalmente, causam uma bagunça financeira. Eles sempre ficam sem dinheiro; o dinheiro de outras pessoas. É uma característica deles"[228]. Quando ela entrou na Downing Street três anos depois, o país estava em seu leito de morte após vários anos de má gestão socialista. Os governos trabalhistas da década de 1970 tinham "a intenção de distribuir riqueza ao invés de criá-la, sem ter nada para distribuir"[229]. A Grã-Bretanha, outrora grande potência imperial, foi amplamente considerada um caso perdido. Economistas se referiam à "doença britânica". Foi uma situação que destruiu a alma o suficiente para minar a vontade de todos, exceto a do mais ardente dos patriotas.

---

[227] Margaret Thatcher, *Statecraft: Strategies For A Changing World* (Londres: HarperCollins, 2002), p. 320.

[228] Entrevista de Margaret Thatcher por Llew Gardner, *This Week*, 5 fev. 1976, transcrição, Margaret Thatcher Foundation, <http://www.margaretthatcher.org/document/102953>.

[229] Margaret Thatcher, "Speech to Conservative Central Council" [Discurso para o Conselho Central Conservador], West Midlands, Inglaterra, 24 mar. 1979, transcrição <http://www.margaretthatcher.org/document/103980>.

É difícil acreditar que uma nação, que já governou grandes extensões da Ásia, África, América do Norte e Oriente Médio, pudesse ter sido reduzida a implorar ao Fundo Monetário Internacional para pagar suas contas. Sir Winston Churchill teria ficado horrorizado. O Reino Unido foi até classificado oficialmente, em uma reunião do Conselho Europeu em 1979, como "um país menos próspero", ou "LPC"[230], o equivalente à atual Grécia ou Espanha. A Grã-Bretanha tinha o sistema tributário mais opressor de qualquer país do mundo livre, com a maior taxa de imposto inicial da Comunidade Econômica Europeia[231]. O PIB *per capita* da Grã-Bretanha ficou em sétimo lugar entre nove membros da CEE em 1979[232]. A produção *per capita* naquele ano foi 50% maior na Alemanha e na França, do que na Grã-Bretanha[233].

A situação humilhante da Grã-Bretanha mobilizou muitos comentaristas, em casa e no exterior, a escreverem o obituário da nação. Um editorial do *Wall Street Journal*, em agosto de 1975 (que horrorizou Margaret Thatcher na época), repreendeu os britânicos por provocarem seu próprio declínio:

> Quase ninguém precisa saber agora que a Grã-Bretanha é o país doente da Europa. Onde quer que se olhe, as evidências abundam. É tudo muito curioso. Pois a Grã-Bretanha não foi trazida a essa situação pela derrota na guerra, por terremotos, pragas, secas ou quaisquer desastres naturais. A ruína da Grã-Bretanha é sua própria ação. Foi trazida a isso pelas políticas calculadas de seu governo e por sua aceitação resignada por parte do povo[234].

O povo britânico, 8 milhões dos quais dependiam da ajuda do governo, sofria de uma enorme falta de confiança em si mesmo e nos valores de seu país. Após décadas de socialismo, eles começaram a perder a fé nas próprias bases do

---

230 *Ibid.*

231 *Ibid.*

232 Margaret Thatcher, *The Downing Street Years* [Os Anos de Downing Street], (Londres: HarperCollins, 1993), p. 63.

233 Sir Rhodes Boyson e Antonio Martino, "What We Can Learn from Margaret Thatcher" [O Que Podemos Aprender Com Margaret Thatcher], *Lecture*, no. 650, Heritage Foundation, 24 nov. 1999, <http:// www.heritage.org/research/lecture/what-we-can-learn-from-margaret-thatcher>.

234 Citado em Margaret Thatcher, *The Path to Power* [O Caminho Para o Poder], (Londres: HarperCollins, 1995), p. 357.

sistema de livre iniciativa. Como Thatcher disse em um discurso na conferência do Partido Conservador em 1980,

> Não é o Estado que cria uma sociedade saudável [...]. O Estado esgota a sociedade não só de suas riquezas, mas de iniciativa, de energia, da vontade de melhorar e inovar e também de preservar o que há de melhor[235].

A nação cujo espírito empreendedor deu origem à Revolução Industrial, cujos banqueiros, comerciantes, empresários e aventureiros levaram o capitalismo a todos os cantos do globo, estava atolada em dívidas públicas, regulamentação, impostos pesados e poder sindical opressor.

Margaret Thatcher estava determinada a reverter o declínio da Grã-Bretanha. Ela simplesmente não aceitaria que sua grande nação seguisse o caminho da Grécia ou Roma antigas. Em seu famoso discurso da "Dama de Ferro" em 1976, três anos antes de se tornar primeira-ministra, ela lançou este grito de guerra para seu país:

> Frequentemente, somos informados de que este país, que já governou um quarto do mundo, é hoje apenas um grupo de ilhas costeiras. Bem, nós, do Partido Conservador, acreditamos que a Grã-Bretanha ainda é grande. O declínio de nosso poder relativo no mundo era parcialmente inevitável, com a ascensão das superpotências – devido às suas vastas reservas de mão de obra e recursos.
>
> Contudo, também era parcialmente evitável – o resultado de nosso declínio econômico acelerado pelo socialismo. Precisamos reverter esse declínio quando formos devolvidos ao governo. Nesse ínterim, o Partido Conservador tem a tarefa vital de tirar o público britânico de um longo sono[236].

Foi necessária uma revolução conservadora, liderada por Thatcher, para mudar a sorte da Grã-Bretanha. Foi uma revolução baseada nos princípios de governo limitado, economia e livre iniciativa. Trouxe impostos mais baixos,

---

235 Margaret Thatcher, "Speech to Conservative Party Conference" [Discurso para a Conferência do Partido Conservador], Brighton, Inglaterra, 10 out. 1980, transcrição, Margaret Thatcher Foundation, <http://www.margaretthatcher.org/document/104431>.

236 Margaret Thatcher, "Speech at Kensington Town Hall" [Discurso na Prefeitura de Kensington], Inglaterra, 19 jan. 1976, transcrição, Margaret Thatcher Foundation, <http://www.margaretthatcher.org/document/102939>.

disciplina fiscal mais rígida, cortes nos gastos do governo, a liberação dos mercados e o retrocesso das fronteiras do Estado de bem-estar social. A escala da reviravolta da Grã-Bretanha na década de 1980 foi simplesmente impressionante. Em 1987, a Grã-Bretanha desfrutou do mais longo período sustentado de crescimento econômico desde a Segunda Guerra Mundial[237]. Dez mil pequenas empresas foram criadas apenas nos primeiros quatro anos do governo Thatcher[238]. Três quartos de milhão de novos empregos foram criados entre 1983 e 1991 – mais do que em qualquer outro país da CEE[239]. Ao mesmo tempo, Thatcher deu um golpe na burocracia do governo, reduzindo o número de funcionários públicos em mais de um quinto[240].

A revolução Thatcher

> trouxe uma mudança profunda nas atitudes sociais, políticas e até espirituais de nosso povo. Eles se tornaram mais autossuficientes, mais responsáveis, mais independentes, mais voltados para o futuro. Eles tinham uma participação no futuro[241].

Thatcher também combinou a renovação econômica com uma forte defesa nacional, aumentando os gastos com a defesa britânica, enquanto fortalecia a aliança transatlântica. Ela investiu muita energia na defesa da soberania britânica na Europa, que considerou essencial para manter a prosperidade da Grã-Bretanha, bem como sua capacidade de moldar seu próprio destino. Sua conquista na Grã-Bretanha foi uma demonstração impressio-

---

[237] Margaret Thatcher, "Speech to Conservative Rally in Solihull" [Discurso para o Comício Conservador em Solihull], West Midlands, Inglaterra, Margaret Thatcher Foundation, 28 mai. 1987, transcrição, <http://www.margaretthatcher.org/document/106852>.

[238] Margaret Thatcher, "Speech at Fleetwood" [Discurso em Fleetwood], Inglaterra, 7 jun. 1983, transcrição, Margaret Thatcher Foundation, <http://www.margaretthatcher.org/document/105385>.

[239] Margaret Thatcher, "The Principles of Thatcherism" [Os Princípios do Thatcherismo], discurso, Seul, Coréia do Sul, 3 set. 1992, transcrição, Margaret Thatcher Foundation, <http://www.margaretthatcher.org/document/108302>.

[240] Boyson e Martino, "What We Can Learn from Margaret Thatcher" [O Que Podemos Aprender com Margaret Thatcher].

[241] Margaret Thatcher, "Speech to CNN World Economic Development Conference" [Discurso na Conferência de Desenvolvimento Econômico Mundial da CNN], Washington, D.C.,19 set. 1992, transcrição, Margaret Thatcher Foundation, <http://www.margaretthatcher.org/document/108304>.

nante de como a liderança baseada em princípios pode transformar um país em face de adversidades aparentemente intransponíveis. Como disse a Dama de Ferro em 1977, antes de se tornar primeira-ministra: "Não estamos fadados a um declínio irrevogável. Não vemos nada como inevitável. Os homens ainda podem moldar a história"[242].

O Fim da Superpotência EUA?

Existem paralelos notáveis entre os debates na Grã-Bretanha, nas décadas de 1970 e 1980, e os que ocorrem hoje nos Estados Unidos. Há uma sensação palpável de declínio em toda a América, com um medo crescente de que os melhores dias do país tenham ficado para trás. Uma pesquisa Gallup, conduzida em janeiro de 2013, pouco antes da segunda posse do presidente Obama, mostrou que "os americanos são tão negativos sobre a situação do país e suas perspectivas no futuro quanto o foram em mais de três décadas. Menos de quatro em cada dez americanos (39%) classificam a situação atual dos Estados Unidos na extremidade positiva, de uma escala de zero a dez. Quase o mesmo que em 2010, mas menos do que em qualquer momento desde 1979"[243]. Compare isso com o otimismo sentido pelos americanos em janeiro de 2001, no início da presidência de George W. Bush, quando 73% dos americanos se sentiram positivos quanto ao futuro de seu país. Ou mesmo os 50% dos americanos com uma perspectiva positiva para a América em janeiro de 2008, no início do último ano da presidência de Bush.

A América também está mais profundamente dividida hoje do que em qualquer momento de sua história recente. Outra pesquisa Gallup, divulgada logo após a posse presidencial de 2013, mostrou que o quarto ano de Barack Obama no cargo empatou com o último de George W. Bush como o mais polarizado desde que o Gallup começou a rastrear a questão, durante o governo Eise-

242 Margaret Thatcher, "Dimensions of Conservatism" [Dimensões do Conservadorismo], Palestra no Iain Macleod Memorial, discurso para os Jovens Conservadores da Grande Londres, Londres, Inglaterra, 4 jul. 1977, transcrição, Margaret Thatcher Foundation, < http://www.margaretthatcher.org/document/103411>.

243 "Americans Downbeat on State of U.S., Prospects for Future" [Americanos Pessimistas Sobre o Estado dos EUA, Perspectivas para o Futuro], Gallup, 21 jan 2013, <http://www.gallup.com/poll/160046/americans-downbeat-state-prospects-future.aspx>.

nhower (1890-1969). Como observa o Gallup, Obama está a caminho de se tornar o presidente mais polarizador da história americana, com apenas 10% dos republicanos aprovando o histórico do presidente em 2012. Em contraste, 24% dos republicanos aprovaram o desempenho de Bill Clinton em seu quarto ano de mandato. Até Jimmy Carter recebeu um nível mais alto de aprovação (24%) entre os republicanos em seu quarto ano do que Barack Obama em janeiro de 2013[244].

Não é difícil ver por que a maioria dos americanos está melancólica com o futuro de sua nação, e por que os conservadores têm tão pouca fé no presidente Obama. A conversa em Washington é dominada pela discussão das enormes dívidas da América, as quais quase dobraram durante o primeiro mandato do presidente Obama. Os gastos do governo e o déficit orçamentário estão consistentemente no topo das preocupações dos eleitores americanos, ao lado do estado geral da economia e do desemprego. As preocupações com os níveis insustentáveis de dívida levaram ao surgimento, em 2010, do Tea Party[245], inegavelmente o movimento popular mais eficaz já visto pelos Estados Unidos em décadas. Levados por uma onda de ira da mesma natureza do do Tea Party, os republicanos obtiveram grandes vitórias no meio do mandato de 2010, com o Partido Republicano tomando a Câmara dos Representantes, dando à Casa Branca o que o presidente Obama descreveu na época como uma "surra". Esse ímpeto não foi suficiente para derrubar o presidente Obama na eleição presidencial de 2012, contudo, o conservadorismo fiscal continua sendo uma força poderosa na política americana, e a questão dos gastos governamentais fora de controle dos Estados Unidos só vai crescer no segundo mandato de Obama.

Simplificando: caso seus problemas econômicos não sejam resolvidos, os Estados Unidos enfrentam um futuro econômico extremamente sombrio, semelhante ao da Grécia, França, Itália e Espanha. De acordo com a OCDE, a China pode ultrapassar os Estados Unidos como a maior economia do mundo

---

244 "Obama's Fourth Year in Office Ties as Most Polarized Ever" [O Quarto Ano de Obama no Cargo é o Mais Polarizado de Todos os Tempos], Gallup, 24 jan. 2013, <http://www.gallup.com/poll/160097/obama-fourth-year-office-ties-polarized-ever.aspx>.

245 Grupo majoritariamente formado de libertários e conservadores. O grupo surgiu entre 2008 e 2009 por ocasião das várias leis federais americanas que visavam intervir politicamente na economia nacional. Tem forte influência popular e estreito trânsito político com determinadas alas do Partido Republicano, sendo ainda hoje um dos movimentos políticos norte-americanos mais influentes. Suas pautas envolvem a defesa literal do texto constitucional americano, a diminuição radical da ação estatal no âmbito público e privado, e a defesa da autonomia moral do indivíduo na sociedade. (N. E.)

em 2016[246]. Os próximos anos serão críticos para moldar o caminho da América no século XXI, assim como os anos 1980 foram fundamentais para a renovação britânica. As lições de liderança de Margaret Thatcher nunca foram tão vitais para os conservadores da América quanto são hoje. Os conservadores devem lutar com a mesma convicção que moveu a Dama de Ferro diante do que, por vezes, pareceu ser uma oposição quase insuperável por parte de elites liberais profundamente enraizadas, um movimento sindical incrivelmente poderoso e uma mídia frequentemente hostil, sobretudo a BBC.

A Ameaça do Declínio Econômico Americano

Enormes dívidas nacionais e déficits orçamentários em espiral são, sem dúvida, os maiores desafios para a prosperidade de longo prazo dos Estados Unidos. A posição dos EUA como superpotência mundial está seriamente ameaçada pela fraqueza econômica interna. Como na Grã-Bretanha dos anos 1970, a conversa sobre declínio está em toda parte na política americana hoje. A presidência de Obama foi uma experiência desastrosa de governo grande, acumulando os maiores déficits orçamentários desde a Segunda Guerra Mundial[247]. O precedente criado por isso é extremamente preocupante. Como Margaret Thatcher advertiu em uma entrevista de 1992 à *Newsweek*:

> Há um ditado italiano, "Gastos públicos são como água benta: todo mundo pega um pouco". O maior perigo para o governo na Grã-Bretanha e nos Estados Unidos é ter muitos representantes eleitos que pensam que constroem sua reputação ou mantêm seus cargos garantindo uma parcela extra dos gastos públicos para seu próprio eleitorado ou causa. Você não julga a moralidade na política pelo quão profundamente você pode colocar a mão no bolso do contribuinte[248].

---

[246] Rachel Cooper, "China 'to Overtake America by 2016" [China deve Superar os EUA em 2016], *Daily Telegraph* (Reino Unido), 22 mar. 2013, <http://www.telegraph.co.uk/finance/china-business/9947825/China-to-overtake-America-by-2016.html>.

[247] Nile Gardiner, "America Is Sinking under Obama's Towering Debt" [EUA Estão Afundando sob a Dívida Elevada de Obama], *Daily Telegraph* (Reino Unido), 2 jul. 2010, <http://blogs.telegraph.co.uk/news/nilegardiner/100045733/america-is-sinking-under-obama%E2%80%99s-towering- debt/>.

[248] Margaret Thatcher, "Don't Undo My Work" [Não Desfaçam Meu Trabalho] *Newsweek*, 27 abr. 1992, Margaret Thatcher Foundation, <http://www.margaretthatcher.org/document/111359>.

A dívida nacional dos Estados Unidos é simplesmente impressionante. Com mais de US$ 16 trilhões, já ultrapassa 100% do PIB de acordo com a OCDE[249], com a dívida pública projetada para exceder 100% do PIB dos EUA até 2024[250]. De acordo com o Escritório Orçamentário do Congresso, a dívida federal dos EUA disparou de 40% do PIB, no final de 2008, para mais de 70%, no final de 2012[251]. Sob o cenário fiscal alternativo estendido do EOC, a dívida federal excederá 90% do PIB em 2022 e ultrapassará seu pico histórico de 109 % em 2026, aproximando-se de 200% em 2037[252]. As novas reformas de saúde implementadas pelo governo Obama, comumente conhecidas como "Obamacare" (ou Lei de Cuidados Acessíveis), adicionarão cerca de US$ 6,2 trilhões ao déficit primário da América nos próximos setenta e cinco anos, de acordo com projeções do Escritório Governamental de Prestação de Contas[253].

Outras previsões são igualmente sombrias. A Fundação Peter G. Peterson calcula que, mesmo com o Ato de Alívio ao Pagador de Impostos Americano, aprovado em janeiro de 2013, para evitar cair no "abismo fiscal", "a dívida federal atingirá espantosos 200% do PIB em 2040"[254]. O gasto federal por família americana cresceu 152% nas últimas quatro décadas e meia, de US$ 11.900,00

[249] "Public Debt as a Percentage of GDP in Countries around the World" [Dívida Pública Como Porcentagem do PIB em Países ao Redor do Mundo], *Global Finance*, baseado em dados de dezembro de 2012, <http://www.gfmag.com/component/content/article/119-economic-data/12370-public-debt-percentage-gdp.html#axzz2Wfkfv8v1>.

[250] Patrick Tyrrell e William W. Beach, "U.S. Government Increases National Debt—and Keeps 128 Million People on Government Programs" [Governo dos EUA Aumenta a Dívida Nacional - e Mantém 128 Milhões de Pessoas em Programas Governamentais], *Backgrounder*, no. 2756, Heritage Foundation, 8 jan. 2013, <http://www.heritage.org/research/reports/2013/01/us-government-increases-national-debtand-keeps-128-million-people-on-government-programs>.

[251] "The 2012 Long-Term Budget Outlook" [Perspectiva do Orçamento de Longo Prazo para 2012], Congressional Budget Office, jun. 2012, <http://www.cbo.gov/sites/default/files/cbofiles/attachments/06-05-Long-Term_Budget_Outlook_2.pdf>.

[252] *Ibid.*

[253] Bob Moffit e Alyene Senger, "Obamacare Budget Bombshell" [A Bomba de Orçamento do Obamacare], Foundry, blog, Heritage Foundation, 26 fev. 2013, <http://blog.heritage.org/2013/02/26/obamacare-budget-bombshell/>.

[254] "Past the Cliff, but Not Out of the Woods: Long-Term Analysis of the American Taxpayer Relief Act of 2012" [Passado o Precipício, mas Não Fora da Floresta: Análise de Longo Prazo do Ato de Alívio do Pagador de Impostos Americano de 2012], Peter G. Peterson Foundation, 29 jan. 2013, <http://www.pgpf.org/Issues/Fiscal-Outlook/2013/01/fiscal-cliff-atra-2012-long-term-analysis.aspx>.

em 1965 para US$ 30.015,00 em 2012, com um aumento projetado para US$ 34,602,00 em 2022. O gasto federal total desde 1970 aumentou 288%, enquanto a renda familiar média aumentou apenas 24,2% durante o mesmo período[255].

A Ascensão da Cultura de Dependência na América

Alimentando essa dívida insustentável, está o, inchado e em rápida expansão, sistema de direitos dos Estados Unidos, o que será um jugo em volta do pescoço das futuras gerações de pagadores de impostos. Como Margaret Thatcher advertiu, uma cultura de dependência é extremamente perigosa para uma superpotência, drenando os recursos necessários para ela se defender e ser protagonista no cenário mundial:

> Uma sociedade que valoriza mais as esmolas do Estado para seus cidadãos saudáveis do que medidas para proteger esses cidadãos de crimes internos e ameaças externas, corre o risco de se tornar decadente[256].

A maioria dos americanos compartilha das preocupações de Thatcher. De acordo com uma pesquisa Rasmussen realizada em março de 2013, 64% dos americanos acreditam que "existem americanos demais dependentes do governo para ajuda financeira", em comparação com apenas 8% que acreditam "não haver americanos suficientes dependendo dessa ajuda". Apenas 17% dos americanos "sentem que o nível de dependência é quase correto"[257]. Além disso, como constata a pesquisa Rasmussen, 80% dos americanos concordam com a

---

[255] "Federal Spending Grew Nearly 12 Times Faster Than Median Income" [Os Gastos Federais Cresceram Quase 12 Vezes Mais Rápido que a Renda Média], gráfico "Federal Budget in Pictures: Budget Chart Book," [Orçamento federal em imagens: livro de gráfico de orçamento], Heritage Foundation, 2012, <http://www.heritage.org/federalbudget/>.

[256] Margaret Thatcher, "Speech at National Press Club" [Discurso no Clube Nacional de Imprensa], Washington, D.C., 26 jun. 1995, transcrição, Margaret Thatcher Foundation, <http://www.margaretthatcher.org/document/108344>.

[257] "64 Percent Think Too Many Are Dependent On Government Aid" [64 % Acreditam Que Haja Gente Demais Dependente de Ajuda Governamental], Rasmussen Reports, 28 mar. 2013, <http://www.rasmussenreports.com/public_content/business/general_business/march_2013/64_think_too_many_are_dependent_on_government_aid>.

afirmação "O trabalho é a melhor solução para a pobreza", com apenas 9% discordando[258].

Os gastos federais com bem-estar social devem crescer quase 80% nos próximos dez anos, a um custo total de US$ 11 trilhões[259]. Com base nos dados do Serviço de Pesquisa do Congresso, o gasto total com o bem-estar social agora chega a US$ 168 por dia, para cada família pobre nos Estados Unidos. Em contraste, a renda familiar média de US$ 50,054 (usando números de 2011) se traduz em pouco mais de US$ 137 por dia[260]. Um estudo recente da Pesquisa Populacional Atual do Departamento de Censo dos EUA, pelo Centro de Análise de Dados da The Heritage Foundation, de março de 2011, revelou que mais de dois em cada cinco americanos vivem agora de programas governamentais[261]. Os autores do relatório descobriram que "o número de pessoas recebedoras de benefícios do governo federal nos Estados Unidos cresceu, de menos de 94 milhões de pessoas, em 2000, para mais de 128 milhões, em 2011. Isso significa 41,3% da população dos Estados Unidos vivendo agora em um programa do governo federal". O relatório do Heritage mostrou que, em 2010, "mais de 70% dos gastos federais foram para programas de criação de dependência", com o número de americanos inscritos em pelo menos um programa federal crescendo "mais de duas vezes mais rápido do que a população dos EUA"[262].

---

258 "Americans Favor Work Over Welfare as Response to Poverty" [Americanos Favorecem o Trabalho Ao Invés de Benefícios Como Resposta à Pobreza], Rasmussen Reports, 29 mar. 2013, <http://www.rasmussenreports.com/public_content/business/general_business/march_2013/americans_favor_work_over_welfare_as_response_to_poverty>.

259 "Budget Background: Federal Welfare Spending to Grow Almost 80% over the Next Ten Years" [Histórico do Orçamento: Gastos com a Previdência Federal Crescerão Quase 80% nos Próximos Dez Anos], Senado dos Estados Unidos, Comitê do Orçamento: Republicanos, "Gráficos", 15 jan. 2013, <http://www.budget.senate.gov/republican/public/index.cfm/budget-background?ID=ef8afb72-42ce-4576-9648-35d2cbae7e32>.

260 "Budget Background: Total Welfare Spending Equates to $168 per Day for Every Household in Poverty" [Histórico do Orçamento: Gastos Totais com Bem-Estar Equivalem a US$ 168 por Dia Para Cada Família na Pobreza], Senado dos Estados Unidos, Comitê do Orçamento: Republicanos,7 dez. 2012, <http://www.budget.senate.gov/republican/public/index.cfm/budget-background?ID=f1f23669-79fb-4a25-bafc-6a28f82f9c75>.

261 Tyrrell e Beach, "U.S. Government Increases National Debt—and Keeps 128 Million People on Government Programs" [Governo dos EUA Aumenta a Dívida Nacional - e Mantém 128 Milhões de Pessoas em Programas Governamentais].

262 *Ibid.*

O número de americanos com auxílio-alimentação em 2013 foi de 47,5 milhões, um recorde (quase um a cada seis da população)[263]. Existem quase tantos americanos dependentes do estado de bem-estar social quanto pessoas em toda a Inglaterra ou Espanha. E, com o desemprego obstinadamente estagnado entre 7% e 8%, há poucas perspectivas de um declínio na dependência no curto prazo. A crescente dependência da previdência social é perigosa para a sociedade e para a economia americanas. Como Thatcher lembrou aos jornalistas americanos do National Press Club, em 1995, com base em sua própria experiência de confrontar o sistema de bem-estar social na Grã-Bretanha, uma cultura de dependência só pode levar a um mal-estar profundo e ao declínio social:

> A dependência da previdência social é ruim para as famílias e ruim para o pagador de impostos. Torna menos necessário e menos compensador trabalhar. A promoção da ociosidade leva, como sempre faz, ao crescimento do vício, da irresponsabilidade, e do crime. Os laços que mantêm a sociedade coesa são enfraquecidos. A conta – de mães solteiras, de delinquência de vandalismo – aumenta. Em algumas áreas, uma geração cresce sem raízes sólidas ou modelos sólidos de comportamento, sem autoestima ou esperança. É extraordinário o dano às vezes causado em nome da compaixão. A tarefa de reverter o crescimento da dependência do bem-estar social e reparar a estrutura da família tradicional, é uma das mais difíceis enfrentadas no Ocidente[264].

Entretanto, o presidente Obama dá poucos sinais de estar disposto a reverter a ascensão do estado de bem-estar social nos Estados Unidos. Na verdade, suas políticas o estão promovendo ativamente. Seu segundo discurso de posse foi um lembrete nítido para a América e para o mundo de por que ele é o presidente mais liberal da história dos EUA.[265] Em seu discurso desafiador nos de-

---

263 Phil Izzo, "Nearly 1 in 6 Americans Receives Food Stamps" [Quase 1 em Cada 6 Americanos Recebe Vales de Comida], *Wall Street Journal*, 8 jul. 2013, <http://blogs.wsj.com/economics/2013/07/08/nearly-1-in-6-americans-receive-food-stamps/>.

264 Margaret Thatcher, "The Principles of Conservatism," [Os Princípios do Conservadorismo], palestra para a Heritage Foundation, Washington, D.C., 10 de Dezembro, 1997, transcrição, Margaret Thatcher Foundation, http://www.margaretthatcher.org/document/108376.

265 "President Obama's Second Inaugural Address (Transcript)" [Segundo Discurso de Inauguração (Transcrição)], *Washington Post*, discurso feito em 21 jan. 2013, <http://www.washin-

graus do Capitólio, em um dia frio de janeiro, o sr. Obama deixou claro não estar com disposição para fazer concessões ou estender a mão através do corredor político. Ele não ofereceu conforto aos quase 60 milhões de americanos (47% do eleitorado) que votaram contra ele nas eleições presidenciais de 2012.

Ao invés disso, o discurso inaugural de Obama foi uma carta de amor ao governo grande pedindo "ação coletiva", maior regulamentação do livre mercado e programas federais adicionais para "aproveitar novas ideias e tecnologia para refazer nosso governo". Em linguagem comum, tudo isso se traduz em ainda mais gastos do governo e impostos mais altos. Ele também descartou uma reforma séria de direitos, defendendo, ao invés disso, o *status quo*, "os compromissos que assumimos uns com os outros por meio do Medicare, do Medicaid e da Previdência Social". O discurso pouco alentou os empresários e pequenos empresários, impulsionadores da economia norte-americana, que têm sido alvo de aumentos de impostos.

Os Estados Unidos de Barack Obama se parecem cada vez mais com a Europa dos governos grandes. Isso deve alarmar qualquer pessoa preocupada com a prosperidade do povo americano. Se os Estados Unidos sofrerem o destino da Europa, o futuro do líder do mundo livre será sombrio.

A América Está Indo pelo Mesmo Caminho da Europa

A Europa tem sido um modelo para o declínio do século XXI, com uma economia estagnada, alto desemprego, dívidas massivas e taxas de natalidade em queda. Enquanto os Estados Unidos criaram quase 50 milhões de novos empregos entre 1970 e 1999, o número para a Europa foi de apenas 5 milhões[266]. O primeiro-ministro britânico, David Cameron, apontou:

> projeta-se que a participação da Europa na produção mundial cairá quase um terço nas próximas duas décadas [...]. Se a Europa hoje responde por pouco mais de 7% da população mundial, produz cerca de 25% do PIB global, e tem que

gtonpost.com/politics/president-obamas-second-inaugural-address-transcript/2013/01/21/f148d234-63d6-11e2-85f5-a8a9228e55e7_story.html>.

266 Thatcher, *Statecraft* [Estadismo], p. 331.

financiar 50% dos gastos sociais globais, então, obviamente, terá que trabalhar muito para manter sua prosperidade e estilo de vida[267].

Espera-se que a zona do Euro permaneça em recessão até pelo menos 2014. O desemprego na zona do euro deve atingir um pico de 12,2% (19 milhões de pessoas)[268], e a taxa na Espanha já atingiu impressionantes 26%, 55% no caso de jovens de dezesseis a vinte e quatro anos de idade[269].

Os Estados Unidos estão seguindo o mesmo caminho percorrido por uma multidão de governos social-democratas na Europa durante o último meio século, erguendo um vasto sistema de providência social, aumentando impostos, impondo pesadas regulamentações às empresas e cultivando a dependência. A União Europeia é um modelo para os Estados Unidos sob o presidente Obama. Incrivelmente, quase metade dos democratas, em uma pesquisa Rasmussen de novembro de 2012, realizada logo após as eleições gerais, declarou uma opinião favorável ao socialismo, um número notavelmente alto para os apoiadores do partido no poder nos Estados Unidos[270].

O pesadelo da Europa, em breve, poderá ser o da América. Políticos e analistas de Washington vêm alertando há anos que os Estados Unidos podem acabar como a Grécia, cujos motins anarquistas e violentos protestos de rua cativaram a atenção do público americano. Na realidade, a América já está em território grego em termos de endividamento geral. Como mostram os números fornecidos pelo lado republicano do Comitê de Orçamento do Senado, a dívida por pessoa dos EUA é agora 35% maior que a da Grécia. Também é mais alta que a

---

[267] David Cameron, "Speech on the Future of Europe" [Discurso Sobre o Futuro da Europa], Londres, 23 jan. 2013, transcrição, <http://www.number10.gov.uk/news/david-cameron-eu-speech/>.

[268] Rachel Cooper, "Eurozone to Stay in Recession for Another Year" [Zona do Euro Deve Ficar em Recessão por Mais Um Ano], *Daily Telegraph* (Reino Unido), 22 fev. 2013, <http://www.telegraph.co.uk/finance/financialcrisis/9887537/Eurozone-to-stay-in-recession-for-another-year.html>.

[269] "Spain Unemployment Rate Hit a Record: Youth Rate at 55 Percent" [Taxa de Desemprego na Espanha Atinge Recorde: Taxa de Jovens em 55%], BBC News Online, 24 jan. 2013, em <http://www.bbc.co.uk/news/business-21180371>.

[270] "Favorables: Socialism 24%, Capitalism 68%" [Favoráveis: Socialismo 24%, Capitalismo 68%], Relatórios Rasmussen, 28 nov. 2012, <http://www.rasmussenreports.com/public_content/politics/general_politics/november_2012/favorables_socialism_24_capitalism_68>.

da Itália, França e Espanha[271]. Os Estados Unidos também devem gastar 60% a mais por pessoa do que a Espanha nos próximos cinco anos[272], com a dívida por pessoa dos EUA definida para aumentar a uma taxa sete vezes mais rápida do que a dívida italiana[273].

Os números da OCDE para 2012 mostram que a dívida do governo dos Estados Unidos, como porcentagem do PIB (109,8%), excede a da zona do euro como um todo (100,6%), bem como a da França (105,1%) e do Reino Unido (105,3%). Na Europa, apenas a Grécia (181,3%), Itália (127%), Portugal (125,6%), Islândia (124,7%) e Irlanda (123,2%) ainda superam os Estados Unidos em passivos financeiros brutos do governo como porcentagem do PIB[274]. De acordo com cálculos do Senado, os Estados Unidos deverão adicionar três vezes mais dívidas do que a zona do euro e o Reino Unido juntos, nos cinco anos iniciados em 2013 – US$ 5,7 trilhões contra US$ 1,9 trilhão[275].

Esses números são realmente chocantes. Demonstram o quanto os Estados Unidos avançaram no caminho em direção ao declínio ao estilo europeu. É cada vez mais difícil diferenciar as políticas da administração Obama das dos governos da Europa continental. Daniel Hannan, um membro britânico do Parlamento Europeu e um importante eurocético apontou que Barack Obama compartilha muitos traços ideológicos com seus colegas da União Europeia, o que explica por que a visão de Washington se assemelha tanto à de Bruxelas:

---

271 "U.S. per Person Debt Now 35 Percent Higher Than That of Greece" [Dívida dos EUA por Pessoa Agora 35% Mais Alta que a da Grécia], Senado dos Estados Unidos, Comitê Sobre o Orçamento: Republicanos, "Gráficos", <http://www.budget.senate.gov/republican/public/index.cfm/charts>.

272 *Ibid.*

273 *Ibid.*

274 Nile Gardiner, "128 Million Americans Are Now on Government Programmes. Can America Survive as the World's Superpower?" [128 milhões de Americanos Estão Agora em Programas Governamentais. A América Pode Sobreviver Como a Superpotência Mundial?], *Telegraph Blogs* (Reino Unido), 8 jan. 2013, <http://blogs.telegraph.co.uk/news/nilegardiner/100196709/128-million-americans-are-now-on-government-programs-can-america-survive-as-the-worlds-superpower/>.

275 "U.S. to Add Three Times More Debt Than Eurozone Over 5 Years" [EUA Adicionarão Três Vezes Mais Dívida do Que a Zona do Euro ao Longo de 5 Anos], Senado dos Estados Unidos, Comitê Sobre o Orçamento: Republicanos, "Gráficos", <http://www.budget. senate.gov/republican/public/index.cfm/charts>.

> Meu palpite é que Obama verbalizaria sua ideologia usando o mesmo vocabulário que os eurocratas fazem [...] em outras palavras, o presidente Obama quer tornar os EUA mais parecidos com a UE[276].

Os Estados Unidos Estão Se Tornando a França?

A segunda maior economia da Europa, a França, oferece um vislumbre do que os Estados Unidos poderiam se tornar, caso continuem no caminho dos impostos mais altos, da guerra de classes e da política da inveja. A vitória de François Hollande em maio de 2012 foi um símbolo do declínio implacável da União Europeia, e uma firme rejeição do tipo de políticas de livre mercado necessárias para colocar países como a França de volta em seus pés. Apoiador do tipo de políticas socialistas profundamente arraigadas, que continuam a paralisar as economias da Europa, Hollande declarou que "o mundo das finanças" é seu "verdadeiro inimigo"[277]. A agenda de seu governo é um símbolo de tudo o que há de errado com a Europa hoje.

A proposta dos socialistas franceses de uma taxa de imposto de renda marginal de 75% sobre qualquer pessoa que ganhe mais de um milhão de euros (US$ 1,3 milhão) por ano provocou um êxodo de alguns dos cidadãos mais ricos do país, os quais fugiram para territórios com impostos mais baixos. Entre os refugiados fiscais estava o ator mais famoso da França, Gérard Depardieu (1948), que renunciou à sua cidadania e fugiu para a Rússia, que tem uma taxa de imposto fixa de 13%[278]. Londres abriu suas portas para outra onda de imigrantes franceses, os quais se juntaram às centenas de milhares de exilados

[276] Daniel Hannan, *Why America Must Not Follow Europe* [Por Que a América Não Deve Seguir a Europa], Encounter Broadside No. 19, 1 mar. 2011.

[277] Henry Samuel, "Francois Hollande, the Drab Socialist Who Declared Finance His 'True Enemy'" [François Hollande, o Socialista Monótono que Declarou o Mercado Financeiro Seu 'Verdadeiro Inimigo'], *Daily Telegraph* (Reino Unido), 22 abr. 2012, <http://www.telegraph.co.uk/news/worldnews/europe/france/9219689/Francois-Hollande-the-drab-Socialist-who-declared-finance-his-true-enemy.html>.

[278] Roland Oliphant, "Gerard Depardieu 'Building a Wooden House So He Can Go Fishing in Russia'" [Gerard Depardieu "Construindo uma Casa de Madeira Para Que Ele Possa Pescar Na Rússia"], Daily *Telegraph* (Reino Unido), 18 jan. 2013, <http://www.telegraph.co.uk/news/celebritynews/9811764/Gerard-Depardieu-building-a-wooden-house-so-he-can-go-fishing-in-Russia.html>.

franceses que já viviam do outro lado do Canal da Mancha. O bairro nobre de Chelsea e Kensington, em Londres, foi apelidado de "o vigésimo primeiro *arrondissement*"[279]. Somente em outubro e novembro de 2012, 53 bilhões de euros (US$ 69 bilhões) fluíram da França, enquanto investidores consternados previam o "imposto milionário" de Hollande[280], e a economia francesa voltava a entrar em recessão. Até o ministro do Trabalho da França, Michel Sapin declarou, em janeiro de 2013, que a França estava "totalmente falida"[281]. O plano de imposto de renda do governo foi posteriormente rejeitado pelo Conselho Constitucional da França, levando Hollande a substituí-lo por um novo imposto, de 75%, para empresas pagando salários acima de um milhão de euros[282].

É uma condenação à política do governo dos EUA o fato deque os políticos franceses agora estejam citando os resgates de Obama à indústria automotiva americana como inspiração. Quando o governo socialista tentou nacionalizar a siderúrgica de propriedade indiana ArcelorMittal, o ministro da Indústria, Arnaud Montebourg, respondeu aos críticos: "Barack Obama nacionalizou. Os alemães estão nacionalizando. Todos os países estão se nacionalizando. Também notei que os britânicos nacionalizaram seis bancos"[283]. Não é de se admirar que Hollande tenha brincado durante sua campanha: "Obama e eu temos os mesmos conselheiros"[284].

---

279 Divisão administrativa do poder público, costumeiramente assim cunhada na França e Países Baixos para efeito de comparação, trata-se de algo como os nossos "distritos". (N.E.)

280 Ambrose Evans-Pritchard, "French Capital Flight Spikes as Hollande Hits Business" [Fuga do Capital Francês Atinge O Pico À Medida Que Hollande Atinge Os Negócios], *Daily Telegraph* (Reino Unido), 13 jan. 2013, <http://www.telegraph.co.uk/finance/9798891/French-capital-flight-spikes-as-Hollande-hits-business.html>.

281 Graham Ruddick, "France 'Totally Bankrupt', Says Labour Minister Michel Sapin" [França Totalmente Quebrada, Diz Michel Sapin, Ministro do Trabalho], *Daily Telegraph* (Reino Unido), 28 jan. 2013, <http://www.telegraph.co.uk/finance/financialcrisis/9832845/France-totally-bankrupt-says-labour-minister-Michel-Sapin.html>.

282 Henry Samuel, "Defiant Francois Hollande Pledges Supertax on Companies" [O Desafiador François Hollande Promete Supertaxas às Empresas], *Daily Telegraph* (Reino Unido), 28 mar. 2013, <http://www.telegraph.co.uk/news/world-news/europe/france/9960907/Defiant-Francois-Hollande-pledges-supertax-on-companies.html>.

283 Stephane Pedrazzi e Catherine Boyle, "French Socialist in Mittal Row: We're Just Doing What Obama Does" [Socialista Francês na Questão Mittal: Estamos Apenas Fazendo o que Obama Faz], <CNBC.com>, 30 nov. 2012, <http://www.cnbc.com/id/50022833/French_Socialist_in_Mittal_Row_We039re_Just_Doing_What_Obama_Does>.

284 Angelique Chrisafis, "Francois Hollande Seeks to Reassure UK and City of London" [François Hollande Busca Tranquilizar o Reino Unido e a City Londrina], *Guardian*, 13 fev.

A retórica de Barack Obama é surpreendentemente semelhante à de François Hollande. Ambos enfatizam fazer os ricos "pagarem um pouco mais", ambos gostam de atacar banqueiros e corporações e falam incessantemente sobre "igualdade". Essas políticas invariavelmente expulsam tanto os indivíduos ricos quanto o capital de investimento.

Os Estados Unidos Precisam de Liberdade Econômica

Tanto François Hollande quanto Barack Obama declararam guerra à liberdade econômica, base da prosperidade. No Índice de Liberdade Econômica, da Heritage Foundation/*Wall Street Journal* de 2013,[285] a França ocupa a trigésima posição, entre quarenta e três países europeus, e seu humilhante sexagésimo terceiro lugar globalmente a coloca atrás da Albânia, El Salvador e México. Em muitos aspectos, a França é um alerta para os Estados Unidos, com os dois países liderados por presidentes de esquerda, comprometidos com a expansão do papel do Estado e com o aumento de impostos.

Os Estados Unidos ainda ocupam uma posição muito mais alta no índice do que a França, mas tem diminuído continuamente nos últimos anos. A maior economia do mundo agora ocupa o décimo lugar em liberdade econômica, atrás da Dinamarca, Maurício, Chile e Canadá. Este é o quinto ano consecutivo em que a liberdade econômica dos EUA diminuiu. A taxa de impostos corporativos dos Estados Unidos, de 35%[286], é agora uma das mais altas do mundo ocidental.

A liberdade econômica é importante. Está intimamente ligada à prosperidade, ao crescimento econômico e à criação de riqueza. Como Margaret Thatcher disse em um discurso na Universidade de Georgetown, em 1981:

> Na Declaração da Independência, encontramos o princípio da liberdade econômica firmemente enraizado na 'busca da felicidade'. Essa liberdade – a liberdade

2012, <http://www.guardian.co.uk/world/2012/feb/17/francois-hollande-uk-city-london>.

285 2013 Index of Economic Freedom [Índice 2013 de Liberdade Econômica], Heritage Foundation/*Wall Street Journal*, <http://www.heritage.org/index/ranking>.

286 Cabe pontuar que as estatísticas aqui mencionadas podem estar desatualizadas pelo efeito evidente da data de lançamento da edição original em relação à edição traduzida.

> de um homem trabalhar para quem quiser, de entrar em acordos e sociedades voluntárias, de comprar e vender, de economizar e de investir – essa liberdade de empreender é a base sobre a qual a prosperidade sem paralelo do Ocidente é construída[287].

No mesmo discurso, Thatcher propôs quatro princípios que promovem a liberdade econômica:

> • A "solidez do dinheiro", incluindo "o combate à inflação, e o fortalecimento do dólar como principal sustentáculo do sistema monetário internacional".
> • A "velha lição de não dar um passo maior do que a perna", ou controlar os gastos públicos.
> • Permitir que os mercados funcionem livremente, com intervenção estatal limitada, juntamente com o livre comércio internacional.
> • Reduzir "a dependência excessiva das economias ocidentais do petróleo importado", que ela acreditava ter aumentado a inflação e o desemprego e reduzido o crescimento.

Thatcher sempre considerou a liberdade econômica, junto com a democracia representativa e o Estado de Direito, um dos três pilares da liberdade moderna. Na palestra do Memorial Winston Churchill, proferida em Luxemburgo, logo após se tornar primeira-ministra, ela afirmou:

> As instituições políticas representativas não podem garantir sozinhas nossas liberdades. É a liberdade econômica que nutre o empreendimento daqueles cujo árduo trabalho e imaginação determinam, em última instância, as condições em que vivemos[288].

---

[287] Margaret Thatcher, "Speech at Georgetown University" [Discurso na Universidade Georgetown], 27 fev. 1981, transcrição, Margaret Thatcher Foundation, <http://www.margaretthatcher.org/document/104580>.

[288] Margaret Thatcher, "Europe—the Obligations of Liberty" [Europa – as Obrigações da Liberdade], palestra no Memorial Winston Churchill, Luxemburgo, transcrição, Margaret Thatcher Foundation, 18 out. 1979, <http://www.margaretthatcher.org/document/104149>.

O Declínio dos Estados Unidos Não É Inevitável

Não há nada de inevitável no declínio americano. A América tem muito a aprender com a recusa de Margaret Thatcher em ver seu país permanecer como o doente da Europa. Como "declínio e rendição simplesmente não eram bons o suficiente para a Grã-Bretanha"[289], então eles não são bons o suficiente para os Estados Unidos. O declínio, é claro, não é medido apenas por dados econômicos. É um estado de espírito que mina a vontade de uma nação de liderar. Se a Grã-Bretanha, que sofreu profundas dúvidas após a perda de seu império, em meados do século XX, pôde recuperar seu orgulho no cenário mundial, o mesmo pode acontecer com a América, com a liderança conservadora certa no lugar.

Os americanos devem se lembrar do que Margaret Thatcher disse a uma plateia de ativistas conservadores em 1982: "Não podemos evitar uma verdade incontestável. O governo não tem dinheiro próprio. Tudo o que ele tem, arrecada via impostos ou toma emprestado com juros. São todos vocês – todos aqui – que pagam"[290]. O setor privado, não o governo federal, gera prosperidade. Se os Estados Unidos não controlarem os gastos do governo, não permanecerão a única superpotência mundial. Na ausência da liderança americana, os regimes antidemocráticos crescerão em força. Enquanto o governo Obama continua sua agenda destrutiva em um segundo mandato, o povo americano está acordando para o perigo. Uma pesquisa Rasmussen em janeiro de 2013, revelou que "apenas 28% dos prováveis eleitores dos EUA agora preferem um governo maior, com mais serviços e impostos mais altos, a um governo menor, com menos serviços e impostos mais baixos"[291].

A tentativa da esquerda de transformar a América em uma espécie de Bélgica superdimensionada, com dívidas ao estilo grego, se bem-sucedida, terminará em desastre econômico. Os conservadores, em todos os níveis, devem

289 Thatcher, "The Principles of Thatcherism" [Os Princípios do Thatcherismo].

290 Margaret Thatcher, "Speech to Conservative Rally at Cheltenham" [Discurso no Comício Conservador em Cheltenham], England, 3 jul. 1982, transcrição, Margaret Thatcher Foundation, <http://www.margaretthatcher.org/document/104989>.

291 "62% Favor Smaller Government with Fewer Services, Lower Taxes" [62% Preferem Governos Menores Com Menos Serviços, Menores Impostos], Relatórios Rasmussen, 26 jan. 2013, <http://www.rasmussenreports.com/public_content/archive/mood_of_america_archive/benchmarks/62_favor_smaller_government_with_fewer_services_lower_taxes>.

lutar com todas as suas forças, em todas as frentes. Não há nada a ser ganho com os Estados Unidos emulando o modelo social e econômico europeu.

Como Margaret Thatcher lembrou ao povo britânico quando era primeira-ministra, não existe "dinheiro público", apenas o dinheiro suado do pagador de impostos, que merece ser gasto com sabedoria e prudência:

> Um dos grandes debates de nossa época é sobre quanto de seu dinheiro deve ser gasto pelo Estado e quanto você deve manter para gastar com sua família. Nunca esqueçamos esta verdade fundamental: o Estado não tem outra fonte de dinheiro senão o dinheiro ganho pelas pessoas. Se o Estado deseja gastar mais, pode fazê-lo apenas tomando emprestado suas economias ou cobrando mais impostos. Não é bom pensar que outra pessoa vai pagar – essa "outra pessoa" é você. Não existe dinheiro público; só existe dinheiro dos pagadores de impostos[292].

Lições-Chave de Liderança

- Thatcher demonstrou que o declínio pode ser revertido. Um grande líder nunca admite que os melhores dias de um país ficaram para trás.
- O socialismo não funcionou na Europa e também não funcionará nos Estados Unidos.
- A liberdade econômica, não um governo grande, é vital para a criação de riqueza e prosperidade.
- Os Estados Unidos podem evitar o destino da Europa, controlando os gastos do governo, reduzindo o tamanho do estado de bem-estar social, reduzindo a regulamentação do governo, diminuindo os impostos e avançando na reforma de direitos fundamentais.
- É do interesse dos Estados Unidos apoiar a soberania nacional na Europa e uma forte aliança transatlântica, baseada em laços bilaterais com os principais aliados dos EUA.

[292] Margaret Thatcher, "Speech to Conservative Party Conference" [Discurso à Conferência do Partido Conservador], Blackpool, Inglaterra, 14 out. 1983, transcrição, Margaret Thatcher Foundation, <http://www.margaretthatcher.org/document/105454>.

- Os conservadores dos Estados Unidos devem apoiar aqueles que, na Europa, lutam pelos princípios de soberania, liberdade individual e liberdade econômica.
- O declínio americano não é inevitável, mas será necessária outra revolução conservadora para revertê-lo.

CAPÍTULO VI

Capítulo VI

Rejeitando a Conciliação: Lições da Guerra Fria

"Os ditadores podem ser dissuadidos, podem ser esmagados – mas nunca podem ser saciados".

Margaret Thatcher, *discurso à Conferência do Partido Conservador*, 12 de outubro, 1990[293].

O mandato de Margaret Thatcher foi marcado por uma liderança firme no cenário mundial, o tipo de estadismo internacional que se tornou virtualmente extinto na segunda década do século XXI. Os russos a chamaram de Dama de Ferro por um bom motivo, ela era resoluta em sua oposição ao império soviético e inflexível em sua condenação ao sistema comunista. Eles a consideraram uma adversária formidável e, com o tempo, até mesmo os inimigos da liberdade precisaram admitir que suas crenças eram irredutíveis.

Junto com Ronald Reagan, Thatcher confrontou, desafiou e, por fim, derrubou uma ideologia totalitária que havia lançado uma enorme sombra de tirania sobre grande parte da Europa por quase meio século. "No sentido mais profundo", disse ela, "essa vitória foi a do próprio espírito humano contra aqueles que procuraram subjugar a humanidade para seus próprios fins malignos"[294]. O Partido Comunista, que governou a União Soviética pelo medo era,

[293] Margaret Thatcher, "Speech to Conservative Party Conference" [Discurso à Conferência do Partido Conservador], Bournemouth, Inglaterra, 12 out. 1990, transcrição, Margaret Thatcher Foundation, <http://www.margaretthatcher.org/document/108217>.

[294] Margaret Thatcher, "Speech Receiving Honorary Degree from the Mendeleyev Institute" [Discurso Ao Receber Grau Honorário do Instituto Mendeleyev], Moscou, Russia, 22 jul.

como Thatcher apontou para estudantes em Cracóvia, na Polônia, no final da Guerra Fria, "como um parasita monstruoso, que consome a carne de seu hospedeiro, deixando para trás uma casca"[295]. Mais tarde, ela lembrou ao mundo da necessidade de nunca esquecer os horrores do comunismo, um sistema fundamentalmente maligno, que custou dezenas de milhões de vidas no século XX, em muitos casos, muito além das fronteiras da Rússia:

> Devemos manter viva a memória da escala da ameaça para nós e da profundidade do sofrimento suportado por gerações nos países escravizados pelo sistema soviético. Nunca devemos esquecer ou permitir que as gerações futuras o esqueçam. Em números absolutos, aqueles que perderam suas vidas como resultado do comunismo ultrapassam de longe até aqueles que morreram como resultado do nazismo – e o comunismo, apesar da queda do império soviético, ainda não foi eliminado do mundo[296].

Conciliação, na opinião de Thatcher, sempre foi um sinal de fraqueza, uma traição ao interesse nacional e uma mensagem aos inimigos da Grã-Bretanha, de que não tinha estômago para a batalha pela frente. Em uma entrevista, um jornalista a acusou de ter uma "visão de mundo extraordinariamente pessimista" que era incompatível com a fé cristã de Thatcher. A resposta franca da primeira-ministra resumiu sua rejeição à conciliação, lembrando a seus compatriotas que "o cristianismo permite autodefesa":

> Você tinha a esperança de que Hitler não atacaria a Grã-Bretanha? Você acha que apenas ter esperança teria nos ajudado? Você acha que teria ajudado o futuro do cristianismo se ele fosse extinto? O cristianismo permite autodefesa. No seu mundo, não estaríamos aqui agora. Teríamos apenas sentado e dito [...] algumas pessoas são pacifistas. Eu os respeito por isso. Eles foram muito corajosos,

1993, transcrição, Margaret Thatcher Foundation, <http://www.margaretthatcher.org/document/108318>.

[295] Margaret Thatcher, "Speech at Jagiellonian University in Krakow" [Discurso na Universidade Jagiellonian em Cracóvia], Polônia, 3 out. 1991, transcrição, Margaret Thatcher Foundation, <http://www.margaretthatcher.org/document/108284>.

[296] Margaret Thatcher, "The Language of Liberty" [A Linguagem da Liberdade], discurso ao English-Speaking Union em Nova York, 7 dez. 1999, transcrição, Margaret Thatcher Foundation, <http://www.margaretthatcher.org/document/108386>.

> algumas pessoas, sendo pacifistas. Eles foram para a linha de frente. Eles foram [...] alguns dos quakers[297] cuidaram de pessoas. Eles são muito, muito corajosos. Mas o que você está dizendo é um Stálin, um Hitler – apenas relaxe e torça pelo melhor. Não, isso não é nenhuma crença que eu conheça do cristianismo[298].

A determinação de Thatcher em resistir aos tiranos e a rejeitar a tentação da conciliação foi influenciada por sua admiração, desde jovem, por Sir Winston Churchill. "Foram os anos da guerra", observou Thatcher, olhando para trás nos anos 1990,

> que mais afetaram minha visão mais ampla dos eventos [...]. A notável oratória de Winston Churchill estava agora indelevelmente gravada em minha mente. Eu acreditava então (e acredito agora) que o princípio de não permitir agressão é fundamental para um mundo justo e ordeiro[299].

Como uma estudante em Grantham, durante a Segunda Guerra Mundial, Thatcher se sentava com sua família em torno do rádio, ouvindo as palavras de desafio de Churchill diante das tentativas de Hitler de invadir a Grã-Bretanha e conquistar a Europa. A declaração de Churchill "Não tenho nada a oferecer além de sangue, labor, lágrimas e suor" e sua promessa de "vitória a todo custo

---

[297] Em inglês, *quakers*, se refere a uma comunidade cristã que une vários outros grupos religiosos de origem protestante. Foi fundada em 1652 por George Fox (16224-1691), na Grã-Bretanha. O movimento que pretendia restaurar o cristianismo originário tinha como centro guia o pacifismo, a cordialidade e a submissão total à Biblia e ao seu livre exame, desse modo de vida vem um segundo título do grupo "Sociedade dos Amigos". Por causa de um forte anticlericalismo como doutrina basilar do movimento, seu líder e adeptos foram perseguidos fortemente pela Igreja Anglicana e pelo rei Carlos II, o que fez com que um grande número de adeptos aportasse nas colônias americanas – atual Estados Unidos –, onde gozavam de relativa liberdade para suas práticas comuns ante às tropas inglesas.

A influência *quaker* na cultura americana é imensurável, várias personalidades que vão de cientistas, filantropos, filósofos, escritores, até o 31° presidente da República, Herbert Hoover (1874-1964), fizeram das ideias e princípios do pacifista grupo protestante uma das fontes mais férteis do imaginário cultural norte-americano. (N. E.)

[298] Margaret Thatcher, "A Leader for the Nineties" [Um Líder Para Os Anos Noventa], entrevista com Olivia O'Leary, Yorkshire TV, 9 jun. 1987, transcrição, Margaret Thatcher Foundation, <http://www.margaretthatcher.org/document/106881>.

[299] Margaret Thatcher, "Speech at National Press Club (*The Path to Power*)" [Discurso no Clube Nacional da Imprensa (*O Caminho Para O Poder*)], Washington, D.C., 26 jun. 1995, transcrição, Margaret Thatcher Foundation, <http://www.margaretthatcher.org/document/108344>.

– vitória apesar do terror" moldou sua visão de mundo. Para Thatcher, "tudo sobre Churchill era heroico", ele era "um líder, um homem entre os homens". Como ela lembrou em um discurso no Palácio de Blenheim, perto de Oxford, local de nascimento de Churchill, "Para mim, e tantos outros, nossas ideias de liberdade, honra, sacrifício, comunhão, valor – nossa ideia da própria Grã-Bretanha – foram formadas pelas palavras de Churchill"[300].

Ao longo de sua carreira política, Thatcher tirou força e inspiração da liderança de Churchill, especialmente quando enfrentou enormes desafios, momentos-chave da história que exigiram uma determinação inflexível. Ela também se consolou, ao lembrar que Churchill costumava se encontrar sozinho politicamente, desprezado por muitos em seu próprio partido, mas, apesar de tudo, era determinado em defender seus princípios.

Os Perigos da Conciliação

O mundo não é menos perigoso hoje, talvez até mais, entretanto, Washington e as capitais da Europa exibem fraqueza, complacência e apatia, encorajando os inimigos do mundo livre. Thatcher avisou:

> Sempre haverá conflito: é parte da natureza humana, parte da batalha eterna entre o bem e o mal. Sempre haverá aqueles preparados para usar a força a fim de atingir seus objetivos – os ditadores não se tornarão, de uma hora para outra, uma espécie extinta[301].

Em muitos aspectos, o mundo é ainda mais perigoso do que na era de Thatcher e Reagan. A América enfrenta não um único grande adversário, mas uma série de regimes perigosos e desonestos, com a Coreia do Norte e o Irã

300 Margaret Thatcher, "Speech at the 33rd Churchill Memorial Concert at Blenheim Palace" [Discurso no 33º Churchill Memorial Concert no Palácio Blenheim], Inglaterra, 6 mar. 1999, transcrição, Margaret Thatcher Foundation, <http://www.margaretthatcher.org/document/108380>.

301 Margaret Thatcher, "Managing Conflict—The Role of International Interventio," [Gerenciando Conflitos - O Papel da Intervenção Internacional], discurso ao Instituto Aspen, Colorado, 4 ago. 1995, transcrição, Margaret Thatcher Foundation, <http://www.margaretthatcher.org/document/108346>.

encabeçando a lista. Enquanto a Rússia continua a ser uma ameaça na Europa Oriental, a China está emergindo como a superpotência do Leste, expandindo enormemente sua capacidade militar, enquanto seu poder econômico cresce da África até a América Latina. Mesmo com a morte de Osama bin Laden (1957-2011), a Al Qaeda continua uma ameaça com sua rede global de terroristas islâmicos, muitos operando dentro do próprio mundo livre, especialmente na Europa Ocidental.

Apesar das ameaças, encontramo-nos na segunda era de Jimmy Carter. Um governo confuso pelo utopismo, que envia diplomatas a toda velocidade para se ocuparem de nossos inimigos, enquanto reduz as defesas e os compromissos americanos no cenário mundial. Nós sabemos como a era Carter terminou: com uma União Soviética ainda mais beligerante e encorajada, islâmicos radicais no controle do Irã, uma ameaça comunista crescente na América Latina, e um Estados Unidos enfraquecidos.

Em seu segundo discurso de posse, o presidente Obama pediu "paz em nosso tempo", exortando "o avanço constante dos princípios descritos pelo nosso credo comum; tolerância e oportunidade, dignidade humana e justiça". As palavras mal escolhidas de Obama ecoaram o anúncio infame de Neville Chamberlain (1869-1940), em 1938, de "paz para o nosso tempo", pouco antes de a Europa ser dilacerada pela maior guerra já vista pelo mundo.

A política externa do governo Obama tem sido ingênua, começando com um discurso fútil, gravado em vídeo para "os povos e líderes da República Islâmica do Irã" dois meses depois de Obama assumir o cargo[302]. Adotando uma política de "engajamento construtivo", ao estilo da União Europeia, Washington implementou uma abordagem mais branda ao regime islâmico em Teerã na convicção de que se tratava de uma ditadura com a qual se poderia negociar. Mesmo na questão das sanções, a equipe de Obama tem sido indiferente, frequentemente lutando contra os apelos do Congresso por medidas mais duras, e implementando-as somente após pressão contínua. No final do primeiro mandato de Obama, os Estados Unidos enfrentaram um Irã encorajado e agressivo, determinado a desenvolver armas nucleares, convencido de que os

302 "Transcript of Obama's Message in Celebration of Noruz" [Transcrição da Mensagem de Obama na Celebração de Nowruz], *Wall Street Journal*, 20 mar. 2009, <http://online.wsj.com/article/SB123752091165792573.html>.

Estados Unidos não tinham vontade de usar a força militar contra suas instalações nucleares.

Ao tratar com deferência os governantes islâmicos do Irã, Obama falhou em mostrar a mesma consideração para aqueles que lutam pela liberdade naquele país sitiado. Quando Mahmoud Ahmadinejad alegou vitória na claramente fraudulenta eleição presidencial do Irã, em junho de 2009, a resposta da Casa Branca foi um silêncio covarde. Autoridades dos EUA se recusaram a questionar o resultado ou mesmo a condenar a repressão brutal de protestos. O vice-presidente Joe Biden resumiu a posição de sua administração em uma entrevista no *Meet the Press*, da NBC: "Nós iremos omitir comentários [...]. Quero dizer, estamos apenas esperando para ver"[303]. Enquanto os dissidentes derramavam sangue nas ruas de Teerã, o porta-voz da Casa Branca, Robert Gibbs, elogiou "o vigoroso debate e o entusiasmo que essa eleição gerou"[304]. Até mesmo alguns políticos europeus foram mais veementes em sua condenação. O ministro das Relações Exteriores alemão convocou o embaixador iraniano em Berlim em protesto. Pelo menos 400 manifestantes foram mortos nos protestos após a vitória de Ahmadinejad[305]. E quando enormes protestos de rua explodiram novamente em dezembro de 2009, Obama, de férias no Havaí, permaneceu em silêncio, como um monge trapista.

A mensagem inconfundível de Washington era que a superpotência mundial não estava disposta a se pronunciar contra a repressão bárbara de dissidentes políticos perpetrada por um regime profundamente antiamericano. A abordagem de Obama ao Irã reflete sua fraqueza no cenário mundial. Nunca é um bom sinal quando os presidentes americanos recebem uma recepção calorosa da Assembleia Geral das Nações Unidas, todavia Obama tornou-se um convidado favorito, com suas odes ao idealismo liberal sonhador[306]. Ele está, ao

303 Scott Wilson, "Muted Response Reflects U.S. Diplomatic Dilemma" [Resposta Silenciosa Reflete o Dilema Diplomático dos EUA] *Washington Post*, 15 jun. 2009, <http://www.washingtonpost.com/wp-dyn/content/article/2009/06/14/AR2009061402684_pf.html>.

304 "Statement by Press Secretary Robert Gibbs on the Iranian Election" [Declaração de Robert Gibbs, Secretário de Imprensa, Sobre as Eleições Iranianas], comunicado de imprensa, Casa Branca, 13 jun. 2009, <http://www.whitehouse.gov/the-press-office/statement-press-secretary-robert-gibbs-iranian-election>.

305 Con Coughlin, "Obama's Iran Diplomacy Isn't Working" [Diplomacia de Obama Para o Irã Não Está Funcionando], *Wall Street Journal*, 10 nov. 2009, <http://online.wsj.com/article/SB10001424052748704402404574527261228630446.html>.

306 Barack Obama, "Responsibility for our Common Future" [Responsabilidade por Nosso

lado de Jimmy Carter, como o presidente mais ingênuo da história dos Estados Unidos.

Obama estendeu a mão da amizade a quase todas as ditaduras da Terra. Zimbábue, Coreia do Norte e Venezuela podem pisotear os direitos humanos sem uma censura real de um governo que abraçou até a tirania genocida no Sudão. O ex-enviado especial de Obama ao Sudão, general da Força Aérea aposentado J. Scott Gration, explicou em 2009: "Precisamos pensar em distribuir biscoitos. Crianças, países – eles reagem a estrelas douradas, rostos sorridentes, apertos de mão, acordos, conversas, engajamento"[307].

Obama até transformou a Guerra ao Terror em uma "Operação de Contingência no Exterior", enquanto evitava, cuidadosamente, descrever os inimigos da América como terroristas islâmicos[308]. Ele não mediu esforços para enfatizar que os Estados Unidos não estão engajados em uma guerra mundial contra um inimigo islâmico cruel, buscando sua destruição. Como Joe Biden disse, em um discurso na Conferência de Segurança de Munique, em 2009, os Estados Unidos estavam envolvidos em "uma luta compartilhada contra o extremismo" e uma luta contra "um pequeno número de extremistas violentos [que] estão além da razão"[309]. Entretanto, o ataque de 11 de setembro de 2012 ao complexo dos EUA em Benghazi e o assassinato do embaixador americano na Líbia demonstraram que a Al Qaeda continua sendo uma ameaça séria, e provavelmente continuará sendo uma nas próximas décadas.

A ingenuidade do governo Obama ficou evidente com mais clareza em sua celebrada "reinicialização" das relações americanas com a Rússia. Grave-

---

Futuro em Comum], discurso à Assembléia Geral das Nações Unidas, 23 set. 2009, transcrição, Missão dos EUA para a ONU, <http://usun.state.gov/briefing/statements/2009/september/129519.htm>.

307 Veja Stephanie McCrummen, "U.S. Envoy's Outreach to Sudan is Criticized as Naïve" [Mensagem do Enviado dos EUA ao Sudão é Criticada Como Ingênua], *Washington Post*, 29 set. 2009, <http://articles.washingtonpost.com/2009-09-29/world/36843338_1_bashir-president-omar-hassan-scott-gration>.

308 Scott Wilson e Al Kamen, "'Global War on Terror' Is Given New Name" [Guerra Global ao Terror Recebe Novo Nome], *Washington Post*, 25 mar. 2009, <http://www.washingtonpost.com/wp-dyn/content/article/2009/03/24/AR2009032402818_pf.html>.

309 Joe Biden, "Remarks by Vice President Biden at 45th Munich Conference on Security Policy" [Observações do Vice-Presidente Biden na 45ª Conferência de Munique Sobre Política de Segurança], 7 fev. 2009, transcrição, Casa Branca, <http://www.whitehouse.gov/the-press-office/remarks-vice-president-biden-45th-munich-conference-security-policy>.

mente subestimando Vladimir Putin (1952) –, um líder autoritário, com uma vasta experiência na KGB –, Obama seguiu uma política de conciliação total. Tudo começou com o que só pode ser descrito como uma rendição estratégica a Moscou em setembro de 2009, com o abandono dos planos de instalações de defesa antimísseis na Polônia e na República Tcheca. Em uma traição impressionante a esses dois aliados próximos e críticos, Obama humilhou seus governos, que nem mesmo haviam sido consultados de antemão. Apenas três meses antes, vinte ex-embaixadores e chefes de Estado da Europa Central e Oriental enviaram uma carta aberta a Barack Obama, instando-o a não abandonar os aliados dos Estados Unidos na região. Os signatários incluíam muitos dos grandes dissidentes que enfrentaram a União Soviética, incluindo o ex-presidente polonês Lech Walesa e o ex-presidente tcheco Václav Havel (1936-2011)[310].

A reviravolta do governo Obama, implementada descaradamente no septuagésimo aniversário da invasão russa da Polônia, demonstrou uma fraqueza extraordinária em face da agressão russa. Moscou tentou intimidar e persuadir os poloneses e tchecos a rejeitar as instalações puramente defensivas. Eles resistiram às ameaças russas, apenas para receber um tapa na cara de seus aliados americanos infiéis.

O pior estava para vir quando Obama assinou o Novo Tratado START, em abril de 2010, e pressionou duramente pela ratificação pelo Senado, que concordou, em uma votação de 71 a 26, em dezembro. O tratado prejudica, significativamente, a capacidade dos Estados Unidos de implantar um sistema de defesa antimísseis global eficaz. Apesar das reivindicações dos defensores do tratado, Ronald Reagan nunca teria assinado um acordo dificultando "a busca por tecnologia avançada de defesa contra mísseis balísticos"[311].

Perto do final de seu complacente primeiro mandato, Obama prometeu a Moscou ainda mais cooperação, uma vez que o detalhe inconveniente de sua reeleição estivesse fora do caminho. Em uma demonstração de súplica

[310] "An Open Letter to the Obama Administration from Central and Eastern Europe" [Carta Aberta à Administração Obama da Europa Central e do Leste], *Gazeta Wyborcza*, 15 jul. 2009, <http://wyborcza.pl/1,76842,6825987,An_Open_Letter_to_the_Obama_Administration_from_Central.html>.

[311] Edwin Meese III e Richard Perle, "Novo START: O que Reagan faria?" [Novo START: O Que Reagan Faria?], *Wall Street Journal*, 2 dez. 2010, <http://online.wsj.com/article/SB10001424052748704679204575647183506149438.html>.

surpreendente, diante de um grande adversário estratégico, Obama disse ao então presidente, Dmitry Medvedev, em uma conversa privada (captada por um microfone e retransmitida para o mundo), que teria "mais flexibilidade" na defesa antimísseis após a eleição, sendo importante "me dar espaço". Medvedev simplesmente respondeu dizendo: "Eu entendo. Vou transmitir esta informação a Vladimir"[312]. A óbvia preferência de Moscou por Obama na eleição de 2012 não foi nenhuma surpresa. "Deixe-me dizer-lhe que ninguém deseja a reeleição de Barack Obama como presidente dos EUA como eu", disse Medvedev ao *Financial Times*[313]. *Obama não mostrou nenhum constrangimento com o endosso.*

Lições da Guerra Fria

Margaret Thatcher e Ronald Reagan seguiram a política oposta durante a Guerra Fria. "Resolver", não "reiniciar", era a ordem do dia. Ambos os líderes compreenderam que os adversários só poderiam ser combatidos de forma eficaz através da força, e não da fraqueza.

Hoje é difícil distinguir a política externa dos Estados Unidos da política externa da maioria dos membros da União Europeia. Eles compartilham uma deferência excessiva às Nações Unidas e ao supranacionalismo, uma fé indevida no envolvimento com os adversários e queda nos gastos com defesa.

É habitualmente presumido, e frequentemente argumentado por historiadores revisionistas, que o fim do império soviético foi o resultado do colapso econômico interno. A determinação dos aliados ocidentais, incluindo o rearmamento da América, teria sido irrelevante para a queda do comunismo. Os revisionistas procuram minimizar a ameaça representada pela URSS, e alguns

---

312 Jake Tapper, "President Obama Asks Medvedev for 'Space' on Missile Defense— 'After My Election I Have More Flexibility'" [O presidente Obama Pede a Medvedev "Espaço" Para a Defesa Contra Mísseis - "Depois da Minha Eleição, Tenho Mais Flexibilidade"], Political Punch Blog, *ABC News Online*, 26 mar. 2012, <http://abcnews.go.com/blogs/politics/2012/03/president-obama-asks-medvedev-for-space-on-missile-defense-after-my-election-i-have-more-flexibility/>.

313 "Interview with President Dmitry Medvedev" [Entrevista com o Presidente Dmitry Medvedev], *Financial Times*, transcrição, 19 jun. 2011, <http://www.ft.com/intl/cms/s/0/4bfa1f38-9a90-11e0-bab2-00144feab49a.html>.

deles tentam obscurecer a natureza brutal do regime. Essa visão da queda da União Soviética é totalmente imprecisa.

Limitada como estava pelas contradições do socialismo, a União Soviética realmente sofria de fraquezas internas. Contudo, a revolução pacífica não teria ocorrido sem a liderança e determinação inabaláveis de Ronald Reagan e Margaret Thatcher. Sua disposição de enfrentar a tirania, tanto em palavras quanto em ações, convenceu os soviéticos da insustentabilidade de sua causa. Os Estados Unidos e a Grã-Bretanha venceram a Guerra Fria, porque tinham líderes comprometidos com a liberdade de centenas de milhões de pessoas vivendo sob tirania. O mundo livre, liderado por Reagan e Thatcher, estava preparado para enfrentar o mal. Uma década após a queda da União Soviética, Thatcher advertiu, em um discurso na Instituição Hoove,r:

> Se aprendermos as lições erradas da Guerra Fria, também arriscaremos a paz. Se passarmos a acreditar que a melhor maneira de evitar o perigo é contornando-o, ao invés de enfrentá-lo; se pensarmos que a negociação é sempre a opção do estadista; se preferirmos gestos multilaterais vazios a respostas nacionais poderosas, então pagaremos um preço alto – e nossos filhos e netos também pagarão[314].

Thatcher descreveu o fim da Guerra Fria como "o mais importante evento na minha vida política"[315]. Desde muito cedo, ela aprendeu sobre os males do comunismo e ficou "paralisada e horrorizada" com os relatos do terror de Stálin que chegaram ao Ocidente. Quanto mais ela lia sobre o comunismo, mais ela o odiava[316]. Foi sua educação cristã que moldou sua visão da crescente ameaça soviética. Em um discurso em Moscou após a Guerra Fria, ela lembrou:

---

[314] Margaret Thatcher, "A Time for Leadership" [Tempo Para Liderança], discurso para a Instituição Hoover, California, 19 jul. 2000, transcrição, Margaret Thatcher Foundation, <http://www.margaretthatcher.org/document/108388>.

[315] Thatcher, "Speech Receiving Honorary Degree from the Mendeleyev Institute" [Discurso ao Receber Grau Honorário do Instituto Mendeleyev].

[316] Ver Margaret Thatcher, "Speech Accepting the Morgenthau Award" [Discurso de Aceitação do Prêmio Morgenthau], Nova York, 1 out. 1990, transcrição, Margaret Thatcher Foundation, <http://www.margaretthatcher.org/document/108209>.

> Criada em uma família cristã, nutrida na liberdade, acreditando na santidade e na dignidade do indivíduo e que cada um de nós é responsável por suas próprias ações – como é possível, pensei, que alguns comunistas, sob o pretexto de liberdade para todos os homens, tomassem o poder para si próprios, apenas para extinguir a liberdade de todos os outros. As pessoas, sobre as quais eles governaram com tanta brutalidade, eram compostas por homens e mulheres, seus iguais em direitos humanos, em inteligência, nascidos com a capacidade de planejar, pensar e julgar por si próprios. Eles foram feitos da mesma carne e sangue dos novos déspotas. Esta foi a nova tirania do século em que nasci[317].

Suas opiniões sobre o comunismo também foram moldadas por Churchill, que havia declarado na Câmara dos Comuns, em 1919: "O bolchevismo não é uma política: é uma doença"[318]. Como líder da oposição, depois como primeira-ministra, Thatcher percebeu que

> essa grande disputa era entre o sistema ocidental, que se conformava às necessidades e hábitos dos seres humanos comuns, cooperando livremente nos mercados, e o comunismo, no qual uma falsa ideologia dirigia todos os aspectos da vida social e econômica, para fins autodestrutivos[319].

Três décadas após o discurso da "Cortina de Ferro" de Churchill, em Fulton, Missouri, Margaret Thatcher emitiu um alerta ao Ocidente, de que "os russos estão empenhados no domínio mundial". Em seu discurso "Dama de Ferro", de janeiro de 1976, ela declarou:

> Se não compreendermos porque os russos estão se tornando, rapidamente, a maior potência naval e militar que o mundo já viu, se não conseguirmos tirar a lição do que tentaram fazer em Portugal, e agora tentam fazer em Angola, então estamos destinados, em suas palavras, a acabar na "pilha de sucata da história" [...].

317 Thatcher, "Speech Accepting the Morgenthau Award" [Discurso de Aceitação do Prêmio Morgenthau].

318 Thatcher, "Speech at the 33rd Churchill Memorial Concert at Blenheim Palace" [Discurso no 33o Concerto em Memória de Churchill no Palácio Blenheim].

319 Thatcher, "Speech Accepting the Morgenthau Award" [Discurso de Aceitação do Prêmio Morgenthau].

> Existem momentos na nossa história nos quais temos de fazer uma escolha fundamental. Este é um desses momentos, um momento em que nossa escolha determinará a vida ou morte de nosso tipo de sociedade e o futuro de nossos filhos. Vamos garantir que nossos filhos tenham motivos para se alegrarem, por não termos abandonado sua liberdade[320].

A estratégia soviética de Thatcher baseava-se em seis princípios. Primeiro, o inimigo precisava ser visto como era, uma ameaça mortal. Segundo, o Ocidente deve reconstruir seu poderio militar para deter a agressão soviética, tendo a OTAN como a pedra angular da defesa transatlântica. Terceiro, o mundo livre deve apoiar os dissidentes por trás da Cortina de Ferro. Quarto, o Ocidente deve demonstrar ao povo russo o contraste moral entre liberdade e comunismo. Quinto, o Ocidente deve trabalhar com os reformadores na URSS para encorajar mudanças internas. Sexto, e talvez o mais importante de tudo, a Grã-Bretanha e os Estados Unidos devem estar unidos na liderança do Ocidente, no confronto e derrota do império soviético. Uma análise mais aprofundada desses princípios mostra que eles não são menos importantes hoje do que durante a Guerra Fria.

1. Identificar o Inimigo

Margaret Thatcher não teve vergonha de declarar exatamente o que era a União Soviética – uma tirania implacável, com a intenção de dominar globalmente e subjugar o Ocidente. O próprio comunismo "foi apenas a forma extrema da praga socialista"[321]. Essas são lições importantes para hoje, pois o Ocidente enfrenta uma ameaça crescente do terrorismo islâmico e de seus patrocinadores estatais. O primeiro passo para derrotar um adversário tirânico é identificar, exatamente, contra o que você está lutando, e o que seu oponente representa.

Robin Harris, consultora sênior de Thatcher por várias décadas, discutiu recentemente um princípio relacionado seguido por ela:

320 Margaret Thatcher, "Britain Awake (The Iron Lady)" [Grã-Bretanha Desperta (A Dama de Ferro)], discurso na prefeitura de Kensington, 19 jan. 1976, transcrição, Margaret Thatcher Foundation, <http://www.margaretthatcher.org/document/102939>.

321 Margaret Thatcher, "First Clare Boothe Luce Lecture" [Primeira Palestra Clare Booth Luce], Washington, D.C., 23 set. 1991, transcrição, Margaret Thatcher Foundation, <http://www.margaret thatcher.org/document/108282>.

Quando Margaret Thatcher negociou com os comunistas sobre direitos humanos, ela tinha uma regra autoimposta. Era para entregar a mesma mensagem em particular e em público. Isso era, e é, incomum. Os políticos preferem discursos ousados e indignados em casa, a confrontos contundentes com líderes estrangeiros cara a cara. Porém, você precisa fazer isso. A razão é simples. É porque, seja qual for a ideologia de alguém, ele não o levará a sério como ser humano se pensar que você realmente não se importa com as causas que defende. Quando os líderes soviéticos compreenderam a seriedade de Ronald Reagan e da sra. Thatcher quanto aos direitos das pessoas que, aos olhos soviéticos, não importavam realmente, o Kremlin também percebeu que os líderes ocidentais levavam a sério uma estratégia mais ampla – Afeganistão, subversão, armamento e o resto[322].

2. Reconstruir a Capacidade Militar do Ocidente

Margaret Thatcher estava determinada a "deixar claro para os comunistas que nunca venceriam pelo poderio militar"[323]. O primeiro dever do governo é, argumentou, "salvaguardar o seu povo contra a agressão externa. Para garantir a sobrevivência do nosso modo de vida"[324]. Entretanto, essa não era a visão de seus antecessores socialistas no governo, os quais vergonhosamente derrubaram as defesas da Grã-Bretanha na década de 1970. O Reino Unido gastou menos *per capita* com defesa em 1976 do que muitos de seus aliados da OTAN, e cortes adicionais foram planejados[325]. Três anos antes de ela entrar na Downing Street, o gasto *per capita* britânico era substancialmente inferior ao da Alemanha Ocidental, França e até mesmo da neutra Suécia. Essa negligência, observou Thatcher, foi "o legado econômico desastroso do socialismo". Comparados ao Reino Unido, os Estados Unidos gastaram mais de duas vezes mais *per capita*[326].

---

[322] Robin Harris, "We Abandon Christians in the East at Our Peril" [Abandonamos os Cristãos no Oriente Por Nossa Conta e Risco], *Standpoint*, abr. 2013, <http://standpointmag.co.uk/node/4905/full>.

[323] Margaret Thatcher, "The Principles of Thatcherism" [Os Princípios do Thatcherismo], discurso, Seul, Coréia do Sul, 3 set. 1992, transcrição, Margaret Thatcher Foundation, <http://www.margaretthatcher.org/document/108302>.

[324] Thatcher, "Britain Awake" [Grã-Bretanha Desperta].

[325] *Ibid.*

[326] *Ibid.*

Entretanto, os russos estavam superando até os americanos em investimento militar. Thatcher destacou, no discurso da "Dama de Ferro", que os russos "gastavam 20% a mais a cada ano, em comparação aos Estados Unidos, em pesquisa e desenvolvimento militar, 25% a mais em armas e equipamentos [e] 60% a mais em forças nucleares estratégicas". Na década anterior, a Rússia "gastou 50% mais do que os Estados Unidos na construção de navios". Moscou quadruplicou seu número de submarinos nucleares no mesmo período, construindo um novo a cada mês[327]. Na Europa Central, o Pacto de Varsóvia superou a OTAN em 150 mil soldados, 10 mil tanques e 2.600 aeronaves[328]. Em 1976, a Rússia estava gastando espantosos 11% a 12% de seu produto interno bruto na defesa (uma taxa de crescimento de 4% ao ano, em termos reais), em comparação com 6,7% para os Estados Unidos, e uma média da OTAN de 4,5%[329]. Na década de 1980, o número soviético havia subido para entre 12% e 14% do PNB (cinco vezes os números publicados oficialmente), chegando a 25% a 30% em 1989[330]. Só em 1980, os soviéticos construíram 1.600 aeronaves de combate, 3 mil tanques e 1.500 mísseis intercontinentais de alcance intermediário[331].

Quando assumiu o cargo em 1979, Margaret Thatcher estava determinada a reverter o declínio nos gastos com defesa britânicos. Os gastos com defesa britânicos aumentaram em mais de 20% entre 1980 e 1985[332]. Em 1983, a Grã-Bretanha gastava 5,1% do PNB em defesa em comparação com uma média de 3,5% em toda a aliança da OTAN[333]. Ela rejeitou firmemente os apelos do Partido Trabalhista por uma política de defesa não nuclear e insistiu que houvesse uma

---

327 *Ibid.*

328 *Ibid.*

329 Margaret Thatcher, "Speech to Conservative Rally at Cheltenham" [Discurso ao Comício Conservador em Cheltenham], Inglaterra, 3 jul 1982, transcrição, Margaret Thatcher Foundation, <http://www.margaretthatcher.org/document/104989>.

330 Margaret Thatcher, *The Downing Street Years* [Os Anos Downing Street], (Londres: HarperCollins, 1993), p. 238.

331 Margaret Thatcher, "The Defence of Freedom" [A Defesa da Liberdade], discurso de aceitação do prêmio Donovan, Nova York, 28 fev. 1981, transcrição, Margaret Thatcher Foundation, <http://www.margaretthatcher.org/document/104584>.

332 Margaret Thatcher, "Speech to Conservative Women's Conference" [Discurso para a Conferência de Mulheres Conservadoras], Londres, 22 mai. 1985, transcrição, Margaret Thatcher Foundation, <http://www.margaretthatcher.org/document/106056>.

333 Margaret Thatcher, "General Election Press Conference" [Comitiva de Imprensa da Eleição Geral], Smith Square, Londres, Inglaterra, 25 mai. 1983, transcrição, Margaret Thatcher Foundation, <http://www.margaretthatcher.org/document/105336>.

dissuasão nuclear britânica independente. Thatcher rejeitou a ideia de um mundo sem armas nucleares como uma "utopia"[334], "uma fantasia infantil"[335]. Ela estava convencida de que as armas nucleares tornavam o mundo mais seguro e a guerra menos provável, e a Grã-Bretanha, em 1983, tornou-se o primeiro país da Europa a instalar mísseis de cruzeiro nucleares americanos em seu solo. O líder trabalhista, Neil Kinnock, defendeu a rejeição de seu partido às armas nucleares diante da ameaça soviética, incluindo a remoção de todas as bases nucleares americanas no país, dizendo que, se os russos invadirem, "vocês precisam tornar a ocupação totalmente insustentável". Como Thatcher brincou em resposta, "A política de defesa não nuclear do Trabalhista é uma política para derrota, rendição, ocupação e, finalmente, luta de guerrilha prolongada"[336].

O rearmamento da Grã-Bretanha estava no cerne da agenda de Thatcher. Ela fez disso um ponto central em sua campanha de 1987 quando foi reeleita para um terceiro mandato como primeira-ministra. Como ela disse em um comício conservador em Solihull, no coração das Midlands industriais da Grã-Bretanha,

> Se a Grã-Bretanha abandonasse sua defesa da liberdade, não cairíamos confortavelmente em uma neutralidade sueca. Seria o abandono da crença em nós mesmos, o estalar da pedra angular da Aliança Atlântica. É realmente sério a esse ponto[337].

3. Manter-se ao Lado dos Dissidentes

O mundo livre, acreditava Margaret Thatcher, deve apoiar aqueles que lutam bravamente pela liberdade na União Soviética. Ela disse a uma reunião de conservadores britânicos em 1975:

---

334 Margaret Thatcher, entrevista por Geoffrey Smith, *Times* (Reino Unido), 24 mar. 1986, transcrição, Margaret Thatcher Foundation, <http://www.margaretthatcher.org/document/106206>.

335 Thatcher, "A Time for Leadership" [Um Tempo Para Liderança].

336 Margaret Thatcher, "Speech to Conservative Rally in Newport" [Discurso para o Comício Conservador em Newport], Inglaterra, 26 mai. 1987, transcrição, Margaret Thatcher Foundation, <http://www.margaretthatcher.org/document/106843>.

337 Margaret Thatcher, "Speech to Conservative Rally in Solihull" [Discurso para o Comício Conservador em Solihull], West Midlands, Inglaterra, 28 mai. 1987, transcrição, Margaret Thatcher Foundation, <http://www.margaretthatcher.org/document/106852>.

> Quando os líderes soviéticos prendem um escritor, ou um padre, ou um médico ou um trabalhador pelo crime de falar livremente, não devemos nos preocupar apenas por razões humanitárias. Pois esses atos revelam um regime temeroso da verdade e da liberdade; não ousa permitir que seu povo desfrute das liberdades que consideramos garantidas, e uma nação que nega essas liberdades a seu próprio povo terá poucos escrúpulos em negá-las a outros. Se a *détente* deve progredir, isso deve significar o relaxamento pelas autoridades soviéticas de sua oposição implacável a todas as formas e expressões de dissidência[338].

Ela frequentemente citava Alexander Soljenítsin (1918-2008), que havia sido exilado da Rússia em 1974, e havia alertado contra "a fraqueza do Ocidente" em face da agressão soviética[339]. "Solzhenitsyn não podia ser ignorado", disse Thatcher em um discurso em Bruxelas, em 1978, "nem seu desaparecimento silencioso poderia ser arranjado. Em alguns aspectos, a caneta ainda é mais poderosa do que a espada"[340]. Thatcher foi a líder mais proeminente na Europa, responsabilizando o regime comunista por seus abusos aos direitos humanos e se manifestando regularmente contra a violação, por Moscou, dos Acordos de Helsinque, de 1975. Logo depois da assinatura dos acordos, ela condenou a repressão da KGB a um grupo de nove ativistas de direitos humanos, liderados pelo físico nuclear Yuri Orlov (1924-2020), iluminando seu flagelo sob um holofote internacional. Discursando em um comício conservador em 1976, ela falou contra "a perseguição de dissidentes intelectuais e de minorias religiosas, judeus e batistas em particular", dizendo ao seu público que, para os soviéticos, "a liberdade de informação consiste em seu direito absoluto de dizer a seus súditos em que eles devem acreditar e o que eles devem ouvir". Ela citou Yelena Bonner (1923-2011), esposa de Andrei Sakharov (1921-1989), a qual apenas algumas semanas antes havia dito que "nossa vida está prosseguindo de

---

[338] Margaret Thatcher, "Speech to Chelsea Conservative Association" [Discurso para a Associação Conservadora de Chelsea], Londres, Inglaterra, 26 jul. 1975, transcrição, Margaret Thatcher Foundation, <http://www.margaretthatcher.org/document/102750>.

[339] Ver por exemplo Margaret Thatcher, "Speech to a Conservative Rally" [Discurso a um Comício Conservador], Dorking, Surrey, Inglaterra, 31 jul. 1976, transcrição, Margaret Thatcher Foundation, <http://www.margaretthatcher.org/document/103086>.

[340] Margaret Thatcher, "The Sinews of Foreign Policy" [Os Tendões da Política Externa], discurso para Les Grandes Conferences Catholiques, Bruxelas, Bélgica, 23 jun. 1978, transcrição, Margaret Thatcher Foundation, <http://www.margaretthatcher.org/document/103720>.

tal maneira que você nem mesmo pode chamá-la de vida no sentido humano da palavra"[341].

Como primeira-ministra, Thatcher fez questão de se reunir com tantos dissidentes da Rússia ou da Europa Oriental, quanto pudesse[342], garantindo a Moscou que a Grã-Bretanha não faria vista grossa para seus flagelos. "O destino deles", disse ela, "deveria nos lembrar, todos os dias, de não tomarmos nossa liberdade e nossa justiça como garantidas, mas de decidir defendê-las"[343]. Thatcher também insistiu em manter conversas com dissidentes – incluindo Andrei Sakharov e um grupo de *refuseniks* judeus liderados por Josif Begun – em sua histórica visita oficial a Moscou, em 1987. Ela era uma defensora declarada de sua causa, enquanto muitos no Ocidente optaram por ignorar seu sofrimento ou não estavam dispostos a enfrentar os russos. Em uma entrevista ao *Sunday Times*, de Londres, no final da Guerra Fria, Thatcher elogiou a coragem das pessoas que enfrentaram o poder da máquina soviética, muitas vezes com grande custo pessoal, e com tremenda dignidade:

> As pessoas que mais realizaram em termos de mudança política em minha geração foram os dissidentes e *refusniks* na União Soviética e na Europa Oriental – os Sakharovs, os Shcharanskys, os Amoriks, os Bukovskys – e eles tomaram uma decisão logo no início, nunca iriam recorrer à violência, os Orlovs, todos eles, são tantos deles e milhares cujos nomes não conhecemos, eles nunca iriam recorrer à violência, nunca. E veja o que eles conquistaram[344].

4. Vencer a Guerra Ideológica

"A Guerra Fria", argumentou Margaret Thatcher, "foi uma luta entre dois sistemas nitidamente opostos, englobando duas filosofias totalmente contraditórias, envolvendo dois objetivos totalmente diferentes"[345]. Para a Dama de Ferro, a Guerra Fria representou

[341] Thatcher, "Speech to a Conservative Rally" [Discurso a um Comício Conservador].
[342] "Prime Minister's Questions" Câmara dos Comuns, 5 jun. 1980, transcrição, Margaret Thatcher Foundation, <http://www.margaretthatcher.org/document/104374>.
[343] Margaret Thatcher, "Speech at Lord Mayor's Banquet" [Discurso no Banquete do Senhor Prefeito], Guildhall, Londres, 10 nov. 1986, transcrição, Margaret Thatcher Foundation, <http://www.margaretthatcher.org/document/106512>.
[344] Margaret Thatcher, entrevista por Michael Jones, *Sunday Times*, 21 fev. 1990, transcrição, Margaret Thatcher Foundation, <http://www.margaretthatcher.org/document/107865>.
[345] Margaret Thatcher, *Statecraft: Strategies For A Changing World* [Estadismo: Estratégias Para um Mundo em Movimento] (Londres: HarperCollins, 1995), p. 15.

o triunfo total de nossas crenças políticas fundamentais de liberdade, justiça e democracia, o triunfo total. Eu me pergunto por que alguma vez duvidamos disso. Eu me pergunto por que, em um dado momento, nossa teoria era para restringir o avanço do comunismo, não para derrotá-lo[346].

Ela explicou a vitória do Ocidente:

Um império caiu, mas não apenas um império de exércitos, escravos e tiranos. O império também era de ideias e dogmas. Quando isso falhou, um império de mentiras e propaganda. Caiu porque recebeu firme oposição. Oposição não somente de uma aliança de povos livres – embora certamente por isso – mas de ideias de liberdade, livre iniciativa, propriedade privada e democracia[347].

Thatcher aceitou com entusiasmo o desafio lançado por Yuri Andropov (1914-1984), em junho de 1983, quando ele falou de uma "luta ideológica", pelas "mentes e corações de bilhões de pessoas no planeta"[348]. Ela aproveitou todas as oportunidades para divulgar essa mensagem de liberdade na Europa ocupada pelos soviéticos. Acreditava ser a responsabilidade do mundo livre

manter as lâmpadas da liberdade acesas para que todos os que olham para o Ocidente das sombras do Oriente nunca precisem duvidar de que permanecemos fiéis àqueles valores humanos e espirituais que estão no cerne da civilização humana[349].

Ela fez sua primeira visita a um país do Pacto de Varsóvia, a Hungria, em 1984, onde recebeu uma recepção distintamente calorosa de comerciantes do

---

346 Thatcher, "Speech Accepting the Morgenthau Award" [Discurso de Aceitação do Prêmio Morgenthau].

347 Thatcher, "First Clare Boothe Luce Lecture" [Primeira Palestra Clare Booth Luce].

348 Ver Margaret Thatcher, "Speech to the Winston Churchill Foundation Award Dinner" [Discurso Para o Jantar de Premiação da Fundação Winston Churchill], Embaixada Britânica, Washington, D.C., 29 set. 1983, transcrição, Margaret Thatcher Foundation,<http://www.margaretthatcher.org/document/105450>.

349 Margaret Thatcher,"Europe as I See It" [Europa, Como Eu A Vejo] , discurso, Roma, Itália, 24 jun. 1977, transcrição, Margaret Thatcher Foundation, <http://www.margaretthatcher.org/document/103403>.

mercado central de Budapeste[350]. Foi a primeira de muitas incursões que faria atrás da Cortina de Ferro nos anos finais da Guerra Fria, onde ela iria entregar uma mensagem de liberdade e esperança para dezenas de milhões ansiosos por liberdade. Foi a mesma mensagem que trouxe a Moscou em 1987, quando se encontrou pela primeira vez com Mikhail Gorbachev em solo soviético. Foi uma viagem mais tarde descrita por ela como "a visita estrangeira mais importante que fiz"[351]. Enquanto estava na Rússia, foi irrestrita em seus apelos por maior respeito pelos direitos humanos e pressionou pela libertação dos prisioneiros de consciência. Entrevistada na televisão soviética, fez questão de defender, vigorosamente, as liberdades fundamentais desfrutadas no Ocidente:

> Liberdade de expressão, liberdade de culto, liberdade do medo e liberdade da miséria; uma sociedade muito mais aberta significa que você discute todas as coisas da mesma maneira que nós[352].

Na mesma viagem à Rússia, Thatcher visitou o recém-reaberto mosteiro ortodoxo russo em Zagorsk, nos arredores de Moscou, em uma demonstração de solidariedade para com os cristãos daquele país que, durante décadas, foram forçados a realizar seus cultos em particular devido às autoridades comunistas. Ela hospedou *refuseniks* russos, que haviam sofrido forte perseguição pelo Estado, na embaixada britânica. Em uma caminhada em um triste conjunto habitacional, no subúrbio de Moscou, Thatcher foi saudada por uma multidão enorme e animada, claramente apaixonada por sua mensagem de liberdade[353]. Foi um momento impressionante – multidões de moscovitas, aplaudindo a Dama de Ferro, em meio ao frio intenso.

Grandes multidões também saudaram Thatcher em sua visita à Polônia em 1988. Quando ela chegou ao estaleiro de Gdansk, "cada centímetro dele parecia ocupado por trabalhadores do estaleiro, acenando e aplaudindo". Ela se encontrou com o líder do Solidariedade, Lech Walesa, e visitou a Igreja de

---

350 Thatcher, *The Downing Street Years* [Os Anos em Downing Street], p. 456.

351 *Ibid.*, p. 485.

352 Margaret Thatcher, "TV Interview for Soviet Television" [Entrevista para a Televisão Soviética], 31 mar. 1987, transcrição, Margaret Thatcher Foundation, <http://www.margaretthatcher.org/document/106604>.

353 Thatcher, *The Downing Street Years* [Os Anos de Downing Street], p. 479.

St. Brygida, repleta de fiéis cantando o hino do Solidariedade, "Deus nos dê de volta nossa Polônia livre". Sua mensagem ao general Wojciech Jaruzelski (1923-2014), o último governante comunista da Polônia, foi firme e inflexível: o Solidariedade não podia ser ignorado[354]. Apenas dois anos depois, Walesa era o presidente da Polônia, e o governo comunista havia se tornado história.

Apropriadamente, nos últimos dias da URSS, em 1991, a Dama de Ferro foi convidada a se dirigir ao Soviete Supremo. Seu discurso foi uma homenagem ao triunfo da liberdade diante da tirania, um lembrete aos seus anfitriões de que os ideais de liberdade não podem ser esmagados pelo totalitarismo:

> A história nos fala da luta do Homem para ser livre. Você pode usar a força bruta para esmagar uma nação: mas não pode destruir sua identidade e orgulho. Você pode proibir as pessoas de empregar seus talentos para melhorar suas famílias: mas, no final, alguns serão mais iguais do que outros. Você pode lutar uma guerra contra a verdade empregando todos os meios à sua disposição: mas, no final das contas, a verdade vencerá a batalha das ideias[355].

5. Trabalhar com os Reformistas

Margaret Thatcher foi a primeira líder ocidental a identificar Mikhail Gorbachev como uma figura dentro do sistema soviético capaz de trazer mudanças. Ela estava "convencida de que devemos procurar a pessoa mais provável na nova geração de líderes soviéticos, e então cultivá-la e sustentá-la, reconhecendo os limites claros de nosso poder para fazê-lo"[356]. Ela descreveu Gorbachev como "uma pessoa de grande visão, ousadia e coragem"[357]. Thatcher recebeu Gorbachev e sua esposa, Raisa (1932-1999), em Chequers, em dezembro de 1984, durante a primeira visita de Gorbachev a um país capitalista na Europa. Em seu encontro com Gorbachev, pouco antes de ele assumir o cargo de secretário-geral do Partido Comunista, ela pediu às autoridades soviéticas que per-

---

354 *Ibid.*, p. 780–782.

355 Margaret Thatcher, "Speech to Supreme Soviet of the USSR" [Discurso para o Soviete Supremo da URSS], Moscou, 28 mai. 1991, transcrição, Margaret Thatcher Foundation, <http://www.margaretthatcher.org/document/108272>.

356 Thatcher, *The Downing Street Years* [Os Anos em Downing Street], p. 452.

357 Margaret Thatcher, entrevista por David Frost, TV-AM, 30 dez. 1988, transcrição, Margaret Thatcher Foundation, <http://www.margaretthatcher.org/document/107022>.

mitissem a pessoas comuns, especialmente judeus, deixarem a Rússia com facilidade. Ela também informou a Gorbachev que apoiava os planos de Reagan para um sistema de defesa antimísseis, dizendo-lhe que não haveria uma divisão entre os Estados Unidos e a Grã-Bretanha sobre este assunto[358]. Ela concluiu dizendo à mídia mundial que estava "cautelosamente otimista" e que "podemos fazer negócios juntos"[359].

Em última análise, as reformas econômicas e políticas de Gorbachev, conhecidas como *perestroika* ("reestruturação") e *glasnost* ("abertura"), enfraqueceram o domínio comunista na Rússia. Em 1989, ela atribuiu a Gorbachev um papel fundamental na queda do Muro de Berlim, declarando em frente ao número 10 da Downing Street que "nada disso teria acontecido sem a visão e a coragem do sr. Gorbachev"[360]. O papel de Thatcher em apresentar Gorbachev ao Ocidente, às vezes agindo como um intermediário entre ele e Reagan, provou-se vital. Por meio de suas reuniões com Thatcher e Reagan, Gorbachev viu a determinação inquebrável do Ocidente. Thatcher pressionou Gorbachev para aumentar a liberdade do povo russo. Como ela disse, em seu discurso de março de 1987, ao Conselho Central Conservador, pouco antes de sua primeira visita oficial à União Soviética:

> Quando eu for a Moscou para encontrar o sr. Gorbachev na próxima semana, meu objetivo será uma paz baseada não na ilusão ou rendição, mas no realismo e na força. Mas você não pode ter paz por uma declaração de intenções. A paz precisa de confiança e boa-fé entre países e povos. Paz significa o fim da matança no Camboja, o fim do massacre no Afeganistão.
>
> Significa honrar as obrigações que a União Soviética aceitou livremente na Ata Final de Helsinque, em 1975, de permitir a livre circulação de pessoas e ideias e outros direitos humanos básicos [...]. Devemos chegar a nossos julgamentos, não em palavras, não em intenções, não em promessas; mas em ações, e em resultados[361].

---

358 Thatcher, *The Downing Street Years* [Os Anos Downing Street], p. 463.

359 Margaret Thatcher, entrevista por John Cole, BBC, 17 dez. 1984, transcrição, Margaret Thatcher Foundation, <http://www.margaretthatcher.org/document/105592>.

360 Margaret Thatcher, "Remarks on the Berlin Wall (Fall thereof)" [Observações Sobre o Muro de Berlim (Queda)], Londres, Inglaterra, 10 nov. 1989, transcrição, Margaret Thatcher Foundation, <http://www.margaretthatcher.org/document/107819>.

361 Margaret Thatcher, "Speech to Conservative Central Council," [Discurso ao Conselho Central Conservador], Torquay, 21 mar. 1987, transcrição, Margaret Thatcher Foundation,

6. A América e a Grã-Bretanha Precisam Liderar

Sem a liderança dos Estados Unidos e da Grã-Bretanha, o império soviético não teria entrado em colapso com a velocidade e a maneira como o fez. Na opinião de Thatcher, Ronald Reagan corretamente "merece ser considerado o arquiteto supremo da vitória da Guerra Fria". Como Thatcher apontou, os planos de Reagan para a Strategic Defense Initiative (SDI) [Iniciativa Estratégica de Defesa][362], conhecida por seus detratores como "Guerra nas Estrelas", foram decisivos. Os soviéticos, com sua economia em dificuldades e tecnologia limitada, não conseguiram igualar a implantação do SDI, a decisão "isolada mais importante" da presidência de Reagan[363]. Como ela escreveu em *Statecraft* [Estadismo]:

> Foi o presidente americano quem efetivamente acabou de ganhar a Guerra Fria – sem disparar um tiro [...]. O sr. Gorbachev havia cruzado seu Rubicão. Os soviéticos foram forçados a aceitar que a estratégia visada por eles desde a década de 1960 – de usar armamento, subversão e propaganda, para compensar sua fraqueza interna, e assim manter o status de superpotência – havia falhado, final e definitivamente[364].

Entretanto, o apoio de Thatcher à superpotência americana foi essencial para a vitória. "Sem o apoio incondicional da Grã-Bretanha ao governo Reagan", recordou Thatcher mais tarde, "não tenho certeza de que ele teria sido capaz de conduzir seus aliados pelo caminho certo. Também acho que o fato de Ronald Reagan e eu falarmos a mesma língua (em todos os sentidos) ajudou a convencer amigos e inimigos de que estávamos falando sério"[365]. E, nas palavras do presidente George H. W. Bush, cuja administração testemunhou a queda final do regime comunista na Europa,

> Sua resolução e dedicação foram um exemplo para todos nós. Ela mostrou que você não pode trancar as pessoas atrás de paredes para sempre quando a convic-

<http://www.margaretthatcher.org/document/106769>.

[362] SDI, sigla em inglês. (N. E.)

[363] Thatcher, *The Downing Street Years* [Os Anos Downing Street], p. 463.

[364] Thatcher, *Statecraft* [Estadismo], p. 11.

[365] *Ibid.*, p. 7.

ção moral eleva suas almas. E ela sabia que a tirania é impotente contra a primazia do coração. Margaret Thatcher ajudou a pôr fim à Guerra Fria, ajudou a vontade humana a sobreviver às baionetas e ao arame farpado[366].

Margaret Thatcher, Combatente da Liberdade

Hoje, dezenas de milhões de pessoas na Europa Central e Oriental devem sua liberdade à Dama de Ferro. Como Margaret Thatcher lembrou a uma plateia de conservadores britânicos em 1990, no alvorecer de uma nova era pós-comunista:

> Nenhuma força de armas, nenhuma parede, nenhum arame farpado, podem suprimir para sempre o anseio do coração humano por liberdade e independência. Sua coragem encontrou aliados. Sua vitória aconteceu porque, por quarenta anos longos e frios, o Ocidente se manteve firme contra a ameaça militar do Oriente. A livre iniciativa esmagou o socialismo. Este governo manteve-se firme contra todas as vozes levantadas em casa a favor da conciliação[367].

As lições para os conservadores americanos hoje são claras. Uma liderança internacional eficaz requer disposição para lutar pela causa da liberdade. Requer a habilidade de projetar poder, deter adversários e derrotá-los quando necessário. "A paz", disse Churchill, "não será preservada por sentimentos piedosos"[368]. Isso só pode ser alcançado com uma defesa nacional forte. A liberdade pode custar caro. A liberdade, disse Margaret Thatcher em Nova York, é "o grande presente da cultura ocidental para a humanidade", um legado que deve ser protegido daqueles que procuram destruí-lo:

---

366 Margaret Thatcher, "Speech Receiving Medal of Freedom Award" [Discurso de Recebimento do Prêmio da Medalha da Liberdade], Washington, D.C., 7 mar. 1991, transcrição, Margaret Thatcher Foundation, <http://www.margaretthatcher.org/document/108263>.

367 Thatcher, "Speech to Conservative Party Conference" [Discurso à Conferência do Partido Conservador], Bournemouth, Inglaterra, 12 out. 1990.

368 Citado por Margaret Thatcher, "Speech to the 25th Annual UN Ambassadors Dinner" [Discurso ao 25º Jantar Anual do Embaixador das Nações Unidas], Nova York, 24 set. 1991, transcrição, Margaret Thatcher Foundation, <http://www.margaretthatcher.org/document/108283>.

A liberdade é a mais contagiosa das ideias e a que mais destrói a tirania. Por isso, tiranos de todo tipo lutaram – e ainda lutam – tanto para destruí-la. Fracassarão sempre, porque onde a liberdade é herança de séculos, como no seu país e no meu, ela é tenazmente defendida; e porque, onde é recém-estabelecida, ela inspira confiança e esperança. Em nenhum lugar e nunca foi conscientemente renunciada [...][369].

Lições-Chave de Liderança

- Um líder poderoso nunca se curva ao mal, mas sempre o confronta, um princípio que tanto Thatcher quanto Reagan colocaram em prática.
- A conciliação com seus inimigos é uma política de fraqueza e derrota. Isso só encoraja seus adversários.
- Identifique claramente a natureza do seu inimigo e o que ele representa. Não há nada a ganhar negando a realidade ao enfrentar um adversário perigoso.
- Ao defender os direitos humanos, sempre transmita em particular a mesma mensagem que você transmite em público.
- Permaneça sempre firme ao lado da liberdade em face dos regimes totalitários. Dê esperança àqueles que estão arriscando suas vidas pela liberdade.
- Faça sua voz ser ouvida em apoio aos dissidentes políticos lutando contra a tirania e demonstre estar com eles em palavras e ações.

[369] Thatcher, "The Defence of Freedom" [A Defesa da Liberdade].

CAPÍTULO VII

Capítulo VII

As Lições de Liderança da Guerra das Malvinas[370]

"Deixamos de ser uma nação em retirada [...]. A Grã-Bretanha se encontrou novamente no Atlântico Sul e não retrocederá da vitória que conquistou".

Margaret Thatcher, *discurso para o comício do Partido Conservador*, Cheltenham, 3 de julho, 1982[371].

A Guerra das Malvinas de 1982 foi um momento decisivo na história britânica moderna. A vitória reviveu um senso de grandeza nacional na Grã-Bretanha após décadas de declínio. Como Thatcher proclamou no final da guerra:

> Deixamos de ser uma nação em retirada. Ao invés disso, temos uma confiança recém-descoberta, nascida nas batalhas econômicas em casa e testada e comprovada a 13 mil quilômetros[372] de distância. Essa confiança vem da redescoberta de nós mesmos e cresce com a recuperação de nosso respeito próprio[373].

[370] Também conhecida como *Falklands*. (N. E.)

[371] Margaret Thatcher, "Speech to Conservative Rally at Cheltenham" [Discurso ao Comício Conservador em Cheltenham], England, 3 jul. 1982, transcrição, Margaret Thatcher Foundation, <http://www.margaretthatcher.org/document/104989>.

[372] Adaptação da medida dada no texto original: 8000 milhas, 12874,75 km. A distância real gira em torno de 13,528 km. (N. E.)

[373] *Ibid.*

A vitória das Malvinas foi um feito extraordinário de liderança – do tipo que falta na era moderna em ambos os lados do Atlântico. Os adversários que subestimaram Margaret Thatcher – especialmente a junta militar argentina, que lançou a invasão – foram humilhados por uma primeira-ministra britânica, que mais tarde escreveria:

> Quando você está em guerra, você não pode permitir que as dificuldades dominem seu pensamento: você deve partir com uma vontade de ferro para vencê-las. E, de qualquer maneira, qual era a alternativa? Que um ditador comum ou ardiloso deveria governar os súditos da Rainha e prevalecer pela fraude e violência? Não enquanto eu era primeira-ministra[374].

A guerra demonstrou a importância de enfrentar os agressores, e alertou os ditadores mundiais para o fato de que a determinação das nações livres estava longe de se extinguir. "Estávamos defendendo nossa honra como nação", disse Thatcher, "e princípios de fundamental importância para todo o mundo – acima de tudo, o de que os agressores nunca deveriam ter sucesso"[375].

Coragem e Convicção: a Libertação das Malvinas

A Guerra das Malvinas foi uma das campanhas militares mais brilhantemente executadas e bem-sucedidas dos tempos modernos. Uma demonstração de coragem e sacrifício extraordinários pelas forças britânicas. Foi, como a própria Margaret Thatcher descreveu, "um triunfo de esforço e habilidade de planejamento e imaginação"[376]. As Ilhas Malvinas hoje permanecem um território ultramarino britânico. Seus 3 mil habitantes elegem seu próprio governo e gozam de plena autodeterminação. Essa liberdade se deve, em grande parte, à firmeza inabalável de Margaret Thatcher.

---

374 Margaret Thatcher, *The Downing Street Years* [Os Anos Downing Street], (Londres: HarperCollins, 1993), p.181.

375 *Ibid.*, p. 173.

376 Margaret Thatcher, "Speech at the *Salute to the Task Force* Lunch" [Discurso no Almoço de *Saudação à Força-Tarefa*], Guildhall, City londrina, 12 out. 1982, transcrição, Margaret Thatcher Foundation, <http://www.margaretthatcher.org/document/105034>.

As Ilhas Malvinas são um arquipélago no Atlântico Sul, a cerca de 1.900 quilômetros da capital argentina e a quinhentos quilômetros da costa sul-americana. Elas ficam na entrada da Antártica, e seus portos lhes dariam valor estratégico caso o Canal do Panamá algum dia fosse fechado. Os marinheiros britânicos desembarcaram nas ilhas pela primeira vez em 1690, a soberania britânica foi estabelecida em 1765 e um assentamento britânico permanente estava em vigor em 1833[377]. Embora a esmagadora maioria dos habitantes seja de ascendência britânica, a junta argentina, liderada pelo general Leopoldo Galtieri (1926-2003), realizou uma invasão surpresa na sexta-feira, 2 de abril de 1982, e manteve 1.800 ilhéus em cativeiro. Em 48 horas, o governo de Thatcher lançou uma força-tarefa naval para retomar as ilhas, localizadas a mais de 13 mil quilômetros da Grã-Bretanha.

Na segunda-feira, a primeira leva da força-tarefa, liderada por dois porta-aviões, HMS *Invincible* e HMS *Hermes*, partiu para o Atlântico Sul[378]. As ilhas foram libertadas onze semanas depois, em 14 de junho de 1982. No seu auge, a força-tarefa incluía mais de 100 navios, 3 submarinos, e 27 mil marinheiros, fuzileiros navais, soldados e aviadores[379]. O lançamento da força-tarefa em um período tão curto foi uma realização extraordinária, demonstrando determinação e visão, praticamente ausentes na política britânica, desde o final da era Churchill.

Thatcher disse à BBC não ter a menor dúvida sobre a direção correta: "Não se hesitou por muito tempo. É claro que alguém foi ao Gabinete, com uma recomendação muito, muito firme. Não houve hesitação, uma unanimidade total. Nós apenas precisávamos ir"[380]. Ao fazer isso, ela desafiou as opiniões de

---

377 Para obter mais informações sobre a história das Malvinas, consulte Luke Coffey, Theodore R. Bromund, e Nile Gardiner, "The United States Should Recognize British Sovereignty over the Falkland Islands" [Os Estados Unidos Deveriam Reconhecer a Soberania Britânica Sobre as Ilhas Falkland], *Backgrounder*, no. 2771, Heritage Foundation, 4 mar. 2013, <http://www.heritage.org/research/reports/2013/03/the-united-states-should-recognize-british-sovereignty-over-the-falkland-islands>.

378 Margaret Thatcher, "Speech on Board the *Canberra*" [Discurso a Bordo do *Canberra*], 8 abr. 1997, transcrição, Margaret Thatcher Foundation, <http://www.margaretthatcher.org/document/108370>.

379 Margaret Thatcher, "Speech to Conservative Women's Conference" [Discurso à Conferência das Mulheres Conservadoras], Londres, 26 mai. 1982, transcrição, Margaret Thatcher Foundation, <http://www.margaretthatcher.org/document/104948>.

380 Margaret Thatcher, entrevista pelo British Forces Broadcasting Service [Serviço de

seu próprio ministério da Defesa, que advertiu não ser possível retomar as ilhas. Como ela lembrou mais tarde, "Isso era terrível, e totalmente inaceitável. Não pude acreditar: aquele era o nosso povo, as nossas ilhas. Eu disse imediatamente: 'Se eles forem invadidos, precisamos recuperá-los'". Felizmente, a primeira-ministra foi apoiada pelo chefe do Estado-Maior Naval, Sir Henry Leach (1923-2011), que não compartilhava dos temores do secretário de Defesa, Sir John Nott. Leach se comprometeu a montar uma força-tarefa dentro de dois dias[381].

Não é difícil ver por que os chefes de defesa estavam nervosos. Essa seria a maior operação militar britânica desde o desastre de Suez em 1956, que terminou em humilhação. O último quarto de século foi marcado pelo recuo gradual da Grã-Bretanha como potência global. Havia havido cortes de defesa prejudiciais na década de 1970, que só então foram revertidos. A operação militar, ao ocorrer em um momento em que o aumento do desemprego estava corroendo a popularidade de Thatcher, era politicamente arriscada. As forças armadas da Grã-Bretanha não haviam sido testadas nesta escala por quase trinta anos, e o povo britânico ainda estava sofrendo de uma debilitante falta de confiança pós-imperial. Depois de muitos anos de governo socialista e de décadas de estatismo do bem-estar social, esta não se parecia com a nação guerreira buldogue da Segunda Guerra Mundial ou o país que lutou com grande coragem ao lado das forças dos EUA na Guerra da Coreia.

Muitos dos próprios parlamentares de Thatcher duvidaram da sabedoria de lutar em uma campanha do outro lado do mundo. Seus documentos pessoais de 1982, recentemente divulgados, revelam uma oposição considerável à ação militar nas Malvinas. Logo após a invasão argentina, o líder de bancada do governo, Michael Jopling, escreveu um memorando para o novo secretário de Relações Exteriores, Francis Pym (1922-2008), entregando uma franca avaliação da posição de vários membros do Partido Conservador na questão da guerra contra a Argentina. Enquanto alguns membros conservadores do Parlamento declararam que seus "constituintes querem sangue", outros pediram cautela, ou até expressaram oposição direta à guerra, com apelos de alguns setores para negociações com Buenos Aires.

Transmissão das Forças Britânicas], 10 jun. 1982, transcrição, Margaret Thatcher Foundation, <http://www.margaretthatcher.org/document/104962>.

381 Thatcher, *The Downing Street Years* [Os Anos Downing Street], p. 179.

Segundo Jopling, vários parlamentares eram da opinião que "devemos tentar fugir sem lutar", com um deles implorando: "Por favor, sem sangue". Um membro proeminente do Parlamento e historiador, Robert Rhodes James (1933-1999), foi descrito pelo líder parlamentar como "irremediavelmente derrotista, deprimido e desleal", enquanto outro estava "preocupado que as expectativas fossem muito altas. Ele sente que as dificuldades militares podem ser intransponíveis". Ian Gilmour (1926-2007), parlamentar de Chesham e Amersham, era da opinião que "estamos cometendo um grande erro. Isso fará com que Suez pareça bom senso". Kenneth Clarke, futuro ministro do gabinete de Thatcher, esperava que "ninguém pense que vamos lutar contra os argentinos. Devíamos explodir alguns navios, mas nada mais". Christopher Patten, que mais tarde na década se tornou o último governador de Hong Kong, estava claramente protegendo suas apostas, oferecendo-se para "escrever um artigo de apoio na imprensa quando a situação ficasse mais clara". Alguns parlamentares foram até a favor de um acordo com a Argentina. Um até sugeriu que a Grã-Bretanha deveria "deixar os argentinos ficarem com as Malvinas, com o mínimo de barulho possível"[382].

Enquanto muitos em seu próprio partido vacilaram, a Dama de Ferro nunca considerou a capitulação. Ela se opôs firmemente a qualquer acordo com a Argentina, exceto sua retirada completa das Malvinas e a preservação do direito dos ilhéus à autodeterminação. Em seu anúncio à Câmara dos Comuns sobre o lançamento da força-tarefa naval, ela disse:

> Devo dizer à Câmara que as Ilhas Malvinas, e suas dependências, continuam a ser território britânico. Nenhuma agressão e nenhuma invasão podem alterar esse simples fato. O objetivo do governo é garantir que as ilhas sejam libertas da ocupação e devolvidas à administração britânica o mais rapidamente possível [...].
>
> O povo das Ilhas Malvinas, como o povo do Reino Unido, é uma raça insular. Seu modo de vida é britânico; sua lealdade é para com a Coroa. São poucos em número, mas têm o direito de viver em paz, de escolher seu próprio

[382] Memorando de Michael Jopling a Frances Pym, 6 abr. 1982, Margaret Thatcher Foundation, <http://www.margaretthatcher.org/document/B4192C197DE04F68B9CC72 4BE42A4664.pdf>.

> estilo de vida e de determinar sua própria fidelidade [...]. É desejo do povo britânico e dever do governo de Sua Majestade fazermos tudo o que estiver ao nosso alcance para defender esse direito. Essa será a nossa esperança, e o nosso esforço e, creio eu, a determinação de todos os deputados desta Câmara[383].

Ao contrário de alguns de seus colegas no Parlamento, em ambos os lados do corredor político, Margaret Thatcher confiava nas forças armadas britânicas e no caráter britânico. Ela se recusou a acreditar que a Grã-Bretanha não estava à altura da tarefa e manteve o ideal da grande nação guerreira, uma nação que garantiu inúmeras vitórias em campos de batalha em todo o mundo, por muitos séculos. Em uma saudação à força-tarefa das Malvinas, quatro meses após o fim da guerra, Thatcher citou o clérigo anglicano do século XIX, Sydney Smith (1771-1845):

> Tenho confiança ilimitada no caráter britânico [...]. Acredito que mais heróis surgirão na hora do perigo do que todas as nações militares da Europa antiga e moderna já produziram". Ela disse ao público: "Nós, o povo britânico, estamos orgulhosos do que foi feito, orgulhosos dessas páginas heroicas da história da nossa ilha[384].

No final das contas, Thatcher foi à guerra por patriotismo. Ela não suportava ver seus compatriotas reféns de uma potência estrangeira e o território britânico tomado. Ela não aceitou um agressor sair impune ao empregar força bruta e acreditava que uma política de conciliação era nada menos do que rendição. Embora muitos em casa e no exterior duvidassem da capacidade da Grã-Bretanha de retomar as Malvinas, Thatcher deixou o medo e a cautela de lado e provou que a Grã-Bretanha não era uma potência impotente, que um dia havia sido grande.

Contra todas as probabilidades, a força-tarefa recapturou as Malvinas setenta e quatro dias após a invasão, capturando 15 mil militares argentinos. A Grã-Bretanha perdeu 255 militares (bem como três habitantes das Ilhas Malvi-

---

383 Declaração de Margaret Thatcher à Câmara dos Comuns, 3 abr. 1982, transcrição, Margaret Thatcher Foundation, <http://www.margaretthatcher.org/document/104910>.

384 Margaret Thatcher, "Speech at the *Salute to the Task Force* Lunch" [Discurso no Almoço de Saudação à Força-Tarefa].

nas) e 777 ficaram feridos. Vários navios britânicos foram afundados por aeronaves argentinas, usando mísseis Exocet de fabricação francesa, incluindo quatro destroieres e fragatas. As baixas argentinas somaram 649 mortos e mais de mil feridos[385].

A bravura dos soldados, marinheiros, fuzileiros navais e aviadores britânicos foi extraordinária. Duas Cruzes Vitória (a maior homenagem militar da Grã-Bretanha) foram concedidas aos membros do Regimento de Paraquedas por seu desempenho nas batalhas cruciais de Goose Greene e Monte Longdon. No vigésimo quinto aniversário da libertação das Malvinas em 2007, Thatcher prestou homenagem ao heroísmo deles, declarando que

> Não se poderia encontrar melhores tropas no mundo do que as de nosso país [...]. As forças armadas britânicas são incomparáveis em sua habilidade e profissionalismo. Mais do que isso, são o modelo de tudo o que desejamos que o nosso país e os nossos cidadãos sejam. O serviço oferecido por eles, e o sacrifício que fazem, são uma inspiração[386].

A operação sofreu sérios reveses que teriam testado a determinação de qualquer líder. O naufrágio do HMS *Sheffield*, no início da guerra, tirou a vida de vinte marinheiros e demonstrou a vulnerabilidade dos navios de guerra a ataques aéreos. O HMS *Coventry* e o HMS *Ardent* foram afundados nas semanas seguintes, e um ataque Exocet no *Atlantic Conveyor*, um navio porta-contêineres repleto de suprimentos vitais, destruiu quase vinte helicópteros[387]. O inimigo bombardeou os navios de desembarque *Sir Tristram* e *Sir Galahad* antes do ataque final à capital das Malvinas, Port Stanley, matando mais de trinta guardas galeses.

385 Peter Foster, "Margaret Thatcher and the Falklands War: Doubts and Fears in a Far-Off Conflict That Changed Britain" [Margaret Thatcher e a Guerra das Malvinas: Dúvidas e Medos em um Conflito Distante que Mudou a Grã-Bretanha], *Daily Telegraph* (Reino Unido), 8 abr. 2013, <http://www.telegraph.co.uk/news/politics/margaret-thatcher/9980046/Margaret-Thatcher-and-the-Falklands-War-doubts-and-fears-in-a-far-off-conflict-that-changed-Britain.html>.

386 Margaret Thatcher, "Fortune *Does*, in the End, Favour the Brave" [Ao Final, *Sim*, a Fortuna Favorece os Corajosos], mensagem no vigésimo quinto aniversário da liberação das Malvinas, 13 jun. 2007, transcrição, Margaret Thatcher Foundation, <http://www.margaretthatcher.org/document/110962>.

387 Thatcher, "Speech on Board the *Canberr*." [Discurso a Bordo do *Canberra*].

Cinco anos depois, Thatcher lembrou: "Foram dias que nunca esqueceremos. Noites ansiosas. Os dias mais intensamente vividos de que me lembro"[388]. Thatcher inspirou-se na liderança de Sir Winston Churchill durante a guerra. Em um discurso de 1999 no Palácio de Blenheim, ela revelou como a Guerra das Malvinas deu-lhe "um pequeno vislumbre da terrível tensão enfrentada por Winston Churchill como líder da guerra quando a Grã-Bretanha estava sozinha e a distância, em defesa da liberdade e da civilização"[389].

Um Movimento Decisivo: o Naufrágio do Belgrano

O naufrágio do cruzador argentino *General Belgrano*, em 2 de maio de 1982, foi um momento crucial no início do conflito, levando a marinha argentina, incluindo seu único porta-aviões, a retornar ao porto até o final da guerra. O *Belgrano* estava supostamente navegando para longe das Malvinas quando foi torpedeado por um submarino britânico, levando 321 marinheiros argentinos com ele. O ataque foi controverso. Três anos depois, o jornalista David Frost questionou Thatcher sobre a decisão, sugerindo que os fatos sobre o ataque foram encobertos. A primeira-ministra atirou de volta: "Você acha, sr. Frost, que passo meus dias rondando os escaninhos do ministério da Defesa, para olhar a ficha de cada navio? Se você acha isso, deve estar maluco!". Ela lembrou a seus críticos que o

> navio era um perigo para nossos meninos. Por isso aquele navio foi afundado [...]. Só porque um navio está indo em uma determinada direção, não significa que está navegando para longe do campo de batalha.

Ela terminou a entrevista com uma nota desafiadora:

> Eu sei que era certo afundá-lo, e eu faria o mesmo novamente [...]. Espero que todos saibam que, enquanto eu estiver lá, eles terão uma primeira-mi-

---

[388] *Ibid.*

[389] Margaret Thatcher, "Speech at the 33rd Churchill Memorial Concert at Blenheim Palace" [Discurso no 33º Concerto em Memória de Churchill no Palácio Blenheim], 6 mar. 1999, transcrição, Margaret Thatcher Foundation, <http://www.margaretthatcher.org/document/108380>.

nistra que protegerá nossa marinha, nossos meninos, e eu continuarei a fazê-lo[390].

Thatcher havia entendido que a vitória nas Malvinas exigia deixar a marinha argentina de joelhos. O naufrágio do *Belgrano* enfraqueceu a determinação da junta e quase certamente acelerou o fim da guerra, salvando muitas vidas britânicas. Isso era liderança no seu melhor, e Thatcher não tinha nada pelo que se desculpar. Políticos conservadores devem consultar sua resposta a David Frost, quando enfrentam questionamentos hostis de jornalistas liberais.

Os Limites da Diplomacia

Ao longo do conflito das Malvinas, a Grã-Bretanha sofreu intensa pressão nas Nações Unidas para negociar um acordo com Buenos Aires. Pressão adicional veio do Departamento de Estado dos EUA e de uma série de governos europeus e latino-americanos. "Eu estava sob uma pressão quase insuportável para negociar para o bem da negociação", lembrou Thatcher. "Em um momento como esse, quase tudo e todos parecem se juntar para desviá-lo do que você sabe que precisa ser feito"[391]. Ela insistiu, no entanto, que somente a retirada completa das forças argentinas das ilhas e a restauração da soberania britânica acabariam com as hostilidades.

Margaret Thatcher sempre entendeu que a diplomacia era uma ferramenta poderosa em certas circunstâncias, especialmente quando apoiada pela ameaça da força militar, como a determinação do Ocidente na Guerra Fria demonstrou amplamente. Entretanto, ela nunca permitiria que isso atrapalhasse a garantia da liberdade e a defesa da soberania, um ponto que ela deixou claro para os aliados defensores do acordo ao invés da guerra. A Grã-Bretanha conseguiu obter a Resolução 502 do Conselho de Segurança da ONU, a qual exigia a retirada incondicional das forças argentinas das Malvinas, com base no Artigo 51 da Carta das Nações Unidas, o direito à autodefesa. Entretanto,

390 Margaret Thatcher, entrevista por David Frost, TV-AM, 7 jun. 1985, transcrição, Margaret Thatcher Foundation, <http://www.margaretthatcher.org/document/105826>.
391 Thatcher, *The Downing Street Years* [Os Anos em Downing Street], p. 213.

Thatcher "não tinha ilusões sobre quem sobraria para remover o agressor quando toda a conversa estivesse terminada: seríamos nós"[392].

Surpreendentemente, parte do apoio mais forte para a posição firme de Thatcher veio do presidente francês François Mitterrand (1916-1996), uma figura com quem ela entraria em conflito pela Europa anos depois. Os franceses, assim como os alemães, apoiaram os britânicos na ONU. Mitterrand assinou um contrato para fornecer mísseis Exocet ao Peru[393], um aliado da Argentina, evitando que mais armas acabassem nas mãos da junta militar e provavelmente salvando mais navios de guerra britânicos. Entretanto, outros países europeus ofereceram pouco ou nenhum apoio, e alguns foram mais ou menos hostis, incluindo Espanha, Itália e Irlanda. Em contraste, as nações anglosféricas do Canadá, Austrália e Nova Zelândia foram robustas em seu apoio à Grã-Bretanha.

O papel do governo Reagan na Guerra das Malvinas é muitas vezes representado de maneira equivocada e mal compreendido. É verdade que Washington via a Argentina como um aliado útil contra o comunismo nas Américas e estava preocupado com a potencial humilhação do regime de Galtieri. O secretário de Estado, Alexander Haig (1924-2010), fez inúmeras tentativas de intermediar um acordo que evitaria uma derrota esmagadora para a Argentina. Entretanto, não pela primeira vez, houve importantes diferenças de opinião entre o Departamento de Estado e o Pentágono. Enquanto os diplomatas dos EUA pediam publicamente que se evitasse a guerra, o governo Reagan prestava discretamente uma ajuda militar e logística inestimável aos britânicos. Como Thatcher observou, sem os mísseis ar-ar Sidewinder fornecidos pelos Estados Unidos, "não poderíamos ter retomado as Malvinas". O secretário de defesa dos Estados Unidos, Caspar Weinberger (1917-2006), era um defensor ferrenho do esforço militar britânico e tinha até oferecido o porta-aviões *Eisenhower*, como "uma pista móvel" para aeronaves britânicas no Atlântico Sul[394]. Thatcher lembrou-se desses gestos com gratidão: "A América nunca teve um patriota mais sábio, nem a Grã-Bretanha um amigo mais verdadeiro" do que Weinberger[395].

---

[392] *Ibid.*, p. 182-183.
[393] *Ibid.*, p. 227.
[394] *Ibid.*, p. 173.
[395] *Ibid.*, p. 188.

Em uma entrevista durante a Conferência da Cúpula Econômica de Versalhes, no auge da Guerra das Malvinas, o presidente Reagan deixou claro de que lado estava. Disse a um grupo de correspondentes da TV da Europa Ocidental que a Grã-Bretanha estava certa em enfrentar "uma ameaça à qual todos nós devemos nos opor, e essa é a ideia de que a agressão armada pode ter sucesso no mundo de hoje"[396]. Ele reiterou o ponto oito dias depois do encontro com Thatcher em Londres:

> Partimos fortalecidos, com a consciência de que a grande amizade, a grande aliança existente há tanto tempo entre nossos dois povos, o Reino Unido e os Estados Unidos, permanece e é, no mínimo, mais forte do que nunca[397].

A Restauração do Orgulho Britânico

Margaret Thatcher sempre soube pelo que estava lutando. "Lutamos para mostrar que a agressão não compensa e que o ladrão não pode escapar impune"[398], e ela conseguiu isso. A vitória britânica também alertou Moscou a não subestimar a determinação britânica. Como Thatcher lembrou em sua autobiografia:

> A guerra também teve uma importância real nas relações entre o Oriente e o Ocidente: anos depois, um general russo me disse que os soviéticos estavam firmemente convencidos de que não lutaríamos pelas Malvinas e que, se nós lutássemos, perderíamos. Provamos que estavam errados em ambos os casos, e eles não se esqueceram do fato[399].

[396] Ronald Reagan, entrevista por Correspondentes de Televisão da Europa Ocidental, Paris, 1 jun. 1982, transcrição, Universidade do Texas, Biblioteca Presidencial Ronald Reagan, <http://www.reagan.utexas.edu/archives/speeches/1982/60182d.htm>.

[397] "Remarks Following Talks with President Reagan" [Observações Posteriores a Conversas com o Presidente Reagan], Londres, Inglaterra, 9 jun. 1982, transcrição, <http://www.margaretthatcher.org/document/104961>.

[398] Thatcher, "Speech to Conservative Rally at Cheltenham" [Discurso ao Comício Conservador em Cheltenham].

[399] Thatcher, *The Downing Street Years* [Os Anos Downing Street], p. 174.

Acima de tudo, a Guerra das Malvinas restaurou o orgulho de um país que vinha se retirando do mundo desde 1945, cuja autoconfiança havia sido abalada pelo declínio econômico da década de 1970 e pela dissolução de um grande império. Margaret Thatcher o chamou de "o fator das Malvinas", um renascimento notável no espírito de uma nação cujos críticos, em casa e no exterior, reduziram-na à terra do sol poente. No final da luta, ela declarou para uma multidão de simpatizantes exultantes:

> Quando começamos, havia os vacilantes e os fracos. As pessoas que pensavam que a Grã-Bretanha não poderia mais tomar a iniciativa para si mesma. As pessoas que pensavam que não podíamos mais fazer as grandes coisas que uma vez fizemos. Aqueles que acreditavam ser irreversível nosso declínio – que nunca mais poderíamos ser como éramos. Houve quem não quisesse admitir – talvez até alguns hoje aqui – pessoas que teriam veementemente recusado proposta, mas que – no fundo do coração – também temiam secretamente que fosse verdade: que a Grã-Bretanha não era mais a nação que havia construído um império e governado um quarto do mundo.
>
> Bem, eles estavam errados. A lição das Malvinas é que a Grã-Bretanha não mudou, e esta nação ainda tem aquelas excelentes qualidades que brilham em nossa história.
>
> Esta geração pode se igualar a seus pais e avôs em habilidade, coragem e resolução. Nós não mudamos. Quando as exigências da guerra e os perigos para o nosso próprio povo nos chamam às armas – então nós, britânicos, somos como sempre fomos: competentes, corajosos e decididos[400].

Lições-Chave de Liderança

- Thatcher demonstrou como um líder forte deve estar preparado para agir com rapidez e decisão, especialmente em tempos de crise. A procrastinação é a antítese da liderança eficaz.

[400] Thatcher, "Speech to Conservative Rally at Cheltenham" [Discurso ao Comício Conservador de Cheltenham].

- Procure aconselhamento de conselheiros e colegas, mas sempre esteja preparado para seguir seus instintos. Não se deixe dissuadir pelos medrosos.
- Tenha fé na grandeza do seu país e nas forças armadas que o defendem.
- Nunca delegue a liderança americana a instituições supranacionais, como as Nações Unidas.
- Nunca subestime a disposição e o potencial dos adversários estratégicos para lançar ataques contra os interesses dos EUA e explorar as fraquezas nas posições defensivas.
- Sempre enfrente o agressor. Envie um sinal claro de que atos de agressão serão punidos.
- Os militares da América devem estar preparados para o inesperado, mesmo em tempos de aparente paz. Uma campanha de sucesso só pode ser travada se as bases já tiverem sido lançadas no que diz respeito a investimento militar. A Guerra das Malvinas não poderia ter sido travada se Thatcher não tivesse revertido os cortes de defesa e reconstruído a capacidade militar da Grã-Bretanha.

CAPÍTULO VIII

Capítulo VIII

Mantendo a América Segura e Confrontando o Terrorismo

"Em certo sentido, não há vitórias finais, uma vez que a luta contra o mal no mundo nunca termina".

Margaret Thatcher, *mensagem no vigésimo-quinto aniversário da libertação das Malvinas,* 13 de junho, 2007[401].

A Importância de uma Defesa Forte

Como a Guerra das Malvinas, a Guerra Fria, as duas guerras do Golfo, a guerra no Afeganistão e a guerra global ao terror demonstraram amplamente, uma defesa forte é vital tanto para dissuadir os agressores quanto para derrotá-los. Medidas de precaução também são essenciais. Como Margaret Thatcher observou: "Em nenhum outro lugar mais do que na defesa e na política externa se aplica o que passei a considerar a 'lei de Thatcher': na política, o inesperado acontece. Você precisa estar preparado e ser capaz de enfrentar"[402]. Ela defendeu o princípio de que as intensificações militares evitam

[401] Margaret Thatcher, "Fortune *Does*, in the End, Favour the Brave," [Ao Final, *Sim*, a Fortuna Favorece os Corajosos], mensagem no vigésimo quinto aniversário da liberação das Malvinas, 13 jun. 2007, transcrição, Margaret Thatcher Foundation, <http://www.margaretthatcher.org/document/110962>.

[402] Margaret Thatcher, *The Downing Street Years* [Os Anos em Downing Street], (Londres: HarperCollins, 1993), p. 237.

guerras ao invés de iniciá-las, um aspecto enfatizado por ela em um discurso durante uma sessão conjunta do Congresso em uma visita a Washington, em 1985:

> Sr. Presidente, as guerras não são causadas pelo acúmulo de armas. Elas são causadas quando um agressor acredita poder atingir seus objetivos a um preço aceitável. A guerra de 1939 não foi causada por uma corrida armamentista. Ela surgiu da crença de um tirano de que outros países não tinham os meios e a vontade de resistirem a ele. Lembre-se da frase de Bismarck: "Eu quero guerra? Claro que não! Eu quero a vitória!". Nossa tarefa é fazer os agressores em potencial, de qualquer parte, entenderem claramente que a capacidade e a determinação do Ocidente lhes negariam a vitória na guerra e que o preço pago por eles seria intolerável[403].

Em um discurso no Instituto Fraser do Canadá, em 1993, Thatcher destacou as três perguntas-chave que qualquer potência hostil fará antes de lançar uma invasão a outro país. A primeira é: "Meu adversário tem uma defesa forte?". A segunda: o adversário pode "levar suas forças para o local onde a ação se faz necessária?". E a terceira: "Ele, ou ela, tem a determinação?". Em todas os três aspectos, a Grã-Bretanha estava preparada para a Guerra das Malvinas. Porém, o general Galtieri da Argentina subestimou muito a determinação e capacidade de combate dos britânicos. Tanto a retomada das Malvinas,quanto a remoção de Saddam Hussein do Kuwait, disse Thatcher, foram possíveis pela manutenção de militares fortes:

> Foi a primeira vez no mundo pós-Segunda Guerra Mundial que um agressor foi detido, e a lei internacional de que você não deve tomar o território ou posses de outra pessoa foi mantida.
>
> Note, por favor: não foi apoiada pelas Nações Unidas, nem a retirada do Iraque do Kuwait foi feita pelas Nações Unidas; mas sim por Estados-nação líderes com uma forte defesa. E que nunca seja esquecido, em toda a minha vida na política, o inesperado aconteceu. As Malvinas foram o inesperado. Mais

[403] Margaret Thatcher, "Speech to Joint Houses of Congress" [Discurso Para As Casas Conjuntas do Congresso], Washington, D.C., 20 fev. 1985, transcrição, <http://www.margaretthatcher.org/document/105968>.

tarde, foi o Golfo. Mas, jamais, em nenhum momento, eu, ou o presidente Reagan, ou o presidente Bush, precisamos pensar: temos as armas defensivas necessárias? Porque uma sábia prudência providenciou que as tivéssemos. Mesmo quando cortamos os gastos do governo, dentro do total, aumentei os gastos com defesa; nunca estivemos perto de deixar isso diminuir. Espero que seja uma lição que as pessoas tenham aprendido[404].

A Evisceração dos Gastos com Defesa da OTAN

Os gastos com a defesa, como na década de 1970, estão agora em declínio em ambos os lados do Atlântico. Apenas três membros da aliança da OTAN estão atualmente atendendo aos gastos mínimos de defesa acordados, de 2% do PIB – Estados Unidos, Grã-Bretanha e Grécia. Os gastos com defesa franceses caíram abaixo da referência de 2% em 2011. Dezesseis membros europeus da OTAN reduziram os gastos militares desde 2008, com cortes superiores a 10% em alguns casos. Luke Coffey, da Heritage Foundation, um ex-conselheiro especial do ministério da Defesa britânico, disse ao Congresso em abril de 2012: "Para colocar isso em perspectiva, com um orçamento anual de US$ 4,5 bilhões, a cidade de Nova York gasta mais no policiamento do que treze membros da OTAN gastam em defesa"[405]. O antigo secretário de Defesa dos EUA, Robert Gates, advertiu em seu discurso de despedida em Bruxelas, em junho de 2011, que a OTAN está rapidamente se tornando uma aliança de dois níveis, com os pagadores de impostos americanos agora arcando com o custo de mais de 75% do gasto total da OTAN com a defesa, um arranjo insustentável. Os futuros líderes dos EUA, disse Gates, "podem não considerar que o retorno sobre o investimento da América na OTAN vale o custo"[406].

---

[404] Margaret Thatcher, "The New World Order" [A Nova Ordem Mundial], discurso para o Instituto Fraser, Toronto, 8 nov. 1993, transcrição, Margaret Thatcher Foundation, <http://www.margaretthatcher.org/document/108325>.

[405] Luke Coffey, "NATO: The Chicago Summit and U.S. Foreign Policy" [OTAN: A Cúpula de Chicago e a Política Externa dos EUA], testemunho perante a Comissão de Relações Exteriores, Subcomissão para Europa e Ásia, Câmara dos Representantes dos EUA, 27 abr. 2012, transcrição, Heritage Foundation, <http://www.heritage.org/research/testimony/2012/04/nato-the-chicago-summit-and-us-foreign-policy>.

[406] Robert M. Gates, "Security and Defense Agenda (Future of NATO)" [Agenda de Segurança

Thatcher reconheceu que "o povo americano estará preparado para aceitar o fardo da liderança mundial e agir como executor de última instância da comunidade internacional – mas apenas se os EUA puderem contar com o apoio de seus aliados"[407]. Até mesmo o Reino Unido, com uma tradição militar tão ilustre quanto qualquer outra no mundo, está reduzindo drasticamente suas capacidades. A abordagem adotada pelo governo de coalizão conservador-liberal da Grã-Bretanha é a antítese de Margaret Thatcher na década de 1980.

A defesa britânica foi reduzida de forma tão severa que diversos ex-comandantes militares, incluindo o almirante Sir John Forster Woodward (1932-2013), chefe da força-tarefa de 1982, acreditam que seria impossível retomar as Ilhas Malvinas hoje[408]. E a agressividade renovada da Argentina torna a questão mais do que teórica. O regime da presidente Cristina Kirchner tentou um bloqueio marítimo parcial em alguns casos, abordando navios de pesca europeus operando com licenças das Ilhas Malvinas e recusando-se a aceitar navios de cruzeiro com destino às Malvinas. A cada vez mais impopular presidente, lutando contra os crescentes problemas econômicos, exigiu, repetidamente, que as ilhas fossem entregues ao seu país e emitiu várias declarações inflamadas atacando o Reino Unido. Seu ministro das Relações Exteriores, Héctor Timerman (1953-2018), declarou que as Malvinas estarão sob controle argentino dentro de vinte anos e que se recusa a reconhecer o direito dos habitantes das Ilhas Malvinas à autodeterminação[409].

Kirchner é uma valentona como Galtieri, embora sem sua força militar, e está tentando intimidar os habitantes das Ilhas Malvinas. A Grã-Bretanha fortaleceu as defesas das ilhas nos últimos anos, mas sua situação é precária. O

e Defesa (Futuro da OTAN], Bruxelas, Bélgica, 10 jun. 2011, transcrição, Departamento de Defesa dos Estados Unidos, <http://www.defense.gov/speeches/speech.aspx?speechid=1581>.

407 Margaret Thatcher, "Speech to the National Press Club" [Discurso no Clube Nacional da Imprensa], Washington, D.C., 5 nov. 1993, transcrição, Margaret Thatcher Foundation, <http://www.margaretthatcher.org/document/108324>.

408 Cole Moreton, "Falkland Islands: Britain 'Would Lose' if Argentina Decides to Invade Now" [Ilhas Malvinas: a Grã-Bretanha Perderia Caso a Argentina Decidisse Invadir Agora], *Daily Telegraph* (Reino Unido), 17 mar. 2012, <http://www.telegraph.co.uk/news/worldnews/southamerica/falklandislands/9150339/Falkland-Islands-Britain-would-lose-if-Argentina-decides-to-invade-now.html>.

409 Damien McElroy, "Falklands 'Will Be under Our Control in 20 Years', Says Argentine Foreign Minister" [As Malvinas "estarão sob nosso controle em 20 anos", afirma o ministro das Relações Exteriores da Argentina], *Daily Telegraph* (Reino Unido), 5 fev. 2013, <http://www.telegraph.co.uk/news/worldnews/southamerica/falklandislands/9849971/Falklands-will-be-under-our-control-in-20-years-says-Argentine-foreign-minister.html>.

último porta-aviões da Marinha Real foi recentemente desativado, e é difícil travar uma guerra do outro lado do mundo sem um. A frota Harrier, decisiva no conflito de 1982, foi vendida, então, mesmo que a marinha tivesse um porta-aviões, poderia não haver nenhuma aeronave para transportar. Os cortes na defesa também prejudicaram o exército britânico. Até o final da década, o exército terá apenas 82 mil soldados, "o menor exército desde as guerras napoleônicas", de acordo com o general Sir Mike Jackson[410].

A Declinante Capacidade de Defesa da América

A vulnerabilidade das Ilhas Malvinas deveria ser um aviso aos Estados Unidos sobre destruir nossas defesas. Infelizmente, o aviso não foi atendido. O governo Obama anunciou cortes de defesa de US$ 500 bilhões na próxima década. Esses cortes somam-se a US$ 330 bilhões de cortes em programas de aquisições em 2009, além da redução adicional de US$ 78 bilhões no orçamento do Pentágono em 2010.[411] Mackenzie Eaglen(?-?), do American Enterprise Institute, oferece uma avaliação séria desses cortes: eles são

> o prego final no caixão de nosso contrato nacional com todos os nossos militares voluntários – que, se lutarem, terão o melhor para vencer. Ele marca o início do fim do domínio militar internacional inquestionável da América. Nossos soldados vão, cada vez mais, entrar em combate com equipamentos antigos, sem garantia de prevalecer contra qualquer inimigo[412].

410 Cole Moreton, "Britain Faces 'Impossible' Battle if Argentina Invades Falklands, Warns General Sir Mike Jackson" [Grã-Bretanha Enfrenta Batalha "Impossível" Se a Argentina Invadir as Malvinas, Avisa o General Sir Mike Jackson], Daily Telegraph (Reino Unido), 29 jan. 2012, <http://www.telegraph.co.uk/news/worldnews/southamerica/falklandislands/9046476/Britain-faces-impossible-battle-if-Argentina-invades-Falklands-warns-General-Sir-Michael-Jackson.html>.

411 "Warning: Hollow Force Ahead! The Effect of Ever More Defense Budget Cuts on U.S. Armed Forces" [Aviso: Força Oca Adiante! O Efeito de Cada Vez Mais Cortes no Orçamento de Defesa Sobre as Forças Armadas dos EUA], projeto Defending Defense, do American Enterprise Institute, da Heritage Foundation, e da Foreign Policy Initiative, jun. 2011, <http://www.heritage.org/research/reports/2011/07/defending-defense-warning-hollow-force-ahead>.

412 Mackenzie Eaglen, "Defense Cuts and America's Outdated Military" [Cortes de Defesa e as Forças Armadas Desatualizadas da América], *Wall Street Journal*, 24 jan. 2012, <http://online.wsj.com/article/SB10001424052970203806504577179322078800612.html>.

As forças armadas da América estão sendo forçadas a lutar com equipamento seriamente ultrapassado. A idade média de um bombardeiro estratégico dos EUA é de 34 anos, e a média de um avião-tanque é de 47 anos. A frota dos EUA agora conta com apenas 284 navios, a menor desde 1916. O número de esquadrões de caça agora é de apenas 39, em comparação com 82 no final da Guerra Fria[413]. Como um relatório conjunto do American Enterprise Institute, da Heritage Foundation e da Foreign Policy Initiative, em julho de 2011, alertou, a América está a caminho de um exército "oco", equipado com as mesmas aeronaves, navios, tanques e helicópteros usados no final da Guerra Fria[414].

A competitividade militar da América também está sendo corroída devido a um declínio em pesquisa e desenvolvimento. Os gastos com esse componente crítico da defesa nacional são menores como porcentagem do PIB do que na década de 1960, e novos cortes estão planejados. Os gastos da China em pesquisa e desenvolvimento militar, por outro lado, estão aumentando em mais de 10% ao ano e ultrapassarão os dos Estados Unidos em 2023[415].

Há sinais preocupantes de isolacionismo em Washington, como, por exemplo, os planos do governo Obama de reduzir a, há muito existente, presença militar dos Estados Unidos na Europa. Em 2013, havia cerca de 80 mil militares dos EUA, em vinte e oito bases americanas no Atlântico, ante cerca de 400 mil no início dos anos 1950. O Pentágono planeja reduzir as forças americanas na Europa em mais de 10 mil tropas, retirando pelo menos duas brigadas de combate até 2014[416].

---

413 *An American Century: A Strategy to Secure America's Enduring Interests and Ideals* [Um Século Americano: Uma Estratégia Para Proteger os Interesses e Ideais Duradouros da América], uma publicação técnica da campanha Romney para presidente, 7 out. 2011, <http://www.scribd.com/doc/67928028/An-American-Century%E2%80%94A-Strategy-to-Secure-America%E2%80%99s-Enduring-Interests-and-Ideals>.

414 "Warning: Hollow Force Ahead!" [Aviso: Força Oca Adiante].

415 Ver Mackenzie Eaglen e Julia Pollak, "U.S. Military Technological Supremacy under Threat" [Supremacia Tecnológica Militar dos EUA Sob Ameaça], American Enterprise Institute, 28 nov. 2012, <http://www.aei.org/papers/foreign-and-defense-policy/defense/us-military-technological-supremacy-under-threat/>.

416 Ver Luke Coffey, "Keeping America Safe: Why U.S. Bases in Europe Remain Vital" [Mantendo a América Segura: Por Que As Bases dos EUA na Europa Permanecem Vitais], *Special Report*, no. 111, Heritage Foundation, 11 jul. 2012, <http://www.heritage.org/research/reports/2012/07/keeping-america-safe-why-us-bases-in-europe-remain-vital>.

É um erro grave descartar as bases dos EUA na Europa como "relíquias da Guerra Fria". Elas não se destinam a compensar as defesas da Europa. Elas servem, principalmente, como "bases operacionais avançadas do século XXI", permitindo aos militares dos EUA responderem rapidamente às crises no Oriente Médio e no Norte da África, bem como no Cáucaso[417]. Essas bases também fortalecem a aliança transatlântica, demonstrando o compromisso dos Estados Unidos com a segurança europeia.

A aliança da OTAN não tinha maior defensora do que Margaret Thatcher, que a via como um "farol de esperança para o povo oprimido do bloco soviético"[418]. O propósito da OTAN era "salvaguardar a liberdade, o nosso patrimônio comum e a civilização fundada nos princípios da democracia, liberdade pessoal e estado de direito"[419]. A OTAN continua a ser a base da defesa transatlântica, e os americanos devem se opor às tentativas de enfraquecê-la, incluindo os planos franceses e alemães de desenvolver uma identidade de defesa da União Europeia em concorrência com a OTAN.

Um Caminho Perigoso

As reduções nos gastos com defesa em ambos os lados do Atlântico são imprudentes e temerárias. Como Churchill advertiu em seu discurso sobre a Cortina de Ferro: "É nos anos de paz que as guerras são evitadas"[420]. Os cortes no orçamento de defesa dificilmente afetarão o déficit orçamentário federal, o qual é impulsionado em grande parte pelo custo dos programas de auxílios. Os cortes na defesa são um exercício destrutivo de bem-estar da esquerda, que há décadas vem pressionando para que os militares americanos tenham suas asas

---

417 Coffey, "Keeping America Safe" [Mantendo a América Segura].

418 Margaret Thatcher, "Speech to Conservative Party Conference" [Discurso Para A Conferência do Partido Conservador], Brighton, Inglaterra, 8 out. 1982, transcrição, Margaret Thatcher Foundation, <http://www.margaretthatcher.org/document/105032>.

419 Margaret Thatcher, "Speech at Fleetwood" [Discurso em Fleetwood], Fleetwood, Inglaterra, 7 jun. 1983, transcrição, Margaret Thatcher Foundation, <http://www.margaretthatcher.org/document/105385>.

420 Citado por Margaret Thatcher, "Speech to the General Assembly of the Commonwealth of Virginia" [Discurso na Assembleia Geral da Comunidade da Virgínia], Richmond, 3 fev. 1995, transcrição, Margaret Thatcher Foundation, <http://www.margaretthatcher.org/document/108342>.

cortadas. Como Thatcher observou em seu discurso à Assembleia do Atlântico Norte, após a vitória nas Malvinas,

> Se sacrificássemos a defesa às necessidades do Estado de bem-estar social, poderia chegar o dia em que não teríamos paz, nem liberdade, nem seríamos capazes de fornecer a nosso povo as escolas, os hospitais e todos os outros elementos de um estado civilizado moderno[421].

Os apoiadores da redução das forças armadas americanas devem se lembrar do conselho pertinente, dado por Thatcher pouco antes de se tornar primeira-ministra:

> Devemos olhar para nossas defesas [...]. Uma família que se encontra com pouco dinheiro, e então cancela suas apólices de seguro, flerta com o desastre. Portanto, uma nação que poupa em suas defesas está brincando com fogo. Devemos reconstruir nossas defesas e, ao fazê-lo, fortalecer a aliança. Essa deve ser uma incumbência primordial para o novo governo conservador nos anos que se avizinham. É na maior parte dessas coisas que a grande maioria de nosso povo acredita[422].

Confrontando a Ameaça Terrorista

Poucos líderes nos tempos modernos tiveram a experiência direta e pessoal de Margaret Thatcher com o terrorismo. Ela entendeu que os terroristas "são os inimigos da sociedade civilizada em todos os lugares"[423], um grande mal a ser esmagado e vencido, "uma ameaça tanto selvagem quanto insidiosa à li-

[421] Margaret Thatcher, "Speech to the North Atlantic Assembly" [Discurso à Assembleia do Atlântico Norte], 17 nov. 1982, transcrição, Margaret Thatcher Foundation, <http://www.margaretthatcher.org/document/105056>.

[422] Margaret Thatcher, "Speech to Conservative Central Council" [Discurso Para o Conselho Central Conservador], West Midlands, Inglaterra, 24 mar. 1979, transcrição, Margaret Thatcher Foundation, <http://www.margaretthatcher.org/document/103980>.

[423] Margaret Thatcher, "Speech at Conservative Party Conference" [Discurso na Conferência do Partido Conservador], Blackpool, Inglaterra, 16 out. 1981, transcrição, Margaret Thatcher Foundation, <http://www.margaretthatcher.org/document/104717>.

berdade"[424]. A ameaça do terrorismo sempre esteve em segundo plano durante seus anos na Downing Street, e ela permaneceu como sua oponente mais contundente, jamais admitindo que os terroristas conseguissem seus objetivos usando a força para promover causas políticas.

Thatcher enfrentou o flagelo do terrorismo em maio de 1980, logo depois de se tornar primeira-ministra, quando seis homens armados invadiram a embaixada iraniana em Londres e mantiveram mais de vinte reféns, incluindo um policial e dois jornalistas da BBC. Ela ordenou ao Special Air Service (SAS) [Serviço Aéreo Especial] a invasão da embaixada. Todos os reféns sobreviventes foram libertados (um foi assassinado antes do início da operação), cinco homens armados foram mortos a tiros e um deles capturado. Não houve perdas da SAS. Como Thatcher lembrou: "Havíamos enviado um sinal aos terroristas de todos os lugares, de que eles não poderiam esperar acordos e que não extorquiriam favores da Grã-Bretanha"[425].

O governo Thatcher travou uma campanha prolongada contra o Provisional Irish Republican Army (IRA) [Exército Republicano Irlandês Provisório], o qual, em várias ocasiões, lançou ataques terroristas na ilha principal da Grã-Bretanha. Lady Thatcher e seu marido [Denis Thatcher (1915-2003)] escaparam por pouco da morte em um desses, trata-sedo ataque à bomba ao Grand Hotel em Brighton, durante a conferência do Partido Conservador de 1984. A explosão ceifou cinco vidas, entre elas a do parlamentar conservador Sir Anthony Berry (1925-1984), e feriu trinta e quatro outras pessoas, incluindo o secretário de empregos, Norman Tebbit, e sua esposa, Margaret. Thatcher descreveu o ataque em suas memórias:

> Às 2:54 da manhã, um forte estrondo sacudiu a sala. Houve alguns segundos de silêncio e então houve um segundo barulho, ligeiramente diferente, criado, de fato, pela queda da alvenaria. Eu soube imediatamente que era uma bomba – talvez duas bombas, uma grande seguida de um dispositivo menor – mas, naquele momento, eu não sabia que a explosão havia ocorrido dentro do hotel [...]. Aqueles que tentaram me matar colocaram a bomba no lugar errado[426].

---

[424] Margaret Thatcher, "Speech to Joint Houses of Congress" [Discurso Para as Casas Conjuntas do Congresso].
[425] Thatcher, *The Downing Street Years* [Os Anos de Downing Street], p. 89.
[426] *Ibid.*, p. 379-380.

Apesar da carnificina ao seu redor, a primeira-ministra estava determinada a não permitir aos terroristas intimidarem o povo britânico. Ela se recusou a deixar Brighton (cerca de 80 quilômetros de Londres) por Downing Street, além de insistiu em passar a noite em uma faculdade local de polícia[427] e fazer seu discurso na conferência naquela manhã. Como ela, com firmeza, disse à sua audiência de fiéis do Partido Conservador:

> Não foi apenas uma tentativa de interromper e encerrar nossa Conferência; foi uma tentativa de paralisar o governo democraticamente eleito de Sua Majestade. Essa é a escala da indignação que todos compartilhamos, e o fato de estarmos reunidos aqui agora – chocados, mas serenos e determinados – é um sinal não apenas de que este ataque falhou, mas de que todas as tentativas de destruir a democracia através do terrorismo vão fracassar[428].

Essa coragem inabalável era característica da liderança de Thatcher. O IRA havia atacado poucos meses antes, detonando uma bomba em meio às pessoas que faziam as compras de Natal na Harrods, em Londres. Cinco pessoas, incluindo dois policiais, foram mortas. "Jamais esquecerei a visão do corpo carbonizado de uma adolescente", registrou Thatcher em suas memórias, "deitada, onde havia sido atirada contra a vitrine da loja"[429].

Algo ainda pior estava por vir. Quatro anos depois, em 1987, uma bomba do IRA explodiu, em uma cerimônia do Dia da Memória, em Enniskillen, na Irlanda do Norte. Onze pessoas foram mortas, e sessenta foram feridas, em um ato de barbárie indescritível. Logo após esse massacre, Thatcher lembrou ao povo britânico que eles nunca devem ceder ao terrorismo:

> Não pode haver acordo com o terrorismo. Tratar com terroristas só pode levar a mais bombardeios, mais violência, mais pessoas assassinadas. A melhor defesa contra o terrorismo é deixar claro que você nunca cederá[430].

---

[427] Robin Harris, "Thatcher Knew How to Fight Terrorists" [Thatcher Sabia Como Combater Terroristas], *Daily Telegraph* (Reino Unido), 13 out. 2004, <http://www.telegraph.co.uk/comment/personal-view/3611957/Thatcher-knew-how-to-fight-terrorists.html>.

[428] Thatcher, "Speech to Conservative Party Conference" [Discurso Para a Conferência do Partido Conservador], Brighton, Inglaterra, 12 out. 1984.

[429] Thatcher, *The Downing Street Years* [Os Anos de Downing Street], p. 397.

[430] Margaret Thatcher, "Speech at Lord Mayor's Banquet" [Discurso no Banquete do

Além de uma onda de ataques a alvos civis e militares durante o governo de Thatcher, o IRA assassinou seu amigo próximo e colega parlamentar Ian Gow (1937-1990) com um carro-bomba em 1990. O ataque trouxe de volta memórias dolorosas da morte de outro querido amigo e parlamentar, Airey Neave (1916-1979), assassinado em 1979 pelo Irish National Liberation Army [Exército de Libertação Nacional da Irlanda]. A facção separatista do IRA conseguiu colocar uma bomba sob seu carro, na garagem da Câmara dos Comuns. As mortes de Neave e depois de Gow apenas fortaleceram a determinação de Thatcher de enfrentar o terrorismo. Como ela lembrou mais tarde,

> Nenhuma quantidade de terror pode ter sucesso em seu objetivo, se ao menos poucos homens e mulheres francos, de integridade e coragem se atreverem a chamar o terrorismo de assassinato, e qualquer acordo com ele, de traição[431].

A Ascensão do Terror Islâmico

Desde que Thatcher deixou o cargo, uma nova ameaça terrorista ofuscou amplamente a dos republicanos irlandeses. O terrorismo islâmico é agora o principal desafio para os serviços de inteligência e segurança da Grã-Bretanha. Após os ataques de 11 de setembro em Nova York e Washington, D.C., ela reconheceu, imediatamente, o que o Ocidente estava enfrentando – nada menos do que uma guerra contra um inimigo islâmico buscando a destruição do mundo livre. Em Washington, em 2002, ela descreveu exatamente o que estava em jogo nos próximos anos e ofereceu conselhos ao presidente George W. Bush:

> Ainda hoje enfrentamos um monstro de duas cabeças do terrorismo e da proliferação de armas de destruição em massa. E ambas as cabeças devem ser removidas se a própria criatura for destruída. O mal, é verdade, sempre esteve conosco. Mas o mal nunca foi tão tecnicamente sofisticado, nunca tão evasivo, nunca tão destituído de escrúpulos e nunca tão ansioso para causar baixas civis. O

Senhor Prefeito], Londres, 16 nov. 1987, transcrição, <http://www.margaretthatcher.org/document/106965>.

431 Thatcher, *The Downing Street Years* [Os Anos de Downing Street], p. 414.

> Ocidente deve prevalecer – ou então aceitar um reinado de ilegalidade e violência globais, sem paralelo nos tempos modernos[432].

Margaret Thatcher foi uma das primeiras políticas britânicas a abordar a ameaça islâmica e a alertar o Ocidente sobre os perigos de apaziguá-la. Ela criticou duramente os clérigos islâmicos na Grã-Bretanha que não fizeram o suficiente para condenar os ataques de 11 de setembro nos Estados Unidos, que tiraram a vida de sessenta e sete britânicos. Em uma coluna do *The New York Times* em fevereiro de 2002, ela comparou a ameaça islâmica ao bolchevismo, uma ideologia perigosa, que precisava ser confrontada e derrotada em nível global:

> O extremismo islâmico, como o bolchevismo no passado, é uma doutrina armada. É uma ideologia agressiva, promovida por devotos fanáticos bem armados. E, como o comunismo, requer uma estratégia abrangente de longo para derrotá-la [...].
>
> Os eventos de 11 de setembro são uma terrível lembrança de que a liberdade exige vigilância eterna. E por muito tempo não estivemos vigilantes. Abrigamos aqueles que nos odiavam, toleramos aqueles que nos ameaçaram e toleramos aqueles que nos enfraqueceram[433].

Como tantas vezes acontecia, Margaret Thatcher estava anos à frente de seus colegas em apontar a ameaça do terrorismo islâmico. Ao contrário da maioria dos políticos britânicos, ela identificou o inimigo sem hesitação – os islâmicos que buscam a destruição da Grã-Bretanha, dos Estados Unidos e do Ocidente. Somente em 7 de julho de 2005, quando ataques suicidas da Al Qaeda ao sistema de transporte público de Londres (comumente conhecido como os ataques 7/7) os quais ceifaram cinquenta e duas vidas e feriram setecentas, foi que os líderes políticos da Grã-Bretanha começaram a compreender

---

[432] Margaret Thatcher, "The West Must Prevail" [O Ocidente Deve Prevalecer], comentários ao aceitar o prêmio Clare Boothe Luce, Heritage Foundation, Washington, D.C., 9 dez. 2002, transcrição, Margaret Thatcher Foundation, <http://www.margaretthatcher.org/document/110687>.

[433] Margaret Thatcher, "Advice to a Superpower" [Conselhos a Uma Superpotência], *New York Times*, 11 fev. 2002, <http://www.nytimes.com/2002/02/11/opinion/advice-to-a-superpower.html?src=pm>.

totalmente a escala da ameaça, não apenas de jihadistas estrangeiros, vindos de lugares como Paquistão e Iraque, mas, e mais importante, de extremistas islâmicos locais, alguns dos quais eram súditos britânicos de segunda ou terceira geração e que, de muitas maneiras, representavam uma ameaça ainda maior.

A inteligência britânica acredita que haja dois mil simpatizantes da Al Qaeda no Reino Unido[434]. Entre 2001 e 2008, mais de 1.400 pessoas foram presas por crimes relacionados ao terrorismo na Grã-Bretanha[435], e as ameaças continuam[436]. Os Estados Unidos também enfrentam a ameaça de extremistas islâmicos domésticos. Pelo menos cinquenta planos de terror contra alvos dos EUA foram evitados na era pós-11 de setembro[437].

O Ocidente está enfrentando o que tem sido chamado de "longa guerra" contra o terrorismo[438], que será travada nas próximas décadas, tanto na frente doméstica quanto em todo o mundo, do Afeganistão e Paquistão ao Mali e à Somália. Por fim será vencida com força e determinação como as de Margaret Thatcher. "A ameaça terrorista à liberdade é mundial", disse ela.

> Isso nunca pode ser resolvido com conciliação. Ceda ao terrorista e você gerará mais terrorismo. Em casa e no exterior, nossa mensagem é a mesma. Não

---

434 Con Coughlin, "Al-Qaeda Threat: Britain Worst in Western World" [Ameaça da Al-Qaeda: Grã-Bretanha a Pior no Mundo Ocidental], *Daily Telegraph* (Reino Unido), 15 jan. 2010, <http://www.telegraph.co.uk/news/uknews/terrorism-in-the-uk/6996655/Al-Qaeda-threat-Britain-worst-in-western-world.html>.

435 Theodore R. Bromund e Morgan L. Roach, "Islamist Terrorist Plots in Great Britain: Uncovering the Global Network" [Conspirações Terroristas Islâmicas na Grã-Bretanha: Descobrindo a Rede Global], *Backgrounder*, no. 2329, Heritage Foundation, 26 out.2009, <http://www.heritage.org/research/reports/2009/10/islamist-terrorist-plots-in-great-britain-uncovering-the-global-network>.

436 Tom Whitehead, "Suicide Bomb Gang Guilty of Plotting 'Worst Ever Terror Attack in Britain'" [Gangue de Homens-Bomba Suicida Culpada de Planejar Pior Ataque Terrorista de Todos os Tempos na Grã-Bretanha], *Daily Telegraph* (Reino Unido), 21 fev. 2013, <http://www.telegraph.co.uk/news/uknews/terrorism-in-the-uk/9877193/Suicide-bomb-gang-guilty-of-plotting-worst-ever-terror-attack-in-Britain.html>.

437 James Jay Carafano, Steve Bucci, e Jessica Zuckerman, "Fifty Terror Plots Foiled Since 9/11: The Homegrown Threat and the Long War on Terrorism" [Cinqüenta Conspirações Terroristas Frustradas Desde 11 de Setembro: a Ameaça Local e a Longa Guerra Contra O Terrorismo], *Backgrounder*, no. 2682, Heritage Foundation, 25 abr. 2012, <http://www.heritage.org/research/reports/2012/04/fifty-terror-plots-foiled-since-9-11-the-homegrown-threat-and-the-long-war-on-terrorism>.

438 Ver James Jay Carafano e Paul Rosenzweig, *Winning the Long War: Lessons from the Cold War for Defeating Terrorism and Preserving Freedom* [Vencendo a Longa Guerra: Lições da Guerra Fria para Derrotar o Terrorismo e Preservar a Liberdade], (Washington, D.C.: Heritage Books, 2005).

vamos negociar, nem fazer concessões, nem dobrar os joelhos aos terroristas[439].

Lições-Chave de Liderança

- A liberdade deve ser sempre protegida por meio de uma defesa forte. Fraqueza militar apenas convida o ataque.
- Os Estados Unidos devem ter militares modernos, devidamente financiados, capazes de defender a pátria e de projetar o poder no cenário mundial em apoio aos interesses dos EUA.
- Aumente os gastos com defesa e invista para o futuro. Nunca reduza a capacidade militar de longo prazo. Os concorrentes da América, especialmente a China, não irão.
- Esteja sempre preparado para uma guerra inesperada. Não há espaço para complacência.
- A OTAN deve permanecer no centro da aliança transatlântica. Os Estados Unidos devem resistir aos esforços europeus para erodir a OTAN.
- Os Estados Unidos devem manter seu compromisso de basear as tropas americanas na Europa não apenas para o avanço da parceria transatlântica, mas para interesses estratégicos vitais, incluindo a capacidade de enviar forças rapidamente para o Oriente Médio e Norte da África.
- Nunca ceda ao terrorismo. Não pode haver acordo com aqueles que buscam promover seus objetivos por meio do uso da violência.
- A ameaça terrorista islâmica deve ser claramente identificada e expressamente derrotada.

[439] Margaret Thatcher, "Speech to Conservative Party Conference" [Discurso à Conferência do Partido Conservador], Brighton, Inglaterra, 12 out. 1984.

CAPÍTULO IX

Capítulo IX

A América Precisa Liderar

"Sou uma admiradora absoluta dos valores americanos [...] e acredito que eles continuarão a inspirar não apenas o povo dos Estados Unidos, mas milhões e milhões em todo o mundo".

Margaret Thatcher, *discurso para o Instituto Aspen*,
Colorado, 5 de agosto, 1990[440].

A Grandeza da América

Às vezes, os americanos precisam ser lembrados por estrangeiros da grandeza de seu próprio país. Não americanos, de Alexis de Tocqueville (1805-1859) a Sir Winston Churchill, expressaram eloquentemente o que as elites liberais de hoje nunca dirão: esta é uma nação verdadeiramente grande e excepcional, cujo amor pela liberdade é uma inspiração para o resto do mundo. Foi Churchill, filho de mãe americana e pai inglês, quem perguntou, com lágrimas nos olhos em uma visita a Nova York como primeiro-ministro, em 1952:

> Que outra nação na história, quando se tornou supremamente poderosa, não pensou em engrandecimento territorial, mas ambicionou usar seus recursos para o bem do mundo? Fico maravilhado com o altruísmo da América, seu sublime desinteresse[441].

[440] Margaret Thatcher, "Shaping a New Global Community" [Moldando uma Nova Comunidade Global], discurso para o Instituto Aspen, Aspen, Colorado, 5 ago. 1990, transcrição, Margaret Thatcher Foundation, <http://www.margaretthatcher.org/document/108174>.

[441] Citado por Ronald Reagan em um banquete de Estado da Casa Branca para Margaret Thatcher, Washington, D.C., 16 nov. 1988, transcrição, Margaret Thatcher Foundation, <http://www.margaretthatcher.org/document/107384>.

Margaret Thatcher compartilhou o entusiasmo de Churchill pelos Estados Unidos, o motor do mundo livre. Como ela disse em *Statecraft*,

> a América é mais do que uma nação, um Estado ou uma superpotência; é uma ideia – que tem transformado e continua a transformar a todos nós. A América é única, em seu poder, sua riqueza, sua visão do mundo[442].

Ela sempre foi cheia de admiração pelo povo americano, uma vez descreveu-os como "o povo mais generoso e hospitaleiro de todo o mundo"[443].

A liderança americana foi grandemente fortalecida pela parceria com a Grã-Bretanha. O "Relacionamento Especial", como é comumente conhecida, está no cerne da política externa britânica e americana desde a Segunda Guerra Mundial, quando foi forjada por Winston Churchill e Franklin D. Roosevelt. É, sem dúvida, a parceria bilateral mais poderosa do mundo, baseada na profunda confiança entre duas grandes nações. Os laços de defesa, inteligência, diplomáticos e culturais entre os Estados Unidos e o Reino Unido são a inveja do mundo. O Relacionamento Especial atingiu seu apogeu quando Margaret Thatcher era primeira-ministra e Ronald Reagan estava na Casa Branca.

Um dos principais objetivos do mandato de Thatcher era promover o Relacionamento Especial. Sem a aliança com a América, o poder e a influência britânicos seriam limitados. Sempre foi a opinião de Thatcher que

> o objetivo principal da política externa britânica [é] buscar preservar e fortalecer não apenas o relacionamento especial entre a Grã-Bretanha e os Estados Unidos, mas também a Aliança Atlântica como um todo[444].

Ao mesmo tempo, os Estados Unidos não podem liderar sozinhos como superpotência mundial. Ela lembrou a uma plateia de especialistas americanos

---

[442] Margaret Thatcher, *Statecraft: Strategies For A Changing World* [Estadismo: Estratégias Para Um Mundo em Mudança], (Londres: HarperCollins, 1995), p. 20.

[443] Margaret Thatcher, entrevista por David Frost, TV-AM, 30 dez. 1988, transcrição, Margaret Thatcher Foundation, <http://www.margaretthatcher.org/document/107022>.

[444] Margaret Thatcher, "Speech to the Los Angeles World Affairs Council" [Discurso Para o Conselho de Assuntos Mundiais de Los Angeles], 16 nov. 1991, transcrição, Margaret Thatcher Foundation, <http://www.margaretthatcher.org/document/108290>.

em política externa, em Los Angeles, em 1991: "Nem os Estados Unidos conseguem estar verdadeiramente seguros e protegidos em isolamento"[445]. Dois anos depois, ela explicou a base da parceria: "Mais do que qualquer outro país, a Grã-Bretanha compartilha o comprometimento apaixonado da América à democracia e a disposição para resistir e lutar por ela"[446].

No centro da solicitude de Thatcher pela aliança anglo-americana, estava sua crença na unidade dos "povos de língua inglesa", encontrando inspiração da declaração de Churchill de que "nunca devemos deixar de proclamar, em tons destemidos, os grandes princípios da liberdade e direitos do Homem, os quais são a herança conjunta do mundo de língua inglesa [...]"[447]. Dirigindo-se ao Sindicato de Língua Inglesa em Nova York, pouco antes do final do milênio, Thatcher afirmou:

> É fato que os povos de língua inglesa estão, acima de todos os outros, em uma situação única para transmitir essas lições de liberdade àqueles que buscam imitar nossos sucessos. Afinal, orgulhamo-nos dos sistemas mais antigos do mundo de governo representativo; fomos os primeiros a reconhecer os direitos fundamentais e as liberdades individuais; e preservamos nossas instituições de liberdade por séculos, muitas vezes, contra todas as adversidades[448].

Poucos políticos britânicos passaram mais tempo em solo americano do que Margaret Thatcher. Sua primeira visita foi em 1967, como convidada do Programa de Intercâmbio Internacional do Departamento de Estado. Ela e o marido passaram seis semanas viajando pelo país. Ela era, na época, a porta-voz da oposição para o tesouro e assuntos econômicos, e suas reuniões levaram-na muito além de Washington, para Atlanta, Houston, São Francisco, Los Angeles,

---

445 *Ibid.*

446 Margaret Thatcher, "Speech to the National Press Club" [Discurso no Clube Nacional da Imprensa], Washington, D.C., 5 nov. 1993, transcrição, Margaret Thatcher Foundation, <http://www.margaretthatcher.org/document/108324>.

447 Margaret Thatcher, "Speech at the 33rd Churchill Memorial Concert at Blenheim Palace" [Discurso no 33º Concerto em Memória de Churchill no Palácio Blenheim], 6 mar. 1999, transcrição, Margaret Thatcher Foundation, <http://www.margaretthatcher.org/document/108380>.

448 Margaret Thatcher, "The Language of Liberty" [A Linguagem da Liberdade], discurso para a English-Speaking Union em Nova York, 7 dez. 1999, transcrição, Margaret Thatcher Foundation, <http://www.margaretthatcher.org/document/108386>.

Omaha, Chicago e, finalmente, Nova York[449]. Foi o início da estreita associação de Thatcher com a superpotência mundial, associação essa que duraria mais de quatro décadas e que continuaria em seu papel como patronesse da Heritage Foundation, em Washington, D.C. A fundação estabeleceu o Margaret Thatcher Center for Freedom em 2005, único centro no mundo levando seu nome, e o qual se dedica a promover a parceria entre os Estados Unidos e a Grã-Bretanha.

Thatcher voltou a Washington em 1975, desta vez como líder da oposição. Foi recebida na Casa Branca pelo presidente Gerald Ford e também se reuniu com o secretário de Estado, Henry Kissinger; o secretário do Tesouro, William E. Simon (1927-2000); e o secretário de Defesa, James Schlesinger (1929-2014). A viagem imediatamente impulsionou sua posição em casa, forçando seus críticos dentro do Partido Conservador a pensarem novamente antes de descartarem sua ascensão ao poder como um "golpe de sorte temporário"[450]. Em seu primeiro grande discurso nos Estados Unidos, no National Press Club, ela falou de sua afinidade com a simples e frugal "moral puritana dos fundadores da América", destacando que

> não fui trazida à prosperidade. O trabalho duro era a única maneira. Não vivemos vidas perdulárias, preguiçosas ou indolentes, mas lutamos para viver uma vida que valesse a pena e que fosse mais recompensadora em todos os sentidos. É uma luta moral [...] a moralidade do trabalho, do autossacrifício, de tentar fazer a coisa certa, custe o que custar[451].

Essa também era, disse ela, a moralidade do capitalismo, e proclamou que "o período de altos gastos e pensamento frouxo, acabou".

---

449 "U.S. Visit: State Department Program for Margaret Thatcher's 1967 U.S. Tour" [Visita aos EUA: Programa do Departamento de Estado para a Excursão de Margaret Thatcher aos EUA em 1967] (20 de Fevereiro–31 de Março, 1967), Registros do Departamento de Estado, Disponíveis na Margaret Thatcher Foundation, <http://www.margaretthatcher.org/archive/display-document.asp?docid=109473>.

450 Margaret Thatcher, *The Path to Power* [O Caminho Para o Poder] (Londres: HarperCollins, 1995), p. 360.

451 Margaret Thatcher, "Speech to the National Press Club" [Discurso no Clube Nacional de Imprensa], Washington, D.C., 19 set. 1975, transcrição, Margaret Thatcher Foundation, <http://www.margaretthatcher.org/document/102770>.

Quatro anos depois, Thatcher estava de volta à Casa Branca, desta vez como primeira-ministra britânica, convidada de Jimmy Carter, em meio à crise de reféns no Irã. Em comentários na sua cerimônia de chegada, ela descreveu os Estados Unidos como "a força mais poderosa para a liberdade e a democracia em todo o mundo" e transmitiu uma mensagem de solidariedade ao povo americano[452]. Entretanto, havia diferenças ideológicas consideráveis entre o novo governo conservador britânico e a administração americana, claramente liberal. A América de Carter, como Thatcher lembrou mais tarde, era uma superpotência, que "havia sofrido um terrível declínio de confiança em seu papel no mundo", declínio esse que logo seria revertido[453]. Embora pessoalmente gostasse de Carter, e o considerasse um bom amigo para ela e para a Grã-Bretanha, criticava fortemente sua falta de visão e sua relutância em enfrentar o comunismo. "Ele era pessoalmente inadequado para a presidência", escreveu Thatcher em suas memórias, "agonizando com grandes decisões e preocupado demais com detalhes. Ao liderar uma grande nação, a decência e a assiduidade não são suficientes"[454].

Saiba Quem são seus Amigos

Margaret Thatcher foi a primeira líder da Europa Ocidental convidada pelo presidente Reagan para a Casa Branca. A reunião de 1981 foi facilitada por seu amigo íntimo e conselheiro, Edwin Meese III, e sua visita a Washington imediatamente reviveu o Relacionamento Especial[455]. Ao chegar, ela disse ao presidente: "Nós, na Grã-Bretanha, estamos com você [...]. Na Grã-Bretanha você encontrará uma resposta pronta, um aliado,

[452] Margaret Thatcher, "Speech at White House Arrival Ceremony" [Discurso na Cerimônia de Chegada à Casa Branca], 17 dez. 1979, transcrição, Margaret Thatcher Foundation, <http://www.margaretthatcher. org/document/104194>.

[453] Margaret Thatcher, "The Principles of Conservatism" [Os Princípios do Conservadorismo], palestra para a Heritage Foundation, Washington, D.C., 10 dez. 1997, transcrição, Margaret Thatcher Foundation, <http://www.margaretthatcher.org/document/108376>.

[454] Margaret Thatcher, *The Downing Street Years* [Os Anos de Downing Street], (Londres: HarperCollins, 1993), p. 69.

[455] John O'Sullivan, *The President, the Pope, and the Prime Minister: Three Who Changed the World* [O Presidente, o Papa e o Primeiro Ministro: Três Que Mudaram o Mundo], (Washington, D.C.: Regnery, 2006), p. 138.

valente, leal e verdadeiro"[456]. Durante uma troca de brindes no jantar na Casa Branca, ela prometeu a Reagan que, quando visitasse seu país, encontraria a amizade do povo britânico, e que "os anos de trapalhada socialista chegaram ao fim"[457]. Reagan, por sua vez, ofereceu uma comovente homenagem ao país de Churchill na noite seguinte, em um jantar oferecido pelo embaixador britânico:

> O povo britânico, que nutre as grandes ideias civilizadas, sabe que forças do bem, em última análise, se reagrupam e triunfam sobre o mal. Afinal de contas, essa é a lenda dos Cavaleiros da Távola Redonda, a lenda do homem que vivia na Baker Street, a história de Londres na Blitz, o significado da Union Jack, voando vivamente ao vento. Senhora Primeira-Ministra, farei mais uma previsão, que o povo britânico está, mais uma vez, prestes a homenagear seu amado Sir Winston, dando-lhe a honra de provar que ele estava errado e de mostrar ao mundo que seu [do povo] melhor momento ainda está por vir – e como ele teria adorado a ironia disso. Quão orgulhoso isso o teria deixado[458].

Esta, é claro, não foi a primeira reunião dos dois líderes. Isso havia ocorrido em 1975, quando Reagan, em uma visita à Inglaterra, foi apresentado a Thatcher, logo depois de ela assumir o comando do Partido Conservador. Reagan registrou sua memória vívida daquele encontro em sua autobiografia:

> Eu planejava passar apenas alguns minutos com Margaret Thatcher, mas acabamos conversando por quase duas horas. Gostei dela imediatamente – ela era afetuosa, feminina, graciosa e inteligente – e ficou evidente, desde as nossas primeiras palavras, que éramos almas gêmeas quando se tratava de reduzir o governo e expandir a liberdade econômica[459].

[456] Margaret Thatcher, "Remarks Arriving at the White House" [Observações na Chegada à Casa Branca], 26 fev. 1981, transcrição, <http://www.margaretthatcher.org/document/104576>.

[457] Margaret Thatcher e Ronald Reagan, troca de brindes no Jantar da Casa Branca, 26 fev. 1981, transcrição, Margaret Thatcher Foundation, <http://www.margaretthatcher.org/document/104579>.

[458] Margaret Thatcher e Ronald Reagan, troca de brindes no Jantar da Embaixada Britânica, Washington, D.C., 27 fev. 1981, transcrição, Margaret Thatcher Foundation, <http://www.margaretthatcher.org/document/104581>.

[459] Ronald Reagan, *An American Life: The Autobiography* [Uma Vida Americana: A Autobiografia], (Nova York: Simon & Schuster, 1990), p. 204.

Reagan continuou e passou a descrever sua resposta a um inglês arrogante, que zombou da própria ideia de "uma primeira-ministra mulher", lembrando-lhe de que "a Inglaterra já teve uma rainha chamada Victoria, que se saiu até que bem"[460]. Thatcher ficou igualmente impressionada com Reagan em seu primeiro encontro, lembrando ter sido "imediatamente conquistada por seu charme, senso de humor e franqueza". Ela era uma admiradora do governador da Califórnia, desde que seu marido a apresentou a um de seus discursos, no final dos anos 1960. Thatcher sentia uma afinidade natural por um líder que, como ela, viera de fora da elite política, e fora rejeitado por seus detratores como, em suas palavras, "um dissidente de direita".[461] Eles eram forasteiros de origens humildes, desprezados pelos escalões superiores de seus próprios partidos. E ambos eram políticos com um hábil toque comum, uma habilidade natural de se relacionar com os eleitores comuns em todas as classes em questões que interessam aos eleitores.

Foi o início de uma parceria espetacularmente bem-sucedida, que desencadeou uma revolução econômica transatlântica e derrubou um império tirânico. Foi um verdadeiro encontro de mentes entre dois políticos conservadores de grandes princípios, dedicados à renovação de suas respectivas nações. Como Thatcher lembrou, em *Os Anos na Downing Street*:

> Eu sabia estar falando com alguém que, instintivamente, sentia e pensava como eu; não apenas sobre políticas, mas sobre uma filosofia de governo, uma visão da natureza humana, todos os altos ideais e valores que estão – ou deveriam estar – por trás das ambições de qualquer político para liderar seu país[462].

Thatcher ficou exultante com a vitória de Reagan sobre Carter em 1980, ficando acordada até as três da manhã, ouvindo as transmissões eleitorais dos Estados Unidos[463]. Ela reconheceu que a eleição foi histórica, marcando o retorno da autoconfiante liderança americana. A ascensão de Reagan também foi

---

460 *Ibid.*

461 Thatcher, *The Path to Power* [O Caminho Para o Poder], p. 372.

462 Thatcher, *The Downing Street Years* [Os Anos de Downing Street], p. 157.

463 Fred Emery, "Letter to President-Elect Reagan (Invitation to Visit Britain)" [Carta ao Presidente Eleito Reagan (Convite Para Visitar a Grã-Bretanha)], *Times* (Reino Unido), 6 nov. 1980, Margaret Thatcher Foundation, <margaretthatcher.org/document/104216>.

uma oportunidade para a Grã-Bretanha ficar com os Estados Unidos mais uma vez, unida no avanço da liberdade, e chamou sua posse de "um símbolo de esperança para a Aliança"[464]. Em um artigo de 1988 para a *National Review*, ela escreveu a respeito da sua convicção sobre a eleição de Reagan, "que juntos poderíamos enfrentar as tarefas formidáveis que temos pela frente: colocar nossos países de pé, restaurar seu orgulho e seus valores e ajudar a criar um mundo melhor e mais seguro"[465]. Para Thatcher, sua missão conjunta com o novo presidente foi clara:

> Tanto Ronald Reagan quanto eu decidimos, deliberadamente, reverter o controle do Estado, liberar a iniciativa individual e enfrentar um Império Soviético, que era tão maligno quanto ele o descreveu, e uma ameaça muito mais séria ao nosso modo de vida do que os revisionistas de hoje fingem ser. Sua principal tarefa era política externa e de defesa – o que era natural para uma superpotência. Minha principal tarefa era nos assuntos econômicos: reverter o coletivismo, em todas as suas formas. Isso incluiu, é claro, uma campanha contra o comunismo em todos os lugares –a tirania mais total do mundo[466].

Sem a força da parceria Reagan-Thatcher, não teria havido uma recuperação econômica nos Estados Unidos ou na Grã-Bretanha, o poderio militar do Ocidente teria diminuído ainda mais, a aliança da OTAN poderia ter murchado, o império soviético poderia ter sobrevivido por mais décadas, a Europa Oriental teria continuado a trabalhar arduamente sob o domínio comunista, e Washington e Londres teriam sido as capitais de potências em declínio. Além disso, a bandeira argentina estaria voando sobre as Malvinas, e a foice e o martelo dominariam grande parte da América Latina e da África. Na verdade, o mundo de hoje provavelmente seria um lugar muito diferente, com a liberdade em retirada e as forças do totalitarismo em ascensão.

[464] Margaret Thatcher, "Letter to President-Elect Reagan" [Carta ao Presidente Eleito Reagan], 20 jan. 1981, <http://www.margaretthatcher.org/document/104553>.

[465] Margaret Thatcher, "Reagan's Leadership, America's Recovery" [Liderança de Reagan, Recuperação da América], *National Review*, 30 dez. 1988, <http://www.nationalreview.com/articles/258884/reagan-s-leadership-america-s-recovery-margaret-thatcher>.

[466] Margaret Thatcher, "Speech at National Press Club (*The Path to Power*)" [Discurso no Clube Nacional da Imprensa (O *Caminho Do Poder*)] Washington, D.C., 26 jun. 1995, transcrição, Margaret Thatcher Foundation, <http://www.margaretthatcher.org/document/108344>.

Ocasionalmente, havia desacordos francos entre Reagan e Thatcher, o que ela gostava de chamar de brigas de "família", como sua tristeza pela invasão americana, em 1983, de Granada, membro da Comunidade Britânica. Porém, esse foi um período de unidade anglo-americana, cimentada pela relação política mais próxima, entre quaisquer dois líderes internacionais nos tempos modernos. As relações cordiais entre seus sucessores relativamente discretos, John Major e George H. W. Bush, não combinavam com a amizade Reagan-Thatcher. Tony Blair forneceu inestimável – e politicamente oneroso – apoio a George W. Bush na Guerra ao Terror, contudo a aliança entre esses dois homens se limitou à guerra. Eles não compartilhavam crenças políticas sobre outros assuntos de importância. E não há nada nas relações entre Barack Obama e David Cameron que possa ser chamado de "parceria".

A lealdade de Thatcher a Reagan, como amigo e aliado, é lendária. Em uma visita aos Estados Unidos durante as audiências Irã-Contras no Capitólio – o ponto baixo de sua presidência –, Thatcher fez uma defesa robusta do atormentado presidente no *Face the Nation*, refutando qualquer sugestão de que a credibilidade ou influência da América havia sido enfraquecida. Ela disse, de forma memorável, a seu entrevistador, Leslie Stahl, "Anime-se! Os Estados Unidos são um país forte, com um grande presidente, um grande povo e um grande futuro!". Ela repreendeu Stahl por sugerir que "nossa credibilidade foi destruída", perguntando a ela: "Por que você está fazendo o seu melhor para colocar o pior pé à frente? Por quê?". Ela concluiu sua entrevista dizendo: "Eu imploro-lhe peço, você deveria ter tanta fé nos Estados Unidos quanto eu!". De todos os pontos de vista, foi uma troca extraordinária. Foi também um exemplo de grande liderança, de uma política convicta, que nunca hesitou em identificar o absurdo liberal quando foi confrontada com ele[467]. Após a entrevista, a embaixada britânica em Washington foi assediada por telefonemas de telespectadores americanos ansiosos para parabenizar Thatcher por suas palavras de apoio ao presidente. A própria Thatcher recebeu uma ligação de Reagan, expressando sua gratidão, com longos e altos aplausos de membros de seu gabinete[468].

[467] Margaret Thatcher, entrevista por Leslie Stahl, *Face the Nation* da CBS, Washington, D.C., 17 jul. 1987, transcrição, Margaret Thatcher Foundation, <http://www.margaretthatcher.org/document/106915>.

[468] Thatcher, *The Downing Street Years* [Os Anos de Downing Street], p. 771.

Reagan deixou a vida pública dezoito meses depois, deixando a superpotência americana em muito melhor forma do que havia encontrado. Ele convidou Thatcher para a Casa Branca em novembro de 1988, como seu último convidado oficial. Na cerimônia de chegada, agradeceu à sua grande amiga por seu apoio constante, observando que "na hora crítica, Margaret Thatcher e o povo da Grã-Bretanha permaneceram firmes na defesa da liberdade e defenderam todas as mais nobres tradições de sua ilha; a sua parte foi a da coragem, determinação e visão". Em resposta, a primeira-ministra britânica falou sobre como os Estados Unidos se destacaram no mundo, mais uma vez, graças à liderança de Reagan. O presidente americano "restaurou a fé no sonho americano, um sonho de oportunidades ilimitadas, construído sobre o empreendedorismo, esforço individual e generosidade pessoal"[469].

A Lealdade Importa

O episódio que demonstrou, de forma mais dramática, o compromisso de Thatcher com o vínculo anglo-americano foi seu apoio ao ataque dos EUA a Trípoli, em 1986. Também foi uma lição importante de liderança, pois sua lealdade despertou fortes críticas internas e internacionais. Também alertou os ditadores mundiais de que os ataques aos Estados Unidos e a seus aliados teriam consequências.

Em 5 de abril de 1986, uma bomba explodiu em uma discoteca de Berlim Ocidental, popular entre os militares dos EUA. Dois americanos foram mortos, e outras duzentas pessoas, sessenta delas americanas, ficaram feridas. Rapidamente ficou claro que a Líbia era a responsável. O coronel Kaddafi (c. 1942-2011), ditador do país, havia se tornado famoso por seu patrocínio ao terrorismo, e o presidente Reagan estava determinado a dar-lhe uma lição.

Rapidamente, Reagan solicitou permissão para enviar aviões de guerra americanos F-111, saídos da Grã-Bretanha, para atacar a Líbia. Thatcher concordou, e em 15 de abril de 1986, apenas dez dias após o ataque a Berlim, os Estados Unidos realizaram uma onda de ataques aéreos contra alvos milita-

[469] Margaret Thatcher e Ronald Reagan, "Speeches at White House Arrival Ceremony" [Discursos na Cerimônia de Chegada à Casa Branca], 16 nov. 1988, transcrição, Margaret Thatcher Foundation, <http://www.margaretthatcher.org/document/107381>.

res em Trípoli, voando da base da Força Aérea Real em Lakenheath, Suffolk. Thatcher estava sozinha entre os líderes europeus no apoio direto à operação na Líbia[470], e sua decisão exigiu uma extraordinária coragem política. O chanceler da Alemanha, Helmut Kohl (1930-2017), deixou claro, antes do ataque, que os Estados Unidos não podiam contar com o apoio da Europa. A França se recusou a permitir que os F-111s voassem em seu espaço aéreo. A Espanha insistiu que os aviões não poderiam passar por seu território se houvesse algum risco de serem notados. Os caças, por fim, contornaram a Espanha, voando através do Estreito de Gibraltar.

O ataque a Trípoli destruiu vários alvos importantes, mas também matou alguns civis. Foi fortemente condenado em grande parte do mundo, inclusive pelos partidos Trabalhista e Liberal, na Grã-Bretanha. Thatcher ficou sob fogo pesado na Câmara dos Comuns por seu apoio ao presidente Reagan, com um parlamentar declarando que ela tinha "o sangue de inocentes nas mãos" e que "deveria se divorciar das políticas Rambo de Reagan"[471]. Outro parlamentar, sarcasticamente, acusou-a de convidar mais ataques terroristas à Grã-Bretanha devido à "sua paixão política por Reagan [que] a está levando aos erros de julgamento de uma garota tonta"[472]. Neil Kinnock, líder trabalhista, pediu à Câmara dos Comuns para "condenar a ação dos Estados Unidos", alegando "ter causado derramamento de sangue e danos a inocentes"[473].

Sem temer seus críticos, Thatcher lançou uma defesa robusta de seu apoio à ação americana. "O terrorismo deve ser derrotado", disse ela à Câmara dos Comuns. "O terrorismo ataca as sociedades livres e joga com esses medos. Se essas táticas forem bem-sucedidas, o terrorismo mina a vontade dos povos livres de resistir". A parceria com os EUA preservou a paz na Europa por quase quarenta anos. A guerra da América, declarou Thatcher, também foi a guerra da Grã-Bretanha:

---

[470] Thatcher, *The Downing Street Years* [Os Anos de Downing Street], p. 446.

[471] "Prime Minister's Questions" [Perguntas à Primeira Ministra], Câmara dos Comuns, 15 abr. 1986, transcrição, Margaret Thatcher Foundation, <http://www.margaretthatcher.org/document/106361>.

[472] Margaret Thatcher, "House of Commons Statement: U.S. Bombing of Libya" [Declaração à Câmara dos Comuns: Bombardeio da Líbia pelos EUA], 15 abr. 1986, transcrição, Margaret Thatcher Foundation, <http://www.margaretthatcher.org/document/106362>.

[473] *Ibid.*

> Os Estados Unidos são nosso maior aliado. São a base da aliança que preservou nossa segurança e paz por mais de uma geração. Em defesa da liberdade, nossa liberdade assim como sua própria, os Estados Unidos mantêm na Europa Ocidental 330 mil homens em serviço. Isso é mais do que todas as forças regulares da Grã-Bretanha. Os Estados Unidos nos deram ajuda irrestrita quando precisamos no Atlântico Sul, há quatro anos [...]. Chegou a hora de agir. Os Estados Unidos foram atingidos. Sua decisão foi justificada, e, como amigos e aliados, nós a apoiamos[474].

Thatcher mostrou um tipo de coragem muito raro. Os ataques vieram não apenas da oposição, da mídia e de grande parte da Europa, mas de seu próprio partido. Como lembrou em suas memórias:

> enfrentei o antiamericanismo, que ameaçava envenenar nossas relações com nosso aliado mais próximo e mais poderoso, e não apenas sobrevivi, mas emergi com maior autoridade e influência no cenário mundial: isso os críticos não podiam ignorar[475].

Isso foi liderança no seu melhor, e um exemplo para os conservadores de ambos os lados do Atlântico. Ronald Reagan, por exemplo, gostou: "Nunca soube de uma época em que o buldogue inglês estivesse mais seguro do que com Margaret Thatcher"[476].

"Sem Tempo para Vacilar"

Margaret Thatcher apoiou os Estados Unidos pela última vez no final do verão de 1990, três meses antes de deixar o cargo de primeira-ministra. Em 2 de agosto, o Iraque invadiu e ocupou o Kuwait. Thatcher, que por acaso estava no Colorado com o presidente Bush para falar em uma conferência do Instituto

[474] *Ibid.*
[475] Thatcher, *The Downing Street Years* [Os Anos de Downing Street], p. 449.
[476] Ronald Reagan, entrevista por jornalistas estrangeiros, Washington, D.C., 22 abr. 1986, transcrição, Universidade do Texas, Biblioteca Presidencial Ronald Reagan, <http://www.reagan.utexas.edu/archives/speeches/1986/42286h.htm>.

Aspen, despachou imediatamente dois navios de guerra britânicos para o Golfo e se reuniu com o presidente. Com agressores, ela disse a ele, nunca se deve fazer conciliações, eles precisam ser confrontados[477]. Em uma coletiva de imprensa após o encontro, os dois líderes exigiram a retirada do exército de Saddam Hussein do Kuwait. "A primeira-ministra Margaret Thatcher e eu estamos olhando para isso exatamente na mesma sintonia", disse Bush[478].

Em seu discurso em Aspen, três dias depois, Thatcher condenou a invasão do Kuwait pelo Iraque, alertando que "se deixarmos ser bem-sucedida, nenhum país pequeno poderá se sentir seguro novamente. A lei da selva substituiria o estado de direito"[479]. Para a Dama de Ferro, essa foi uma batalha nítida entre o bem e o mal: "Nos anais da injustiça", disse ela mais tarde, "Saddam Hussein havia descido às profundezas da perversidade e da brutalidade que pensávamos nunca mais ver"[480]. O tirano iraquiano não era "louco", mas "totalmente calculista, brutal, e não tinha nenhum respeito pela dignidade ou pelos direitos do indivíduo [...]. Ele não tem consideração pela vida humana, liberdade ou justiça"[481].

Enquanto Washington planejava a enorme escalada militar, que acabou levando à derrota humilhante de Saddam, em fevereiro de 1991, Thatcher estava no centro da tomada de decisões nos EUA. Ela foi convidada a participar de uma reunião importante em Washington, na Casa Branca, após a conferência de Aspen, que incluiu o presidente Bush, o vice-presidente Dan Quayle, o conselheiro de segurança nacional, Brent Scowcroft (1925-2020), o secretário de Estado, James Baker, e o chefe de gabinete de Bush, John Sununu. Nas palavras de Thatcher: "Nunca senti tanto a confiança dos americanos quanto durante as duas horas ou mais que passei aquela tarde na Casa Branca"[482].

---

[477] A reunião de Thatcher com George H. W. Bush está descrita em *Thatcher, The Downing Street Years* [Os Anos de Downing Street], p. 817.

[478] Conferência de imprensa com Margaret Thatcher e o presidente George H. W. Bush, Aspen, Colorado, 2 ago. 1990, transcrição, Margaret Thatcher Foundation, <http://www.margaretthatcher.org/document/108170>.

[479] Thatcher, "Shaping a New Global Community" [Moldando uma Nova Comunidade Global].

[480] Margaret Thatcher, "Speech at Dinner to Lord Jakobivits (Retirement)" [Discurso no jantar para Lord Jakobivits (aposentadoria)], Grosvenor Hall, Londres, 21 fev. 1991, transcrição, Margaret Thatcher Foundation, <http://www.margaretthatcher.org/document/108261>.

[481] Margaret Thatcher, entrevista por David Frost, TV-AM *Frost on Sunday*, 1 set. 1990, transcrição, Margaret Thatcher Foundation, <http://www.margaretthatcher. org/document/108186>.

[482] Thatcher, *The Downing Street Years* [Os Anos de Downing Street], p. 820.

Até aquele ponto, a relação entre Bush e Thatcher não era, nem de longe, tão próxima quanto entre Reagan e Thatcher. O fim da era Reagan deu início a uma nova abordagem em Washington, menos focada nas relações com a Grã-Bretanha. "Com a chegada da nova equipe à Casa Branca", escreveu Thatcher, "percebi estar lidando com um governo que via a Alemanha como seu principal parceiro europeu na liderança [...]. Senti que nem sempre poderia contar como antes com a cooperação americana". Entretanto, a Guerra do Golfo, foi um alerta para a Casa Branca de Bush, a qual rapidamente percebeu que a Grã-Bretanha era o aliado mais consistente, importante e confiável da América:

> As relações anglo-americanas, de repente, perderam sua frieza; na verdade, no final, dificilmente estariam mais quentes [...]. Essa mudança de atitude foi confirmada pela agressão de Saddam Hussein contra o Kuwait, que destruiu qualquer ilusão da tirania ter sido derrotada em todos os lugares. A ONU pode aprovar suas resoluções; mas logo haveria uma guerra em grande escala para lutar. De repente, uma Grã-Bretanha com forças armadas que tinham as competências, e um governo que tinha a determinação, para lutar ao lado dos Estados Unidos, parecia ser o verdadeiro "parceiro na liderança" da Europa[483].

Thatcher desempenhou um papel importante na criação do que acabou se tornando a maior coalizão de nações reunida para uma operação militar desde a Segunda Guerra Mundial, contando com a participação de trinta e quatro países. A Grã-Bretanha forneceu mais de 30 mil militares para a Operation Desert Storm [Operação Tempestade no Deserto], em contraste com muitos dos aliados europeus da América (com a notável exceção da França), que não conseguiram fazer a sua parte. Ela foi creditada por endurecer a própria determinação de Washington, quando celebremente disse a George H. W. Bush que "não era hora de vacilar" nos primeiros dias da crise do Golfo, insistindo que o presidente devia interditar todos os navios iraquianos com destino a Omã, sem exceção.[484] Ela também desaconselhou uma abordagem deferente às Nações Unidas que, durante a Guerra das Malvinas, esteve muito ansiosa para

---

483 *Ibid.*, p. 768-769.

484 A conversa é descrita por George H. W. Bush quando ele premiou Thatcher com a Medalha Presidencial da Liberdade em 7 mar. 1991.

pressionar por negociações intermináveis, em um esforço para impedir a ação militar. Como ela observou mais tarde,

> não gostei de recorrer à ONU desnecessariamente, porque ela sugeria que os Estados soberanos não tinham autoridade moral para agir em seu próprio nome [...]. Ainda não havia substituto para a liderança dos Estados Unidos[485].

A libertação do Kuwait foi um testemunho da força da liderança mundial americana e britânica e, acima de tudo, da disposição da superpotência mundial de agir em um momento de crise com as Forças Armadas reconstruídas durante os anos Reagan. Como observou Thatcher, poucos meses após a libertação, ela "não foi combatida pela ONU", mas por "nações soberanas, sob a liderança dos Estados Unidos da América, que se uniram para fazer cumprir suas Resoluções"[486]. As Nações Unidas nunca podem substituir a liderança americana. "Se tentarmos confiar apenas nas Nações Unidas", advertiu Thatcher, "logo aprenderemos que é uma instituição na qual inúmeras resoluções se tornam um substituto para uma ação eficaz"[487].

A Guerra do Golfo também foi um símbolo, assim como a Guerra Fria, da determinação do Ocidente em enfrentar a tirania. Sem a resolução de Margaret Thatcher e George H. W. Bush, Saddam Hussein teria retido o controle do Kuwait, ameaçado a Arábia Saudita e, provavelmente, desencadeado uma guerra regional mais ampla. Como Thatcher apontou, quando recebeu a Medalha Presidencial da Liberdade, em uma cerimônia na Casa Branca, em março de 1991,

> Como você, sr. presidente, eu odeio violência. E há apenas uma coisa que odeio ainda mais – ceder à violência. Nós não cedemos a isso. A batalha da Tempestade no Deserto não apenas libertou o Kuwait e seu povo. Ela enviou um impressionante aviso a qualquer outro ditador que se proponha a extinguir os direitos dos outros para seu próprio ganho perverso. A sanção da

[485] Thatcher, *The Downing Street Years* [Os Anos de Downing Street], p. 821.

[486] Thatcher, "Speech to the Los Angeles World Affairs Council" [Discurso ao Conselho de Assuntos Mundiais de Los Angeles].

[487] Thatcher, "Speech to the National Press Club" [Discurso no Clube Nacional da Imprensa], 5 nov. 1993.

força não deve ser deixada para tiranos, que não têm escrúpulos morais sobre seu uso[488].

Alianças Importam

O ataque na Líbia, a Operação Tempestade no Deserto e as guerras posteriores no Iraque e no Afeganistão demonstraram a importância fundamental das Relações Especiais. Na Líbia, enquanto o resto da Europa se recusava a apoiar a América, a Grã-Bretanha, sob a liderança de Thatcher, ficou com ela. Repetidamente, desde a Segunda Guerra Mundial, até a recente campanha liderada pela OTAN para remover o coronel Kaddafi do poder, as forças britânicas lutaram ao lado de seus aliados americanos.

A Grã-Bretanha foi o primeiro país a se juntar aos Estados Unidos na guerra contra o Taleban, após os ataques de 11 de setembro. Quando os Estados Unidos entraram no Iraque, e retiraram Saddam Hussein do poder em 2003, a Grã-Bretanha deu total apoio à Iraqi Freedom Operation [Operação Iraque Livre], enviando 45 mil soldados terrestres, enquanto grande parte do resto da Europa Ocidental ficou à margem. Muitas das grandes potências da Europa, incluindo França e Alemanha, opuseram-se à intervenção dos EUA. Enquanto os "amigos em tempos de bonança" faziam o possível para ridicularizar e até mesmo impedir o esforço de guerra da América, a Grã-Bretanha ficava ombro a ombro com os Estados Unidos. Por isso, o ex-primeiro-ministro Tony Blair merece crédito, apesar da fúria dirigida a ele pelos oponentes da guerra.

As políticas econômicas de Blair, e muito de sua agenda doméstica (para não mencionar sua posição sobre a Europa), deixaram muito a desejar, entretanto ele estava certo sobre a Guerra ao Terror e foi um aliado inabalável do presidente George W. Bush um aspecto que Thatcher enfatizou em dezembro de 2002, durante um discurso em Washington, quando aceitou o Prêmio Clare Boothe Luce do vice-presidente Cheney. "Também estou orgulhosa", disse ela ao público,

---

[488] Margaret Thatcher, "Speech Receiving Medal of Freedom Award" [Discurso ao Receber o Prêmio da Medalha da Liberdade], Washington, D.C., 7 mar. 1991, transcrição, Margaret Thatcher Foundation, <http://www.margaretthatcher.org/document/108263>.

> de que a Grã-Bretanha esteja onde deve estar sempre – como o mais seguro e ferrenho aliado da América. O primeiro-ministro Blair e eu somos, como se sabe, oponentes políticos. Porém, nesta questão vital, saúdo sua liderança forte e ousada[489].

Após a morte de Thatcher, Blair reconheceu o apoio e os conselhos dela sobre esta e outras questões de política externa, afirmando que, "como pessoa, ela era gentil e de espírito generoso e, embora viéssemos de lados opostos da política, ela sempre me apoiou imensamente como primeiro-ministro"[490].

A Guerra do Iraque mostrou a importância das alianças. Como Thatcher declarou em um importante discurso no Conselho de Assuntos Globais de Chicago, em junho de 1991:

> Não importa o que as pessoas digam, o relacionamento especial existe, é importante e deve continuar, porque os Estados Unidos precisam de amigos na solitária tarefa de liderança mundial. Mais do que qualquer outro país, a Grã-Bretanha compartilha o compromisso apaixonado dos Estados Unidos com a democracia e a disposição de defendê-la e lutar por ela. Você pode cortar toda a verborragia e obscurecimento. É realmente tão simples assim.

A aliança anglo-americana, tão profundamente apreciada por Margaret Thatcher e Ronald Reagan, tem sido desgastada nos últimos anos. Os vínculos de inteligência, a cooperação de defesa e o investimento econômico ainda estão lá, contudo, no nível político e de liderança, não há como negar que o Relacionamento Especial foi corroído desde que George W. Bush deixou a Casa Branca em janeiro de 2009. Muito da culpa por esse enfraquecimento da aliança deve ser colocada no colo de Barack Obama, que, nos primeiros dias de sua presidência, comunicou sua atitude para com a Grã-Bretanha em um gesto simbólico.

O governo britânico havia emprestado um busto de bronze de Winston Churchill, lindamente trabalhado, ao presidente Bush após os ataques terroris-

---

489 Margaret Thatcher, "The West Must Prevail" [O Ocidente Deve Prevalecer], observações na aceitação do prêmio Clare Boothe Luce, Heritage Foundation, Washington, D.C., 9 dez. 2002, transcrição, Margaret Thatcher Foundation, <http://www.margaretthatcher.org/document/110687>.

490 Tony Blair, "Statement on Baroness Thatcher" [Declaração Sobre a Baronesa Thatcher], 8 abr. 2013, <http://www.tonyblairoffice.org/news/entry/statement-on-baroness-thatcher/>.

tas de 11 de setembro em Nova York e Washington, D.C., como um sinal de solidariedade ao povo americano. O presidente Obama teve a opção de manter o busto, mas, ao invés disso, enviou-o de volta à embaixada britânica. A imprensa britânica interpretou a volta do busto como uma afronta. Foi um primeiro sinal de que as relações seriam muito diferentes sob a nova administração.

Esse episódio foi seguido por uma recepção nada calorosa, na Casa Branca, para o primeiro-ministro britânico Gordon Brown, em abril de 2009. O presente cerimonial de Obama para o primeiro-ministro comunicou o descaso do novo presidente –vinte e cinco DVDs, desde *Toy Story* até *O Mágico de Oz*, que nem mesmo podiam ser reproduzidos na Grã-Bretanha, devido à codificação regional do DVD. Um porta-voz sênior do Departamento de Estado explicou o tratamento frio de Brown a um repórter do *London Sunday Telegraph*: "Não há nada de especial na Grã-Bretanha. Vocês são iguais aos outros 190 países do mundo. Vocês não devem esperar um tratamento especial"[491].

Essas palavras simbolizam abordagem tratamento do governo Obama para a Grã-Bretanha ao longo de seu primeiro mandato – condescendência, desprezo e, às vezes, animosidade absoluta. O próprio presidente Obama, em uma coletiva de imprensa conjunta, com o presidente francês Nicolas Sarkozy, não escondeu sua visão singular de que a França é o aliado mais forte dos Estados Unidos[492] e que parecia regozijar-se com a campanha extremamente agressiva do governo dos EUA contra a maior empresa do Reino Unido, a British Petroleum, após o derramamento de petróleo no Golfo. A Casa Branca prometeu colocar uma "bota na garganta" da gigante do petróleo, ajudando a eliminar cerca de metade do valor de suas ações, afetando diretamente as pensões de 18 milhões de britânicos. Isso levou até o prefeito de Londres, o geralmente pró-Obama, Boris Johnson, a pedir o fim da "retórica anti-britânica",

[491] Tim Shipman, "Barack Obama 'Too Tired' to Give Proper Welcome to Gordon Brown" [Barack Obama "Cansado Demais" Para Dar Boas Vindas Apropriadas a Gordon Brown], *Sunday Telegraph* (Reino Unido), 7 mar. 2009, <http://www.telegraph.co.uk/news/worldnews/barackobama/4953523/Barack-Obama-too-tired-to-give-proper-welcome-to-Gordon-Brown.html>.

[492] Tim Shipman, "France Is Our Biggest Ally, Declares Obama: President's Blow to Special Relationship with Britain" [A França é Nosso Maior Aliado, Declara Obama: o Golpe do Presidente nas Relações Especiais Com a Grã-Bretanha], *Daily Mail* (Reino Unido), 11 jan. 2011, <http://www.dailymail.co.uk/news/article-1346006/Barack-Obama-declares-France-biggest-ally-blow-Special-Relationship-Britain.html>.

eda atitude de "empurrar responsabilidades para outros, além de parar com os insultos" da administração Obama[493].

Quando as tensões entre Londres e Buenos Aires sobre as Ilhas Malvinas começaram a aumentar novamente, no início da década, as relações anglo-americanas se deterioraram ainda mais. Uma votação dos habitantes das Malvinas, em março de 2013, estabeleceu que 99,8% da população deseja permanecer britânica. Mesmo assim, o governo Obama apoiou os apelos da presidente Kirchner por negociações mediadas pela ONU a respeito da soberania das Malvinas. Hillary Clinton foi contundente, como secretária de Estado, em seu apoio às demandas de Kirchner[494], e o Departamento de Estado aprovou uma série de resoluções da Organização dos Estados Americanos, solicitando o mesmo. Em mais um insulto ao Reino Unido (bem como aos próprios ilhéus das Malvinas), o governo Obama até insistiu em se referir às ilhas pelo nome argentino, as "Malvinas".

O tratamento mesquinho do presidente Obama à Grã-Bretanha é uma lição objetiva em como não tratar um amigo próximo e aliado. Ele desconsiderou um dos mais importantes princípios de Margaret Thatcher – manter fortes alianças. Em um discurso intitulado "Os Tendões da Política Externa", proferido em Bruxelas em 1978, quando ainda era a líder da oposição, ela disse:

> Os compromissos de política externa não devem ser assumidos e desfeitos quando se bem entender. Estamos vinculados a compromissos passados. Respeitamos os contratos anteriores tanto como governos quanto como cidadãos comuns. Não podemos esperar que outros cumpram com sua palavra a menos que cumpramos nossa palavra para com eles[495].

---

493 Nicholas Cecil, "Boris Johnson Tells Barack Obama: Stop Bashing Britain" [Boris Johnson Diz a Barack Obama: Pare de Atacar a Grã-Bretanha], *London Evening Standard*, 10 jun. 2010, <http://www.standard.co.uk/news/boris-johnson-tells-barack-obama-stop-bashing-britain-6479222.html>.

494 Hillary Clinton, "Remarks with Argentine President Cristina Fernandez de Kirchner" [Observações com a Presidente Argentina Cristina Fernandez de Kirchner], Buenos Aires, 1 mar. 2010, transcrição, Departmento de Estado dos Estados Unidos, <http://www.state.gov/secretary/rm/2010/03/137539.htm>.

495 Margaret Thatcher, "The Sinews of Foreign Policy" [Os Tendões da Política Externa], discurso para As Grandes Conferências Católicas, Bruxelas, Bélgica, 23 jun. 1978, transcrição, Margaret Thatcher Foundation, <http://www.margaretthatcher.org/document/103720>.

NUNCA SE DESCULPAR PELA AMÉRICA

Alguns dos países que o governo Obama pior tratou estão entre os amigos e aliados mais próximos dos Estados Unidos. Ao mesmo tempo, Obama fez o possível para obter favores dos adversários e concorrentes estratégicos de seu país. Ele começou sua presidência apresentando uma série de desculpas humilhantes para os supostos pecados históricos da América. Em Estrasburgo, disse a uma audiência de franceses e alemães que "os Estados Unidos mostraram arrogância e foram desdenhosos, até mesmo escarnecedores" em seu tratamento para com a Europa, referindo-se, sem dúvida, às tensões sobre a Guerra do Iraque e a Guerra ao Terror[496]. Semanas depois, em maio de 2009, ele proferiu seu infame discurso no Cairo, atacando novamente a Guerra do Iraque, condenando o tratamento de sua própria nação aos suspeitos de terrorismo islâmico, na sequência dos ataques de 11 de setembro, práticas essas eram, em sua opinião, "contrárias às nossas tradições e aos nossos ideais"[497]. Sob aplausos estridentes, Barack Obama também prometeu fechar a prisão de Guantánamo (promessa que se provaria vazia). Obama já havia emitido, em uma entrevista à *Al Arabiya*, um pedido de desculpas a todo o mundo muçulmano, afirmando que "às vezes cometemos erros. Não temos sido perfeitos"[498]. Ele também fez uma série de outros pedidos de desculpas em todo o mundo, incluindo à Cúpula das Américas, em Port of Spain, Trinidad e Tobago[499], e ao parlamento turco em Istambul, onde falou de "nossos próprios períodos mais sombrios da nossa história"[500].

---

[496] "Remarks by President Obama at Strasbourg Town Hall" [Observações do Presidente Obama na Prefeitura de Estrasburgo], 3 abr. 2009, transcrição, Casa Branca, <http://www.whitehouse.gov/the-press-office/remarks-president-obama-strasbourg-town-hall>.

[497] "A New Beginning" [Um Novo Começo], observações pelo President Barack Obama, Cairo University, Egypt, 4 jun. 2009, transcrição, Casa Branca, <http://www.whitehouse.gov/the-press-office/remarks-president-cairo-university-6-04-09>.

[498] "Obama's Interview with *Al Arabiya*" [Entrevista de Obama com *Al Arabiya*], 27 jan. 2009, transcript, <http://www.alarabiya.net/articles/2009/01/27/65096.html>.

[499] "Remarks by President Obama at the Summit of the Americas Opening Ceremony" [Discurso do Presidente Obama na Cerimônia de Abertura da Cúpula das Américas], Port of Spain, Trinidad e Tobago, 18 abr. 2009, transcrição, Casa Branca, <http://www.whitehouse.gov/the_press_office/Remarks-by-the-President-at-the-Summit-of-the-Americas-Opening-Ceremony/>.

[500] "Remarks by President Obama to the Turkish Parliament" [Discurso do Presidente Obama ao Parlamento Turco], Ankara, Turquia, 6 abr. 2009, transcrição, Casa Branca, <http://www.whitehouse.gov/the_press_office/Remarks-By-President-Obama-To-The-Turkish-Parliament/>.

Esta viagem mundial de desculpas, confundida por Obama com liderança, teve seus paralelos do outro lado do Atlântico. Os primeiros-ministros trabalhistas, incluindo Tony Blair, foram rápidos em se desculparem pelo passado imperial da Grã-Bretanha. A regra de Margaret Thatcher, no entanto, sempre foi de se orgulhar da história e das conquistas de seu país e de nunca se desculpar por sua grandeza. Ela sempre foi inflexível, por exemplo, em sua opinião de que o Império Britânico era uma força para o bem. Em um discurso de 1983 para a Fundação Winston Churchill, ela lembrou ao público que "nós, na Grã-Bretanha, demos liberdade e independência a mais de quarenta países, cujas populações agora somam mais de um bilhão – um quarto do total mundial"[501]. Na verdade, nenhum outro império na história renunciou ao poder com tanta elegância quanto o Império Britânico.

A maior democracia do mundo, a Índia, foi governada diretamente pela Grã-Bretanha durante quase um século. O domínio britânico legou à Índia um serviço público, um sistema legal, um sistema educacional e uma infraestrutura que causam inveja no sul da Ásia. Não por acaso que quatro das cinco economias mais livres do mundo e seis das dez mais livres são ex-colônias de língua inglesa do Império Britânico. Hong Kong, Cingapura, Austrália, Nova Zelândia e Canadá lideram o mundo em liberdade econômica e estão entre as nações mais prósperas do mundo[502]. Seu sucesso se deve, em grande parte, às suas fundações nitidamente britânicas – o estado de direito, o governo limitado e um sistema de livre iniciativa. O historiador Andrew Roberts observa que as economias do mundo anglófono respondem por mais de um terço do PIB global apesar de representarem apenas 7,5% da população mundial[503].

---

501 Margaret Thatcher, "Speech at the Winston Churchill Award Dinner" [Discurso Durante Jantar do Prêmio Winston Churchill], Washington, D.C., 29 set. 1983, transcrição, Margaret Thatcher Foundation, <http://www.margaretthatcher.org/document/105450>.

502 Índice de Liberdade Econômica de 2013, Heritage Foundation/*Wall Street Journal*, <http://www.heritage.org/index/ranking>.

503 Andrew Roberts, *A History of the English-Speaking Peoples Since 1900* [Uma História dos Povos de Língua Inglesa Desde 1900], (Nova York: HarperCollins, 2007), 637.

A América Deve Liderar o Mundo Livre

Margaret Thatcher, com John Winthrop (1587/8-1649), sempre acreditou que a América é uma "cidade sobre uma colina" brilhante, uma terra de liberdade e oportunidades. Simplesmente não há alternativa para a liderança americana. Nas palavras de Thatcher, "No mundo moderno, apenas os Estados Unidos têm a capacidade e a generosidade de espírito para liderar na escala necessária"[504]. É inimaginável pensar em um mundo dominado pela China, com seu desrespeito pelos direitos humanos, seu desdém pela liberdade pessoal e pela Liberdade e por sua rejeição aos valores que sustentam uma sociedade livre. Ou um mundo onde os Estados Unidos se tornem outra União Europeia, submersos na regulamentação do governo, sufocados pelo supranacionalismo e militarmente fracos.

O mundo livre tem uma dívida imensa com os EUA por tudo que eles fizeram para avançar e defender a liberdade em todo o mundo. Com bons motivos, Margaret Thatcher se referiu ao compromisso americano com a Liberdade, como "o baluarte do Ocidente"[505]. A quantidade de ódio e raiva dirigida à superpotência mundial é igualada apenas pela abnegação do povo americano e sua vontade de defender os valores dos Pais Fundadores. É apenas por causa do importante sacrifício de sangue e do tesouro da América, nos últimos cem anos, que a Europa está livre hoje, que o comunismo soviético foi entregue a museus e livros de história e que as forças da tirania e do terror foram mantidas sob controle.

Como Thatcher lembrou à sua plateia em um discurso antes de uma reunião conjunta da Câmara e do Senado dos Estados Unidos, em fevereiro de 1985, "a América foi o principal arquiteto de uma paz na Europa que já dura quarenta anos". Relembrando uma cerimônia de ação de graças na primavera de 1945, quando as armas alemãs finalmente caíram em silêncio, a Dama de Ferro falou sobre a dívida da Europa para com os Estados Unidos:

> Neste dia, próximo do quadragésimo aniversário daquele auxílio e da paz na Europa – um dos períodos mais longos sem guerra em toda a nossa história – eu

---

504 Margaret Thatcher, "Speech to the National Press Club" [Discurso no Clube Nacional de Imprensa], 5 nov. 1993.

505 Margaret Thatcher, "Speech to the Winston Churchill Foundation Award Dinner" [Discurso para o Jantar de Premiação da Fundação Winston Churchill].

> gostaria de evocar essas palavras e reconhecer a fidelidade com que a América as cumpriu. Por causa da nossa libertação do que poderia ter acontecido conosco, eu não gostaria que deixássemos nossa gratidão aos tributos da história. A dívida que os povos livres da Europa têm para com esta nação, generosa com a sua fartura, disposta a partilhar as suas forças, procurando proteger os fracos, é incalculável. Nós lhes agradecemos e os saudamos[506]!

Em tempos mais recentes, as forças dos EUA libertaram dezenas de milhões da tirania no Iraque e no Afeganistão, derrubando regimes bárbaros que assassinaram e brutalizaram seus próprios povos. O mundo é um lugar muito melhor sem gente como Saddam Hussein (1937-2006) e sem o Talibã no poder, com suas câmaras de tortura, terrorismo e selvageria.

Thatcher destacou, em várias ocasiões ao longo de sua vida pública, que "o dever da América é liderar; o dever dos outros países ocidentais é apoiar sua liderança". A liderança americana, ela acreditava, é vital para a preservação da civilização ocidental, uma causa da maior importância para o mundo inteiro. Como ela disse a uma plateia em Washington, em dezembro de 1997:

> Desde que os países ocidentais se unam sob a liderança americana, o Ocidente continuará sendo a influência global dominante; se não o fizermos, aumentará a oportunidade para estados desonestos e novos poderes tirânicos de explorar nossas divisões, aumentando também o perigo para todos.
>
> Assim, a tarefa dos conservadores, hoje, é trazer de volta um sentido de identidade, unidade e determinação ocidentais. Afinal, o Ocidente não é apenas uma construção efêmera da Guerra Fria: é o núcleo de uma civilização que carrega todas junto a si, transformando a perspectiva e o padrão de vida de todos os continentes. É hora de proclamar nossas crenças na maravilhosa criatividade do espírito humano, nos direitos de propriedade e no estado de direito, na extraordinária fecundidade do empreendedorismo e do comércio, e na herança cultural ocidental, sem a qual nossa liberdade teria, há muito tempo, se degenerado em licenciosidade ou caído na tirania.

---

[506] Margaret Thatcher, "Speech to Joint Houses of Congress" [Discurso Para as Casas Conjuntas do Congresso], Washington, D.C., 20 fev. 1985, transcrição, Margaret Thatcher Foundation, <http://www.margaretthatcher.org/document/105968>.

> Essas são tanto as tarefas de hoje quanto eram as de ontem, tanto o dever dos crentes conservadores agora quanto eram quando Ronald Reagan e eu nos recusamos a aceitar o declínio do Ocidente, como nosso destino inelutável[507]

Sua mensagem não perdeu sua urgência. Os Estados Unidos devem liderar o mundo livre na defesa da liberdade contra uma série de ameaças, desde os regimes desonestos do Irã e da Coreia do Norte e adversários estratégicos como a Rússia e a China, até a maré global da militância islâmica. A melhor maneira de fazer isso é por meio de sua parceria com a Grã-Bretanha e com uma aliança com a OTAN cujos membros carreguem seu próprio peso. Os Estados Unidos devem rejeitar as tentações do isolacionismo, pois sem a liderança americana, as forças da tirania acabarão, por fim, prevalendo, colocando em risco a prosperidade e a segurança dos Estados Unidos.

Lições-Chave de Liderança

- A aliança anglo-americana é vital para a defesa do mundo livre. Para os líderes conservadores, a preservação do Relacionamento Especial deve ser sempre uma das principais prioridades da política externa.
- Permaneça sempre com seus aliados e mantenha-os por perto. Relembre seus amigos internacionais de sua importância. Faça a distinção entre "amigos de tempos de bonança" e aqueles que derramam sangue no campo de batalha ao lado das forças americanas.
- Liderar da retaguarda é uma política de derrota. Isso nunca deve ser o *ethos* de uma superpotência.
- Nunca permita que as Nações Unidas exerçam um veto sobre a política externa dos Estados Unidos. A ONU, às vezes, pode ser útil para promover os interesses americanos, porém, não é um substituto para a liderança americana.
- Nunca se desculpe pelos Estados Unidos. Isso projeta fraqueza e falta de determinação. Os únicos beneficiários dessa abordagem são os inimigos da América.

[507] Tatcher, "The Principles of Conservatism" [Os Princípios do Conservadorismo].

• Nunca tenha medo de defender o excepcionalismo americano, tanto em casa quanto no exterior. É uma mensagem que deveria ser passada de Cincinnati ao Cairo.

• Tenha fé nos Estados Unidos. Esta é uma grande nação, com um incrível espírito de iniciativa e liberdade, um farol de esperança para o mundo. Nenhuma nação se sacrificou mais pela causa da liberdade nos tempos modernos do que os Estados Unidos.

• Não há alternativa à liderança americana no cenário mundial. Sem a liderança americana, o mundo é um lugar muito mais perigoso. O isolacionismo capacitará aqueles que buscam prejudicar os Estados Unidos.

CAPÍTULO X

Capítulo X

Os Dez Princípios da Liderança Conservadora Bem-Sucedida

> "Não dizemos de volta a uma posição de centro. Dizemos: mantenha seus princípios como uma rocha".
>
> Margaret Thatcher, *discurso a ativistas do Partido Conservador*, 16 de outubro, 1981[508].

Em um discurso na conferência das Mulheres Conservadoras em 1989, no final de seu tempo como primeira-ministra, Margaret Thatcher orgulhou-se de declarar que "nós, do Partido Conservador, somos políticos convictos. Nós sabemos no que acreditamos. Nós nos apegamos às nossas crenças. E, quando eleitos, nós as colocamos em prática"[509]. A convicção de Thatcher foi fundamental para seu sucesso, como primeiro-ministro britânico que serviu por mais tempo, de forma contínua, no século XX. Como ela disse a outros membros do Parlamento: "Nunca colocamos o poder antes dos princípios"[510].

A adesão às próprias convicções é um dos princípios-chave seguidos por Thatcher ao longo de sua carreira, princípios esses que são essenciais hoje para uma liderança conservadora bem-sucedida em todos os níveis de gover-

---

[508] Citado em George Gale, "Nation on the Outside" [Nação do Lado de Fora], *Daily Express*, 17 out. 1981, Margaret Thatcher Foundation, <http://www.margaretthatcher.org/document/104717>.

[509] Margaret Thatcher, "Speech to Conservative Women's Conference" [Discurso à Conferência de Mulheres Conservadoras], Westminster, Inglaterra, 24 mai. 1989, transcrição, Margaret Thatcher Foundation, <http://www.margaretthatcher.org/document/107675>.

[510] "Prime Minister's Questions" [Perguntas à Primeira-Ministra], Câmara dos Comuns, 9 mai. 1989, transcrição, Margaret Thatcher Foundation, <http://www.margaretthatcher.org/document/107661>.

no. Eles também se aplicam a líderes empresariais conservadores, estejam eles capitaneando uma empresa da Fortune 500 ou operando uma pequena empresa com vinte funcionários. Os Estados Unidos precisam de uma liderança conservadora forte tanto no governo quanto no setor privado. Uma vez que a Dama de Ferro deu um exemplo tão esplêndido de como isso é feito, vale a pena refletir sobre seus princípios orientadores.

1. Caminhe com o Destino e Sirva a um Propósito Maior

Ao longo de sua vida política, Thatcher foi movida por um sentido de propósito, um sentido claro de destino e um patriotismo profundamente arraigado. "Nossa lealdade suprema é para com o país e com as coisas que ele representa", lembrou ao povo britânico em 1979[511]. Sua missão como primeira-ministra nunca esteve em dúvida – salvar seu país do declínio impulsionado pelos socialistas e defender a liberdade diante da tirania. Em ambas as frentes, ela teve sucesso, mudando o curso da história para a nação britânica; e, com Ronald Reagan, derrubou um monstruoso império de tirania.

O exemplo que ela tentou seguir foi o de Churchill durante a Segunda Guerra Mundial, que foi, em grande parte, seu modelo a esse respeito, moldando seu sentido de decisão e determinação. Ela disse que Churchill "era o homem daquela hora, uma verdadeira figura do destino, e ele próprio estando profundamente consciente do fato". Em uma homenagem a Churchill no Palácio de Blenheim, Thatcher citou seu próprio relato do dia, em maio de 1940, em que ele se tornou primeiro-ministro em um dos momentos mais perigosos da história de seu país:

> [Quando] fui para a cama, por volta das três da manhã, estava consciente de uma profunda sensação de alívio. Por fim, eu tinha autoridade para dar instruções sobre toda a situação. Eu me sentia como se estivesse caminhando com o destino, e toda a minha vida passada não foi, senão, uma preparação para esta hora e para esta prova[512].

[511] Margaret Thatcher, "Speech to Conservative Party Conference" [Discurso à Conferência do Partido Conservador], Blackpool, Inglaterra, 12 out. 1979, transcrição, Margaret Thatcher Foundation, <http://www.margaretthatcher.org/document/104147>.

[512] Margaret Thatcher, "Speech at the 33rd Churchill Memorial Concert at Blenheim Palace"

Esse sentido de missão e destino, de viver para um propósito superior, distingue um grande líder de um medíocre. Thatcher, Churchill e Reagan o possuíam, mas ele está praticamente ausente dos lugares de poder em Washington e Londres hoje. A geração de líderes conservadores de hoje precisa recapturar o espírito dessas grandes figuras, se for para revitalizar a superpotência e salvar os Estados Unidos do declínio. Margaret Thatcher sempre pensou grande, tendo o futuro de sua nação no coração. Ela pode ter vindo de uma pequena localidade em Lincolnshire, entretanto, sua perspectiva e visão eram em grande escala, impulsionadas pela abnegação e sacrifício pelo país. Como ela declarou em um discurso na Assembleia Geral da Igreja da Escócia: "Há pouca esperança para a democracia se os corações dos homens e mulheres nas sociedades democráticas não puderem ser tocados por um chamado a algo maior do que eles"[513].

2. Lidere com Convicção

Margaret Thatcher foi, acima de tudo, uma política de convicção. Mesmo seus críticos mais ferozes reconheceriam que ela era movida por crenças inabaláveis. "São os hesitantes que perdem – são aqueles com convicção que vencem no final dia", ela insistiu[514]. Sem coragem e convicção, Thatcher observou como parlamentar recém-eleita por Finchley, "as outras são vazias e inúteis"[515]. Ela aprendeu coragem e convicção, disse, "em uma pequena localidade, [de] um pai dotado de uma atitude com base em convicções"[516].

[Discurso Durante o 33º Concerto em Memória de Churchill no Palácio Blenheim], 6 mar. 1999, transcrição, Margaret Thatcher Foundation, <http://www.margaretthatcher.org/document/108380>.

[513] Margaret Thatcher, "Speech to General Assembly of the Church of Scotland" [Discurso para a Assembléia Geral da Igreja da Escócia], 21 mai. 1988, transcrição, Margaret Thatcher Foundation, <http://www.margaretthatcher.org/document/107246>.

[514] Margaret Thatcher, "Speech to Conservative Central Council" [Discurso Para o Conselho Central Conservador], West Midlands, Inglaterra, 24 mar. 1979, transcrição, <http://www.margaretthatcher.org/document/103980>.

[515] Margaret Thatcher, "How I Couple Duties of M.P. and Mother" [Como Associo os Deveres de Parlamentar e Mãe], *Liverpool Daily Post*, 6 dez. 1960, Margaret Thatcher Foundation, <http://www.margaretthatcher.org/document/100954>.

[516] Margaret Thatcher, entrevista por Brian Walden, *Weekend World*, 16 jan. 1983, transcrição, Margaret Thatcher Foundation, <http://www.margaretthatcher.org/document/105087>.

A noção de que a convicção de aço é uma falha em um líder parecia ridícula para a Dama de Ferro:

> Não teria havido grandes profetas, nem grandes filósofos na vida, nem grandes coisas a seguir se aqueles que apresentaram suas formas de pensar tivessem saído e dito "Irmãos, sigam-me, eu acredito no consenso"[517].

O consenso, por si só, é a preocupação dos débeis e fracos de coração. Não tem lugar na verdadeira liderança. "Que grande causa teria sido lutada e vencida sob a bandeira do 'Eu defendo o consenso?'" perguntou ela em um discurso na Austrália, em 1981.

> Para mim, o consenso parece ser – o processo de abandonar todas as crenças, princípios, valores e políticas em busca de algo em que ninguém acredita, mas ao qual ninguém se opõe – o processo de evitar os próprios problemas que precisam ser resolvidos, simplesmente porque você não pode chegar a um acordo sobre o caminho a seguir[518].

3. Atenha-se às Ideias Conservadoras Essenciais

Não é por acaso que Thatcher ganhou três eleições gerais consecutivas e nunca perdeu nenhuma. Ela se apegou firmemente aos princípios conservadores, apresentando uma mensagem consistente, que os eleitores entendiam. O eleitorado britânico sabia o que estava ganhando com Margaret Thatcher e a recompensou com um sucesso sem precedentes. Ela defendia o governo limitado, a livre iniciativa, a privatização, a baixa tributação, a defesa forte e uma oposição inflexível ao socialismo. Ela era uma defensora de pequenas empresas, declarando guerra à papelada e às regulamentações pesadas, e uma inimiga do governo grande e da mão pesada da burocracia.

---

517 *Ibid.*

518 Margaret Thatcher, "Speech at Monash University (1981 Sir Robert Menzies Lecture)" [Discurso na Universidade Monash (palestra Sir Robert Menzies de 1981)], 6 out. 1981, Melbourne, transcrição, Margaret Thatcher Foundation, <http://www.margaretthatcher.org/document/104712>.

Para vencer a guerra de ideias, os conservadores devem ser claros em sua mensagem e confiantes em seus valores. Sempre há a tentação de "suavizar" a mensagem, de "reinventar" a marca, de dobrar e remodelar princípios fundamentais, para atrair diferentes setores da sociedade. O Partido Conservador britânico cedeu a essa tentação nos últimos anos, um erro que lhe custou uma maioria absoluta nas eleições gerais de 2010 (ganhando apenas 36% dos votos), forçando-o a uma coalizão com os democratas liberais. Pouco depois da morte de Thatcher, o atual líder de seu partido, David Cameron, garantiu a um entrevistador não ser um "thatcherista"[519]. Ele também não é o líder de um partido majoritário.

Um partido conservador não deve sacrificar seus princípios em busca de popularidade. Dezoito meses depois de se tornar primeira-ministra, Thatcher insistiu:

> a pior traição que o povo britânico poderia sofrer nas mãos deste governo seria buscarmos um pouco mais de popularidade agora, sacrificando toda esperança de estabilidade e prosperidade futuras. Esse não é o nosso jeito[520].

Em 1987, após seu terceiro triunfo consecutivo nas pesquisas nacionais, Thatcher mostrou o espírito que era o segredo de seu sucesso:

> Lembram-se de como todos nós ouvimos sermões sobre impossibilidade política? Você não poderia ser um conservador, soar como um conservador e ganhar uma eleição – diziam eles. E você, certamente, não poderia ganhar uma eleição, e então agir como um conservador e ganhar outra eleição. E – isso era absolutamente indiscutível – você não poderia ganhar duas eleições e continuar se comportando como um conservador e, ainda assim, vencer uma terceira eleição. Você não alimenta apenas a mais leve suspeita de que em algum lugar ao longo do caminho, algo deu errado com essa teoria[521]?

519 Peter Dominiczak, "David Cameron: I Am Not a Thatcherite" [David Cameron: Não Sou Um Thatcherita], *Daily Telegraph* (Reino Unido), 28 abr. 2013, <http://www.telegraph.co.uk/news/politics/david-cameron/10023612/David-Cameron-I-am-not-a-Thatcherite.html>.

520 Margaret Thatcher, "Speech at Lord Mayor's Banquet" [Discurso Durante Banquete do Senhor Prefeito], Londres, Inglaterra, 10 nov. 1980, transcrição, Margaret Thatcher Foundation, <http://www.margaretthatcher.org/document/104442>.

521 Margaret Thatcher, "Speech to Conservative Party Conference" [Discurso à Conferência do Partido Conservador], Blackpool, Inglaterra, 9 out. 1987, transcrição, Margaret Thatcher Foundation, <http://www.margaretthatcher.org/document/106941>.

4. Entender as Bases

Margaret Thatcher foi capaz de liderar seu país por onze anos, porque entendia o coração pulsante do povo britânico. Ela estava em contato com o "Middle England", os valores conservadores tradicionais do eleitor britânico típico, preocupado com questões básicas como economia, impostos, lei e ordem, imigração e qualidade dos serviços públicos. Como Thatcher observou no segundo ano de seu mandato de Primeiro-Ministro, "Aqueles que buscam governar devem estar dispostos a permitir que seus corações e mentes estejam abertos ao povo"[522].

Como Ronald Reagan, nos Estados Unidos, ela não pertencia à elite metropolitana. Como filha de um dono de mercearia, Thatcher entendia as necessidades e preocupações das pessoas comuns e trabalhadoras, que tentam sobreviver, muitas vezes, nas circunstâncias mais difíceis. Em suas próprias palavras, "O thatcherismo não começou com Thatcher. Tirei tudo o que havia de melhor do caráter de um povo, tudo o que era bom senso e tudo o que era coragem. É assim que realmente funciona"[523].

Ela apelou não apenas aos eleitores da classe média, mas também a grandes setores da classe trabalhadora que se beneficiaram de impostos mais baixos e da venda de milhões de moradias públicas, o que impulsionou muito a propriedade de casas na Grã-Bretanha. O thatcherismo conseguiu conquistar grandes seções transversais da sociedade por causa de sua natureza verdadeiramente aspiracional, oferecendo uma oportunidade para os eleitores menos abastados compartilharem da nova prosperidade econômica da Grã-Bretanha através da compra de suas próprias casas e da compra de ações em empresas recém-privatizadas. No início do mandato de Margaret Thatcher, havia apenas 3 milhões de acionistas privados na Grã-Bretanha. Ao final, esse número havia subido para mais de 11 milhões. Durante o mesmo período, a

[522] Margaret Thatcher, "The Reason Why" [A Razão Por Que], discurso à Conferência do Partido Conservador, Brighton, Inglaterra, 10 out. 1980, transcrição, Margaret Thatcher Foundation, <http://www.margaretthatcher.org/document/104431>.

[523] Margaret Thatcher, "Speech to Finchley Conservatives (10th Anniversary Party)" [Discurso aos Conservadores de Finchley (Festa de Aniversário de 10 Anos)], Hendon, Inglaterra, 21 abr. 1989, transcrição, Margaret Thatcher Foundation, <http://www.margaretthatcher.org/document/107645>.

porcentagem de britânicos proprietários de sua casa própria aumentou de 55% para 63%[524].

Enquanto os políticos de esquerda despertavam ressentimento entre diferentes classes e grupos econômicos, Thatcher imaginou um país unido por princípios comuns, onde a liberdade econômica fomentava oportunidades e realizações. O socialismo é a política de divisão, medo e aversão, apelando aos piores instintos da humanidade. Em contraste, como demonstrou o thatcherismo, o sistema de livre mercado apela aos instintos mais nobres do homem, ao seu desejo de ser criativo e trabalhar duro e de promover a prosperidade por meio de iniciativa individual e governo limitado. O primeiro discurso de Thatcher, na conferência do partido, como primeira-ministra em 1979, foi um chamado para unir o país, exortando o povo britânico a

> lembrar que somos uma nação, e uma nação é uma família estendida [...]. Em momentos como estes, a força da família é verdadeiramente testada. Então, a tentação é maior para seus membros começarem a culpar uns aos outros e dissiparem suas forças em amargura e brigas. Vamos fazer tudo ao nosso alcance para ver o ponto de vista uns dos outros e para alargar o terreno comum onde estamos[525].

5. Seja Corajoso

"Coragem", disse Margaret Thatcher uma vez, "é o que você mostra no calor da batalha, não após a morte"[526]. Ao concorrer a um alto cargo, os candidatos presidenciais americanos são invariavelmente questionados sobre como responderão àquela "chamada das três da manhã", o momento em que

[524] Sir Rhodes Boyson e Antonio Martino, "What We Can Learn from Margaret Thatcher" [O Que Podemos Aprender Com Margaret Thatcher], *Lecture*, no. 650, Heritage Foundation, 24 nov. 1999, <http://www.heritage.org/research/lecture/what-we-can-learn-from-margaret-thatcher>.

[525] Thatcher, "Speech to Conservative Party Conference" [Discurso à Conferência do Partido Conservador], 12 out. 1979.

[526] Margaret Thatcher, "Speech to Conservative Party Conference" [Discurso à Conferência do Partido Conservador], Blackpool, Inglaterra, 11 out. 1985, transcrição, <http://www.margaretthatcher.org/document/106145>.

um líder deve responder a uma crise com firmeza e ousadia. Esse momento chegou para George W. Bush com os ataques de 11 de setembro, em Washington e Nova York. Ele aproveitou a ocasião ao lançar, rapidamente, a Operation Enduring Freedom [Operação Liberdade Duradoura], com o objetivo de remover o Taleban do poder no Afeganistão e caçar os terroristas da Al Qaeda. Rudy Giuliani também respondeu com verdadeira coragem, inspirando uma nação a lutar contra o terrorismo islâmico e a se recuperar do maior ataque em solo americano desde Pearl Harbor. Quem pode esquecer a visão do prefeito de Nova York, caminhando pelas ruas cobertas de poeira e repletas de destroços da baixa Manhattan, liderando os esforços de resgate da cidade, no dia em que 3 mil pessoas perderam a vida nas mãos de um inimigo bárbaro?

"Haverá momentos em que o inesperado acontecerá", Margaret Thatcher falou de momentos como esses. "Haverá momentos em que somente você poderá tomar uma determinada decisão"[527]. Ela própria demonstrou esse destemor quando a Argentina invadiu as Malvinas, e novamente quando confrontou o poder dos sindicatos britânicos durante a greve dos mineiros de 1984-85. Sua liderança diante da militância sindical foi vital para resgatar o país da paralisia econômica.

Entretanto, a coragem de Thatcher ia além da política. Ela também demonstrou enorme coragem pessoal quando o IRA tentou assassiná-la em 1984. Nem mesmo uma bomba terrorista, que por pouco não a matou em seu hotel em Brighton, conseguiu impedi-la de fazer seu discurso na conferência do Partido Conservador poucas horas depois. O IRA escarneceu dela naquele dia: "Hoje não tivemos sorte, mas lembre-se, só precisamos ter sorte uma vez; você precisará ter sorte sempre"[528]. Ela não deu atenção a esse tipo de intimidação e liderou uma campanha militar britânica contínua contra os terroristas republicanos irlandeses, fazendo-os entender que nada ganhariam com uma campanha de assassinato em massa. Como Thatcher comentou quatro anos depois, em um

527 Margaret Thatcher e Ronald Reagan, troca de brindes durante o jantar na Embaixada Britânica, Washington, D.C., 27 fev. 1981, transcrição, Margaret Thatcher Foundation, <http://www.margaretthatcher.org/document/104581>.

528 Citado por Robin Harris, "Thatcher Knew How to Fight Terrorists" [Thatcher Sabia Como Combater Terroristas], *Daily Telegraph* (Reino Unido), 13 out. 2004, <http://www.telegraph.co.uk/comment/personal-view/3611957/Thatcher-knew-how-to-fight-terrorists.html>.

discurso para mulheres líderes: "A virtude suprema é a coragem, a suprema, a única coisa que você tem às vezes – coragem, e companheirismo"[529].

6. Seja Decisivo

Coragem política e determinação andam de mãos dadas, como mostrou a liderança de Margaret Thatcher durante a Guerra das Malvinas. Muitas vezes esquece-se de que a força-tarefa britânica, que navegou 13 mil quilômetros pelo mundo, foi montada em quarenta e oito horas. Sua decisão de lançar uma força de libertação em tão pouco tempo foi um ato de liderança extraordinária, e que acarretou enormes riscos. É importante ter em mente que a última grande operação militar da Grã-Bretanha ocorreu durante a crise de Suez, quase trinta anos antes, e provocou uma crise de confiança nacional. Não pode haver dúvida de que o fracasso da missão das Malvinas teria sido uma calamidade nacional, grande o suficiente para derrubar o governo Thatcher. Também teria marcado a nação britânica por uma geração, aprofundando a sensação de declínio pós-imperial. "Mas eu tinha *fé total* no profissionalismo, e na lealdade e na moral das forças armadas britânicas", disse Thatcher[530], e essa fé provou ser justificada.

A determinação de Thatcher em enviar a força-tarefa foi acompanhada pela solidez de seus instintos durante a condução da própria guerra. Sua decisão de afundar o cruzador argentino *Belgrano* foi o tipo de pensamento rápido e determinado que resulta em vitória durante tempos de guerra. Não pode haver dúvida de que, se ela não tivesse agido imediatamente, muito mais vidas britânicas teriam sido perdidas, e a guerra teria sido significativamente prolongada.

7. Seja Leal

Em 11 de junho de 2004, lady Thatcher prestou homenagem a seu grande amigo Ronald Reagan, tecendo um elogio ao presidente americano

---

529 Margaret Thatcher, "Speech to Federation of Business and Professional Women (Golden Jubilee)" [Discurso à Federação de Mulheres Empresárias e Profissionais (Jubileu de Ouro)], Londres, Inglaterra, 19 nov. 1988, transcrição, Margaret Thatcher Foundation, <http://www.margaretthatcher.org/document/107391>.

530 Thatcher, "Speech to Finchley Conservatives" [Discurso aos Conservadores de Finchley].

em seu funeral de Estado, na Catedral Nacional de Washington. Aconselhada por seu médico a não falar publicamente, ela gravou declarações que foram enviadas ao velório por vídeo conferência. Em seu comovente testemunho à liderança do presidente Reagan, ela declarou que "o mundo lamenta o falecimento do grande libertador, e repete a oração dele: Deus abençoe a América". Reagan, disse ela, "inspirou os Estados Unidos e seus aliados com uma fé renovada em sua missão de liberdade" e venceu a Guerra Fria "sem disparar um tiro"[531].

O tributo de Thatcher a Reagan foi tão poderoso porque cada palavra veio do coração de uma líder que o acompanhou durante a adversidade. A lealdade era importante para Margaret Thatcher, e é improvável que a força da parceria Reagan-Thatcher seja igualada em nosso tempo. Thatcher apoiou Reagan não apenas contra a União Soviética, mas também contra o ditador líbio Kaddafi.

O relacionamento não era uma via de mão única, frequentemente, Ronald Reagan deu seu apoio e encorajamento a Thatcher. Como ela deixa claro em suas memórias, sem o apoio militar dos Estados Unidos durante a Guerra das Malvinas, a Grã-Bretanha não teria sido capaz de derrotar a Argentina e libertar as ilhas. Os laços estreitos entre a Casa Branca e a Downing Street aumentaram a influência de Thatcher no cenário mundial. O mundo é um lugar muito melhor, e mais seguro, graças à força da aliança anglo-americana, parceria essa que confia em interesses e valores compartilhados, bem como no princípio de lealdade entre líderes em lados opostos do Atlântico. Para Margaret Thatcher, a lealdade era essencial para uma liderança bem-sucedida. Como ela disse em uma entrevista coletiva em Washington, em 1988, "Lealdade é uma qualidade muito positiva. Se você mesmo não pode dar, você não deve ter o direito de esperar recebê-la de outras pessoas"[532].

---

[531] Margaret Thatcher, "Eulogy for President Reagan" [Elogio ao Presidente Reagan], feito em Washington, D.C., através de link de vídeo, 11 jun. 2004, transcrição, Margaret Thatcher Foundation, <http://www.margaretthatcher.org/document/110360>.

[532] Margaret Thatcher, "Press Conference in Washington" [Conferência de Imprensa em Washington], Washington, D.C., 17 nov. 1988, transcrição, Margaret Thatcher Foundation, < http://www.margaretthatcher.org/document/107386>.

8. Conheça a sua Missão e Prepare-se

"Trabalho é interessante: eu gosto", disse Margaret Thatcher à sua audiência russa na televisão soviética, em uma visita a Moscou, em 1987. Thatcher era famosa por exigir apenas cinco horas de sono e tinha a merecida reputação de ser uma política incrivelmente trabalhadora. Depois de uma programação punitiva de oito a dez compromissos políticos por dia, ela geralmente começava a trabalhar em documentos ministeriais às dez horas, todas as noites. Seu café da manhã consistia em uma xícara de café preto e dois suplementos de vitamina C, enquanto o almoço era uma tigela de caldo e uma fruta[533].

Os oponentes de Margaret Thatcher poderiam discordar de sua mensagem, criticar suas ideias e condenar suas políticas, mas raramente encontravam falhas em seu domínio dos fatos, no conhecimento de sua missão, ou seja, do que precisava fazer e no poder de sua entrega. Ela se orgulhava de ser excepcionalmente bem-informada sobre os detalhes da política governamental e das questões enfrentadas por sua administração, não importando o quanto parecessem complexas ou aparentemente sem importância. O Parlamento pode ser um ambiente extremamente hostil. Ela observou no início de sua carreira lá: "Na Câmara dos Comuns, não importa qual seja o assunto em debate, sempre há alguém que entenda dele de dentro para fora e que vai pegar qualquer declaração que seja uma meia-verdade"[534]. A separação dos ramos Executivo e Legislativo do governo dos Estados Unidos protege o presidente americano de questionamentos diretos por membros do Congresso. Em contraste, um primeiro-ministro britânico deve enfrentar perguntas de membros do Parlamento todas as semanas quando a Câmara está em sessão – duas vezes por semana quando Thatcher era primeira-ministra. Isso requer um domínio extraordinário de muitos assuntos, muitas vezes com pouco tempo para adquiri-lo. Thatcher foi uma debatedora formidável, como descobriu uma série de líderes trabalhistas que a enfrentaram no outro lado da caixa de despacho[535].

---

533 Margaret Thatcher, entrevista de TV para a televisão soviética, Moscou, 31 mar. 1987, transcrição, <http://www.margaretthatcher.org/document/106604>.

534 Thatcher, "How I Couple Duties of MP and Mother" [Como Combino Deveres de Parlamentar e Mãe].

535 "Caixas de despacho" costumavam ser usadas para carregar documentos reais, no entanto, agora, é mais utilizado a fim de armazenar textos religiosos considerados sagrados. Tradicionalmente elas marcam o local onde o premiê e o líder da oposição discursam. (N. E.)

Ela também foi meticulosa em sua preparação para discursos e entrevistas para a televisão. Os discursos principais foram cuidadosamente ensaiados para garantir que cada linha fosse proferida com o tom e a ênfase corretos. Thatcher era uma oradora naturalmente capaz, com um tremendo talento para atrair os corações de seu público. Contudo, mesmo os maiores oradores públicos também dependem da prática para uma apresentação bem-sucedida, uma lição à qual todo político e empresário conservador deve dar atenção. Não há substituto para uma boa preparação, e não há espaço para excesso de confiança, não importa o quão familiarizado o palestrante esteja com o assunto. Uma declaração trôpega, um erro factual ou uma mensagem fraca, podem prejudicar qualquer candidato político ou líder empresarial. Em alguns casos, podem até terminar a carreira de alguém.

9. Torne Sua Mensagem Clara

Margaret Thatcher foi uma das comunicadoras de maior sucesso da era moderna. Ela podia apresentar questões complexas de uma forma que a maioria dos eleitores pudesse facilmente entender. Poucos políticos nos últimos sessenta anos – talvez apenas Ronald Reagan e John F. Kennedy (1917-1963) – poderiam rivalizar com ela como orador público. Ela nunca escondeu sua admiração pelo extraordinário talento do presidente Reagan para comunicar grandes ideias aos eleitores comuns, observando, certa vez, que "seus instintos fundamentais são os instintos das pessoas mais decentes e honradas na democracia – por isso, sentiam tanta simpatia por ele – e era daí que vinha sua capacidade de se comunicar"[536].

Os discursos, entrevistas e declarações de Thatcher, como Reagan, sempre transmitiram uma mensagem clara. Seu discurso de 1980 na conferência do Partido Conservador foi um bom exemplo, com a apresentação de uma das frases mais memoráveis da história britânica recente. Dirigindo-se aos fiéis do partido, ela declarou com segurança: "Para aqueles esperando ansiosamente por aquela frase de efeito favorita da mídia, a virada de opinião,

[536] Margaret Thatcher, entrevista por David Frost, 30 dez. 1988, transcrição, Margaret Thatcher Foundation, <http://www.margaretthatcher.org/document/107022>.

tenho apenas uma coisa a dizer. 'Volte atrás, você, se quiser. Esta senhora não volta atrás'"[537]. Com uma única frase de efeito, ela projetou determinação e firmeza, enviando um sinal de que sua revolução de livre mercado estava aqui para ficar.

Esse discurso reforçou poderosamente sua imagem como a "Dama de Ferro", que ela recebeu em 1976 na Prefeitura de Kensington[538]. Seu discurso da "Grã-Bretanha Desperta", proferido como líder da oposição, havia enviado ondas de choque pelo outro lado da Europa. Suas advertências contra uma União Soviética voltada para o "domínio mundial" forçaram os russos avaliarem a dimensão de um formidável novo adversário. O discurso fez de Thatcher, ainda a três anos e meio do governo, uma figura internacional. Também projetou liderança durante a Guerra Fria, em uma época em que havia pouco disso vindo de Londres ou de Washington. Foi uma sequência do discurso histórico de Churchill "Cortina de Ferro" e um precursor do discurso "Império do Mal" de Reagan, em 1983. Foi um dos poucos discursos na história que ameaçou um império e forçou o respeito relutante – até mesmo a admiração – de seus governantes.

Grandes discursos contam com frases brilhantes e, muitas vezes, com redatores de discursos talentosos. Entretanto, eles sempre soarão vazios se não forem acompanhados por um conjunto claro de crenças e por um líder que as transmita com convicção. Eles também podem provocar a sabedoria convencional, como Thatcher demonstrou em seu discurso em Bruges, em 1988, quando desafiou décadas de pensamento europeu, clamando por uma Europa de Estados-nação soberanos, em oposição a um superestado europeu. Seu discurso no Colégio da Europa[539] é o mais importante sobre o futuro do continente, proferido por um líder europeu nas últimas três décadas, alterando fundamentalmente o debate. Também estava anos à frente de seu tempo, apresentando argumentos aparentemente controversos. Quando o primeiro-ministro David Cameron fez um discurso se-

---

537 Thatcher, "The Reason Why" [O Motivo Por Que].

538 Margaret Thatcher, "Britain Awake (The Iron Lady)" [Grã-Bretanha Desperta (A Dama de Ferro)], discurso na Prefeitura de Kensington, Inglaterra, 19 jan. 1976, transcrição, Margaret Thatcher Foundation, <http://www.margaretthatcher.org/document/102939>.

539 Margaret Thatcher, "The Bruges Speech" [O Discurso de Bruges], discurso para o Colégio da Europa, Bruges, 20 set. 1988, transcrição, Margaret Thatcher Foundation, <http://www.margaretthatcher.org/document/107332>.

melhante[540] em Londres, em fevereiro de 2013, explicando por que a Europa precisava mudar, estava apenas seguindo os passos de Thatcher.

Os discursos da "dama não volta atrás", "Grã-Bretanha Desperta" e de Bruges moldaram o curso da história. Eles tiveram sucesso porque a mensagem era convincente e baseada em um conjunto básico de crenças. Eles foram proferidos com o coração por uma grande comunicadora que entendeu a importância de transmitir uma mensagem claramente definida.

10. Transmita uma Mensagem de Esperança e Otimismo

As críticas de Margaret Thatcher a seus adversários políticos são lendárias. Em centenas de aparições na caixa de despacho da Câmara dos Comuns, durante as sessões de perguntas do primeiro-ministro, ela despedaçou os egos de incontáveis parlamentares. Seus discursos também foram repletos de críticas devastadoras à oposição socialista britânica, bem como à sua ideologia falida, ataques que frequentemente geravam grande entusiasmo em conferências do partido.

Na arena do combate político, Margaret Thatcher não tinha alguém que lhe igualasse na Grã-Bretanha dos anos 1970 e 1980. Porém, os discursos de Thatcher também foram repletos de mensagens de esperança e otimismo para o futuro. Eles eram invariavelmente positivos em tom, oferecendo um futuro melhor para o povo britânico. Suas palavras eram frequentemente inspiradoras, focadas na renovação nacional e na restauração da grandeza britânica. A rejeição do declínio nacional foi seu tema constante como candidata a primeira-ministra, apresentando uma visão extremamente brilhante, e conservadora, para o futuro.

Em 1977, o ponto alto do socialismo britânico, Thatcher prometeu "um novo renascimento, equiparável a qualquer coisa na longa e notável história de nossa ilha". Para uma plateia de banqueiros e economistas céticos, na Zurich Economic Society [Sociedade Econômica de Zurique], ela disse:

> Tenho motivos para acreditar que a maré está começando a se voltar contra o coletivismo, o estatismo, o dirigismo, como quiserem chamar. E essa virada

[540] David Cameron, "EU Speech at Bloomberg" [Discurso da UE na Bloomberg], Londres, 23 jan. 2013, transcrição, <http://www.number10.gov.uk/news/eu-speech-at-bloomberg/>.

> está enraizada em uma repulsa contra o fruto azedo da experiência socialista[541].

Thatcher terminou citando Rudyard Kipling (1865-1936), um de seus escritores favoritos, de seu poema de 1911, "The Dawn Wind" ["Vento do Alvorecer"]:

> Então, quando o mundo está dormindo, e parece não haver esperança de ele acordar
> De algum sonho longo, ruim que o faz murmurar e gemer,
> De repente, todos os homens se levantam, com o barulho de grilhões quebrando,
> E todo mundo sorri para o seu vizinho, e diz a ele que sua alma lhe pertence![542]

Deve ter sido difícil para seu público na Suíça imaginar o homem doente da Europa, que se afogava em um mar de socialismo e dívidas, tornar-se uma potência econômica. Entretanto, isso aconteceu alguns anos depois, sob a liderança de Thatcher. Hoje há muito que os conservadores americanos podem aprender com o espírito de otimismo de Thatcher. Como Reagan, ela era intransigente em sua condenação da ideologia de esquerda, mas, frequentemente, combinava palavras ásperas com o tema da renovação. Na política, é fundamental apontar e ilustrar as falhas e as loucuras de seus adversários. Como Thatcher demonstrou, também é vital apresentar uma alternativa, baseada em ideias conservadoras, que um eleitorado possa entender.

A profundidade do desespero e ruína econômica na Grã-Bretanha dos anos 1970 foi uma humilhação nacional. A mensagem de esperança de Thatcher parecia, para muitos, tanto em casa quanto no exterior, um sonho impossível. Contudo, ela conseguiu transformar seu país, valendo-se de uma fé extraordinária no espírito humano e nos princípios de liberdade que o sustentam.

---

541 Margaret Thatcher, "The New Renaissance" [A Nova Renascença], discurso para a Zurich Economic Society, Suíça, 14 mar. 1977, transcrição, Margaret Thatcher Foundation, <http://www.margaretthatcher.org/document/103336>.

542 Rudyard Kipling, "The Dawn Wind" [O Vento do Amanhecer], citado em Thatcher, "The New Renaissance" [A Nova Renascença].

CONCLUSÃO

Conclusão

"Você sempre tem pessoas que escolhem a opção suave. A saída aparentemente fácil é aquela que o coloca em apuros. A lição é: você não suaviza os princípios fundamentais. Você positivamente os empurra para o futuro".

Margaret Thatcher, *"Don't undo my work"*, Newsweek, 27 de abril, 1992[543].

Em uma entrevista para a televisão, em 1988, David Frost perguntou a Margaret Thatcher se ela achava que algum dia haveria outro primeiro-ministro homem na Grã-Bretanha. Ela respondeu: "Acho que os primeiros-ministros do sexo masculino um dia voltarão à moda!"[544]. Houve quatro primeiros-ministros (todos homens) desde que ela deixou o cargo em 1990, nenhum, porém, igualou suas realizações. Thatcher foi um titã político, cujos princípios e ideais continuam a inspirar os defensores da liberdade em todo o mundo.

O mundo é um lugar muito melhor por causa da liderança da filha do dono da mercearia de Grantham. Thatcher ganhou três eleições gerais, não por mudar suas políticas ou adaptar sua ideologia ou comprometer suas crenças, mas por aderir a princípios conservadores claramente definidos.

A Dama de Ferro não liderou promovendo as últimas modas políticas, apelando para grupos de interesses especiais ou, como Barack Obama notoria-

543 Margaret Thatcher, "Don't Undo My Work" [Não Desfaçam Meu Trabalho], *Newsweek*, 27 abr. 1992, Margaret Thatcher Foundation, <http://www.margaretthatcher.org/document/111359>.

544 Margaret Thatcher, entrevista com David Frost, TV-AM, 30 dez. 1988, transcrição, Margaret Thatcher Foundation, <http://www.margaretthatcher.org/document/107022>.

mente colocou em sua campanha, obtendo "vingança"[545]. Sua visão política era inabalável, baseada em princípios, e não em modismos. Também era infalivelmente otimista. As pessoas terão sucesso, ela acreditava, através do trabalho duro, se você as deixar.

Suas maiores conquistas como primeira-ministra incluíram aparar o poder do Estado ao mesmo tempo que fortalecia o indivíduo, revertendo o declínio da Grã-Bretanha, e ajudava a derrubar um império do mal na Europa. Ela lembrou ao mundo que o papel do governo é servir ao povo, não o dominar.

"Nada está além desta nação. O declínio não é inevitável", disse Thatcher, a uma multidão exuberante na conferência do Partido Conservador em 1981[546]. Contudo, ela também lembrou a seus compatriotas que a chama da liberdade pode ser extinta se uma nação complacente não tiver vontade de mantê-la viva. Logo depois de se tornar primeira-ministra, ela advertiu que "a vigilância constante deve ser nosso objetivo", porque "a sobrevivência da liberdade nunca pode ser considerada garantida: o terreno mantido ou conquistado por uma geração pode ser facilmente perdido na próxima"[547].

Margaret Thatcher não só restaurou a crença de seu próprio país em si mesmo, mas também ajudou a restaurar a dos Estados Unidos. Newt Gingrich, o ex-presidente da Câmara dos Representantes, explica:

> Margaret Thatcher foi a precursora que tornou Reagan possível. A campanha de 1979 foi o modelo direto do qual tiramos grande parte da campanha republicana de 1980. Reagan extraiu grande força de Thatcher. Sua coragem e resistência em atravessar aquela primeira recessão, e a firmeza na Guerra das Malvinas, animaram os americanos de maneira notável[548].

---

[545] Toby Harnden, "Obama Campaign Defends His Comments to Voters to 'Get Revenge'" [Campanha de Obama Defende Seus Comentários Para Eleitores "Se Vingarem"], *Daily Mail* (Reino Unido), 3 nov. 2012, <http://www.dailymail.co.uk/news/article-2227421/Obama-campaign-defends-comment-voters-revenge-saying-response-Republican-lies-people-losing-jobs.html>.

[546] Margaret Thatcher, "Speech at Conservative Party Conference" [Discurso à Conferência do Partido Conservador], Blackpool, Inglaterra, 16 out. 1981, transcrição, Margaret Thatcher Foundation, <http://www.margaretthatcher.org/document/104717>.

[547] Margaret Thatcher, "Europe—The Obligations of Liberty" [Europa: As Obrigações da Liberdade], palestra no Winston Churchill Memorial, Luxemburgo, 18 out. 1979, transcrição, Margaret Thatcher Foundation, <http://www.margaretthatcher.org/document/104149>.

[548] Newt Gingrich, entrevista para "Commanding Heights," PBS, Primavera de 2001, transcrição, <http://www.pbs.org/wgbh/commandingheights/shared/minitextlo/int_newtgingrich.html>.

A parceria de Thatcher com Reagan provou ser fundamental para a queda do comunismo e para a revitalização da liderança ocidental após o declínio dos anos Carter e o desânimo da era pós-Vietnã. Com bons motivos, Reagan descreveu seu homólogo britânico como "uma torre de força, e um amigo sólido dos EUA"[549]. Desde Churchill, um líder mundial nunca havia depositado tanta fé no ideal de liderança americana e investido tanto na parceria transatlântica. Em muitos momentos difíceis, principalmente durante o ataque americano à Líbia, em 1986, Thatcher forneceu o incentivo e o apoio necessários aos Estados Unidos. "O relacionamento anglo-americano não é uma noção romântica desatualizada", insistiu Thatcher.

> Ele reflete a história, a linguagem, os valores, e os ideais compartilhados – as próprias coisas que geram a disposição para o sacrifício do qual depende, em última análise, o resultado de cada empreendimento militar[550].

Talvez nenhum líder nos tempos modernos tenha tido uma crença tão inabalável na grandeza dos Estados Unidos, no espírito de seu povo e em sua capacidade de liderar. Como disse Thatcher, os Estados Unidos são "o maior país do mundo livre, um país nascido para ser livre"[551], com "uma responsabilidade incrível"[552].

Hoje, entretanto, a liderança da América foi enfraquecida por uma perigosa guinada para a esquerda, uma virada que ameaça sua posição como superpotência mundial. Depois de vários anos acumulando dívidas, restringindo a liberdade econômica, expandindo o estado de bem-estar social, aumentando os impostos sobre os criadores de riqueza, enredando as empresas na burocracia e sobrecarregando o país com o Obamacare, um dos programas governamentais mais mal concebidos e destrutivos da história, os Estados Unidos estão em

---

549 Ronald Reagan, *The Reagan Diaries* [Os Diários de Reagan], (Nova York: HarperCollins, 2007), p. 32.

550 Margaret Thatcher, "Speech to the First International Conservative Congress" [Discurso ao Primeiro Congresso Internacional Conservador], Washington, D.C., 28 set. 1997, transcrição, Margaret Thatcher Foundation, <http://www.margaretthatcher.org/document/108374>.

551 Margaret Thatcher, "Speech to North Dallas Chamber of Commerce" [Discurso à Câmara de Comércio do Norte de Dallas], Dallas, TX, 11 mar. 1991, transcrição, Margaret Thatcher Foundation, <http://www.margaretthatcher.org/document/108265>.

552 Margaret Thatcher, "Speech Paying Tribute to Ronald Reagan" [Discurso em Homenagem a Ronald Reagan], 1 mar. 2002, transcrição, Margaret Thatcher Foundation, <http://www.margaretthatcher.org/document/109306>.

sérios problemas. Os profundos cortes de defesa dos Estados Unidos e sua política externa de fraqueza e conciliação, fizeram com que muitos questionassem sua capacidade de liderar.

Os Estados Unidos precisam, urgentemente, retornar aos valores e princípios sobre os quais foram fundados. Devem nutrir, novamente, os ideais de livre iniciativa e liberdade individual. Junto com Ronald Reagan, não há melhor modelo para um renascimento conservador nos Estados Unidos do que Margaret Thatcher. "Lutamos não apenas pelo poder", disse ela,

> lutamos por nossas verdadeiras crenças e tivemos muito sucesso. Fomos bem-sucedidos em casa, transformando nossas economias e liberando a energia de nosso povo. Fomos bem-sucedidos no exterior, exercendo toda a força da liberdade contra o socialismo que havia prometido enterrá-la[553].

Thatcher mostrou como a coragem, a convicção e a vontade de lutar por políticas conservadoras podem prevalecer, mesmo nas circunstâncias mais difíceis. Aqueles, crentes que a vitória só pode ser alcançada por meio de concessões e adaptação devem aprender com o tremendo histórico de sucesso de Thatcher. Não faz sentido para os conservadores de hoje adotarem uma plataforma imitadora das políticas e da linguagem da esquerda. Sacrificar o cerne dos valores conservadores para atrair o centro, ou mesmo os eleitores liberais, é uma receita para o fracasso. Nas palavras da Dama de Ferro, falando em Washington logo depois que os socialistas britânicos recuperaram o poder, em 1997,

> Nada seria mais tolo do que os conservadores buscarem refúgio na imitação das políticas, da retórica ou – Deus me livre – até mesmo da identidade de nossos oponentes. Afinal, se as pessoas realmente querem a social-democracia, não votarão em nós, conservadores, de qualquer forma[554].

Os próximos anos serão cruciais para o futuro do conservadorismo nos Estados Unidos. Os líderes conservadores de hoje têm muito a aprender com o

[553] Thatcher, "Speech to the First International Conservative Congress" [Discurso ao Primeiro Congresso Internacional Conservador].

[554] *Ibid.*

exemplo de Thatcher – não apenas com suas políticas, mas com a maneira como ela as avançou e as transmitiu, bem como a consistência de sua mensagem. Thatcher nunca se interessou por sua popularidade pessoal. Ela simplesmente acreditava que "as políticas devem estar alinhadas com os princípios [...]. Muito melhor impor respeito por fazer a coisa certa a longo prazo do que buscar popularidade a curto prazo"[555].

O senador Ted Cruz, do Texas, lembrou aos americanos a sabedoria de Thatcher quando citou um de seus princípios fundamentais: "Primeiro você ganha a discussão, depois ganha a votação"[556]. Falando aos conservadores americanos, Thatcher os alertou para resistirem

> à mais antiga tentação enfrentada pelos partidos conservadores. É o desejo de ser o que não somos – em busca de expressões de aprovação daqueles que são nossos adversários ideológicos juramentados ao mesmo tempo em que mostramos relutância em ouvir nossos amigos comprovados[557].

O conservadorismo pode triunfar novamente nos Estados Unidos. Porém, requer líderes com a coragem e convicção de Margaret Thatcher e Ronald Reagan. As apostas não poderiam ser maiores para os Estados Unidos e para o mundo livre. Como Thatcher advertiu:

> O declínio do Ocidente foi previsto antes, e não ocorreu. Não precisa ocorrer. E não vai acontecer se nós, conservadores, mantivermos fé em tudo o que alcançamos e nos princípios fundamentais que nos inspiraram a prevalecer[558].

---

[555] Margaret Thatcher, "Don't Undo My Work" [Não Desfaçam Meu Trabalho].

[556] Ted Cruz, "What the GOP Should Stand For: Opportunity" [O Que o GOP Deve Representar: Oportunidade], *Washington Post*, 3 jan. 2013, <http://articles.washingtonpost.com/2013-01-03/opinions/36210969_1_republican-policies-obama-policies-economic-policies>.

[557] Thatcher, "Speech to the First International Conservative Congress" [Discurso ao Primeiro Congresso Internacional Conservador].

[558] *Ibid.*

Agradecimentos

Os autores agradecem a Harry W. Crocker, vice-presidente e editor executivo da Regnery, Marji Ross, presidente e editora da Regnery, e a Jeff Carneal, presidente da Eagle Publishing, que supervisionaram a produção e publicação deste livro. Foi ideia de Harry um livro sobre Margaret Thatcher e liderança, um que inspirasse o movimento conservador americano, baseado nos ideais de uma grande defensora da liberdade. Na Regnery, Tom Spence foi nosso excelente, e sempre alegre, editor, que trabalhou incansavelmente para garantir que tudo ocorresse bem com o manuscrito enquanto, simultaneamente, aplicava uma tremenda atenção aos detalhes.

Erica Munkwitz forneceu assistência inestimável com a pesquisa para este livro, e sua abordagem infatigável, e sempre entusiástica, foi admirável. Uma talentosa estudiosa da história britânica na American University, Erica demonstrou uma ética de trabalho verdadeiramente "thatcherista", combinada com um conhecimento profundo do material de origem. Luke Coffey, o Margaret Thatcher Fellow, da The Heritage Foundation, leu os rascunhos do manuscrito e forneceu conselhos extremamente úteis sobre questões estrangeiras e de defesa.

Este livro não poderia ter sido escrito sem o apoio de Frank Swain e da Thatcher Foundation, em Washington, D.C., bem como o incentivo de Mark Worthington, diretor do Gabinete Privado de Lady Thatcher. *Liderança segundo Margaret Thatcher* baseia-se em centenas de discursos e transcrições de entrevistas, compiladas por Christopher Collins e contidas no arquivo online da Thatcher Foundation, o arquivo mais impressionante e formidável de seu tipo no mundo. Andrew Riley, o brilhante arquivista dos Thatcher Papers, no Churchill College, Cambridge, pesquisou e forneceu muitas das fotografias apresentadas neste livro, e sua ajuda é muito estimada.

Acompanhe a LVM Editora nas Redes Sociais

https://www.facebook.com/LVMeditora/

https://www.instagram.com/lvmeditora/

Esta obra foi composta pela Spress em
Minion Pro (texto) e Russa (título).
para a LVM em janeiro de 2023.